美军 CBRN 防御装备建设研究

邹士亚　编著

国防工业出版社

·北京·

内 容 简 介

本书系统介绍了美军"化学、生物、放射性和核"（Chemical, Biological, Radiological and Nuclear, CBRN）防御装备技术近十年来的发展状况，具体包括美军 CBRN 防御装备技术发展策略、CBRN 侦察装备发展规划与建设、CBRN 防护装备发展规划与建设、CBRN 洗消装备发展规划与建设、CBRN 信息系统发展策略与系统建设、固定设施和部队防卫装备建设等内容。

本书可作为 CBRN 防御领域研究生教材或参考书，也适合科研人员和工程技术人员作为参考书。

图书在版编目（CIP）数据

美军 CBRN 防御装备建设研究/邹士亚编著. —北京：国防工业出版社，2023.3
ISBN 978-7-118-12857-4

Ⅰ. ①美… Ⅱ. ①邹… Ⅲ. ①防御系统－建设－研究－美国 Ⅳ. ①E813

中国国家版本馆 CIP 数据核字（2023）第 036892 号

※

国防工业出版社出版发行

（北京市海淀区紫竹院南路 23 号 邮政编码 100048）
北京虎彩文化传播有限公司印刷
新华书店经售

*

开本 710×1000 1/16 印张 14¾ 字数 260 千字
2023 年 3 月第 1 版第 1 次印刷 印数 1—1000 册 定价 158.00 元

（本书如有印装错误，我社负责调换）

国防书店：（010）88540777 书店传真：（010）88540776
发行业务：（010）88540717 发行传真：（010）88540762

前　言

　　CBRN 防御装备技术是为应对核生化等大规模杀伤性武器而产生并不断发展的一门军事装备科学技术，CBRN 防御装备技术的目标是避免或减少核生化武器所造成的杀伤与破坏、保障军事行动的顺利实施、确保国家经济社会的有序运行。CBRN 防御在国家安全战略和军事战略中具有举足轻重的地位，是军事装备体制和军事装备技术不可或缺的组成部分。据此，我们搜集、整理了近十年来美军 CBRN 防御装备技术发展状况并编写了本书，旨在为本领域研究生提供教材或参考书。同时，可向本领域工程技术人员提供参考借鉴。

　　本书在编写出版过程中，得到了防化研究院张慧林院长、肖军华院长、赵贤光政委和李军所长的大力支持，裴承新研究员、习海玲研究员、夏治强研究员等给出了明确的修改意见，桂新军主任、张增利处长、钟辉处长、赵萍主任、黄启斌研究员、朱安娜研究员、蒋辉研究员、韩国林研究员、李小银研究员等提出了有益的建议，在此表示衷心的感谢。

　　李志荣博士、李海俊副研究员、孙勇副研究员、董文斌博士、施加松博士、吴涢晖博士等参与了前期资料收集和后期文档编辑工作。

　　由于水平和时间所限，不妥之处在所难免，欢迎批评指正。

防化研究院　邹士亚

2022 年 11 月

目　录

第1章 CBRN防御技术装备发展策略

1.1 引言

装备的作战功能是由共同的目标结合在一起的一组任务和系统（包括人员、组织、信息和过程），指挥员运用系统作战功能来完成作战使命任务。各军种作战功能与联合作战功能在本质上密切相连。装备的作战功能共有 7 类，即任务指挥、运动与机动、情报、火力打击、维持作战、机动支援与防护、交战。

任务指挥是开发与整合使指挥员能平衡其指挥艺术与控制科学的活动。指挥的基本理念是把人而不是把技术或系统置于中心位置。按照这一指挥理念，指挥员通过他们的理解、想象、描述、指挥、领导和评估等活动来驱动作战过程。指挥员既可在其自身组织内部，也可在联合部队、跨部门与跨国的合作伙伴中形成指挥团队。指挥员可通告其组织内外的被指挥人员，并对他们施加影响。指挥员按照科学控制的原则，领导其参谋人员完成任务。参谋任务主要有 4 项：遂行作战过程（计划、准备、实施和评估）、遂行知识与信息管理、遂行通告和影响相关作战活动、遂行网络电磁作战活动。

运动与机动是为了把部队运动到相比敌方和其他威胁更具有优势的位置，并运用部队而遂行的任务与系统。直接火力打击和抵近作战是机动的内在要求。运动与机动包括与力量投送相关的任务，以获得相对于敌人的位置优势。

情报是为了有利于了解敌方、地形环境和社情、民情而遂行的相关任务与系统。情报的收集应与实施战术任务同步，如侦察、监视和有关情报作业等。情报包括部队每级组织的专用情报与通信结构。

火力打击是为了对被锁定目标实施集合性和协同性火力打击而遂行的有关任务与系统。以陆军为例，火力打击包括间接火力、防空与导弹防御、联合火力等。

维持作战是为了对确保行动自由、延伸作战范围和延长作战持久力提供作战保障和服务而遂行的相关任务与系统。维持作战主要在于保障作战部队的持久作战能力。维持作战能力确定了美军遂行作战行动的深度和持续时间。对于维持作战来说，保持和发挥主动性是必要的。

机动支援与防护是为了保护部队而遂行的相关任务与系统，目的是使指挥员能够最大化地运用作战力量来完成作战任务。保护部队包括保护人员（友军），以及美国与盟国的军事与民用资产。

交战是为了影响人员行为、部队安全和政府行为而遂行的任务与系统。

装备采办是美国国防部为完成装备研发、制造、部署和保障等一系列工作而开展的活动。美国国防部在装备采办过程中采用全寿命采办过程，确保美军能够得到最好的武器装备，以提高他们在战场上的生存能力和完成作战使命的能力。图 1-1 所示为美军 CBRN 防御装备全寿命采办过程示意图。

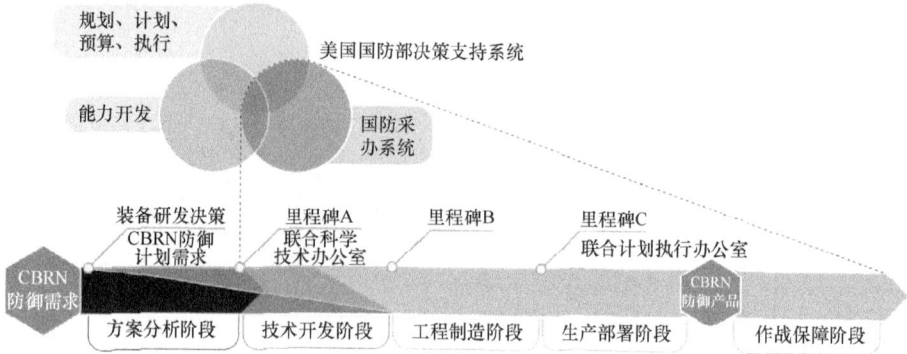

图 1-1　美军 CBRN 防御装备全寿命采办过程示意图

美军装备采办具有不同的类别。采办类别在一定程度上体现了该装备的重要性和研发的紧迫性。

I 类采办项目是预计按照法令规定的经费限值可实现的或者由陆军采办主管或国防采办主管所指定的重点国防采办项目，由负责采办、技术与后勤的国防部副部长对 I 类采办项目的美元价值进行估计，用于研究、开发、试验与评价等活动，所需总开支应超过 4.8 亿美元（以 2014 财年作为美元定值，下同），或者用于项目采办的总开支应超过 27.9 亿美元。I 类采办项目有两个子类。一是 ID 子类，其采办阶段决策管理者（也称里程碑决策者）是负责采办、技术与后勤的国防部副部长，他同时是国防采办主管。ID 子类中的"D"指国防采办委员会，国防采办委员会在主要决策点上为国防采办主管提供决策咨询。二是 IC 子类，其采办阶段决策管理者是国防部主管部件采购的负责人。在有任命的情况下，其采办阶段决策管理者是国防部部件采办主管。IC 子类中的"C"指部件。对于陆军而言，该子类项目的里程碑决策者是陆军采办主管。I 类项目是 ID 子类还是 IC 子类由国防采办主管指定。

IA 类采办项目是重点自动信息系统采办项目，或由负责采办、技术与后勤的国防部副部长指定某项目是 IA 类。重点自动信息系统的美元价值为：无论经费来源是政府拨款，还是其他途径，预计从定义、设计、开发和部署等各阶段全部"增量"的直接开支在任意一个财年都超过 4 000 万美元；预计从系统方案分析阶段到系统部署于不同场所所涉及的系统定义、设计、开发和部署各阶段全部"增量"的直接总开支超过 1.65 亿美元；预计从系统方案分析阶段到全寿命维护阶段，所涉及系统定义、设计、开发、部署、运行和维护各阶段全部"增量"的直接总开支超过 5.20 亿美元。IA 类采办项目有两个子类。一是 IAM 子类，其采办阶段决策管理者是国防采办主管，也可另外委派。IAM 子类中的"M"指重点自动信息系统审查委员会。二是 IAC 子类，其采办阶段决策管理者是国防部主管部件的负责人，在有任命的情况下，是部件采办主管。IAC 子类中的"C"指部件。

II 类采办项目有两种。一是不满足 I 类采办标准的采办项目；二是由采办阶段决策管理者指定为 II 类的采办项目。II 类项目的美元价值为：据估计用于研究、开发、

2

试验与评价所有活动的总开支超过 1.85 亿美元；或用于项目采办的总开支超过 8.35 亿美元。

III 类采办项目指不满足 I 类、IA 类或 II 类采办标准的采办项目。其采办阶段决策管理者由陆军采办主管指定，且应具有最低的适当级别，通常由项目主管官员担任采办阶段决策管理者。III 类采办项目的估计费用低于 II 类采办项目的费用下限。III 类采办项目还包括不超过重点自动信息系统采办项目费用下限的自动信息系统采办项目。

美军对装备采办过程按照不同的阶段进行管理。每个采办阶段都包括使某一项目转入下一个重要里程碑所需完成的任务和开展的活动。每个采办阶段都提供了一种逻辑方法，运用该方法可逐步将广义描述的任务需求转化为明确定义的系统特定需求，并最终转化为有效、适用、不易损坏的可运行的系统。通常分为方案分析、技术成熟与风险降低、工程与制造开发、生产部署和作战保障 5 个阶段。

（1）**方案分析**阶段的目的是对将要采办的装备产品的概念选择进行分析和开展其他必要的活动；开始把经过验证的能力差距转化为系统特定需求，包括关键性能参数和关键系统属性；实施计划以支持对装备产品采办策略的决策。该阶段的关键活动包括：预案分析，研制成本、项目进度、装备性能与采购经费等分析，风险分析与风险降低计划。

（2）**技术成熟与风险降低**阶段的目的是降低技术风险；确定将要集成到系统中的技术群并具有合适的技术成熟度；在样机上演示验证关键技术要素。该阶段是一个不断发现与发展的过程，反映了科学与技术团队、用户、系统开发者之间的密切协作。该阶段还是一个反复的过程，旨在评估技术可行性的同时，不断对项目需求进行精炼。转入此阶段取决于以下 3 个条件：完成预案分析，提出装备方案，计划开展的技术成熟与风险降低活动的所需经费到位。

（3）**工程与制造开发**阶段的目的是开发出一套系统或一种能力"增量"；完成完整系统的集成；开发一套经费允许、可实施的制造工艺流程；确保系统运行的可支持性，特别关注最小化系统的逻辑节点；实现人机接口集成；为可生产性提供设计；确保采购经费支付能力；通过实施（如防篡改等）适当的技术手段，保护项目关键信息；演示系统综合性能、互操作性、安全性和可用性。能力开发文件、采办策略、系统工程计划、试验与评价大纲等将为本阶段的工作提供指导。转入此阶段取决于技术成熟度（包括软件）、经批准的需求和经费到位情况。其中，起决定性作用的是技术成熟度，除非有其他因素产生不可抗拒的重大影响。

（4）**生产部署**阶段的目的是达成满足作战使命要求的系统运行能力。作战试验与鉴定将决定系统的作战效能和适用性。受国防部委托，采办阶段决策管理者将在里程碑 C 做出生产决策，并在采办决策备忘录中记录该决策。里程碑 C 授权包括：重点国防采办项目和重点系统转入低速初始生产阶段；不需要低速初始生产的非重点系统转入生产或采购阶段；重点自动信息系统项目或不需要部件生产的密集型软件系统转入有限部署阶段，以支持系统运行试验。转入此阶段取决于：对于国防作战试验与鉴定监管项目，在项目开发试验与评价、系统运行评估中得到可接受的系统性能；具有成熟的软件能力；不存在重大的系统制造风险。当里程碑 C 做出全速生产决策时，制造工艺流程受控。如果里程碑 C 作为项目启动决策点，则应有经批准的初始能力文件；经批准的生产能力文件；经过精炼的集成框架；可接受的互操作性；可接受的运行支持性；演示验证在系统全寿命阶段有能力支付采购经费，经费充足且可在适当的时候实施快速采购。生产能力文件反映系统运行需求，这些需求由工程与制造开发阶段得到的结果确定，并详细描述了生产系统所期望的性能。如果里程碑 C 批准了低速初始生产阶段，随后进行的审查和决策将授权进入全速生产阶段。

（5）**作战保障**阶段的目的是执行满足系统作战准备和作战性能需求的保障计划，以最佳的效费比全寿命维护系统。此阶段的实施计划应于项目启动之前开始，并记录在全寿命维护计划中。此阶段有两项主要工作：全寿命维护和处置。转入该阶段取决于：经批准的生产能力文件、经批准的全寿命维护计划和成功的全速生产决策。

1.2 能力需求与装备采办管理

1.2.1 能力需求

1. 作战要素

CBRN 防御作战包括四要素，即威胁感知、防护遮蔽、维持作战和态势映射。

（1）**威胁感知**。实施 CBRN 侦察、探测和识别，包括就地（接触式）探测、远程（非接触式）探测和机动式侦察。

（2）**防护遮蔽**。一是实施个人防护，包括皮肤防护、呼吸道防护和眼睛防护；二是实施集体防护，包括车载式、可运输式和固定式集体防护；三是实施医学预防，针对化学、生物和放射性（Chemical，Biological & Radiological，CBR）威胁开展医学预防。

（3）**维持作战**。一是实施污染消除，包括人员、装备和固定场所的污染消除；二是实施医学处理，针对 CBR 污染开展医学处理；三是实施医学诊断。

（4）**态势映射**。它包括作战分析、作战管理、建模与仿真训练、早期综合报警和医疗监管。

威胁感知、防护遮蔽、维持作战三要素与态势映射要素之间通过指挥、控制、通信、计算机、情报、监视与侦察（Command，Control，Communication，Computer，Intelligence，Surveillance & Reconnaissance，C^4ISR）系统建立联系。图 1-2 所示为 CBRN 防御要素及其相互联系。

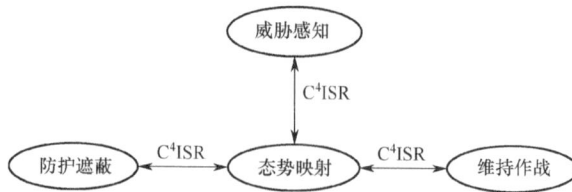

图 1-2　CBRN 防御要素及其相互联系

2. 核心能力

美军研究认为，CBRN 防御涉及 6 类科学技术，包括：CBRN 情报、监视和侦察赋能，化学毒剂和生物战剂检测，个人防护和集体防护，医学对策，危害评估、管理和清除，交叉科学技术。对于前 5 类科学技术（不包括交叉科学技术），美军为每类确定了 4～8 项能力，这些科学技术能力支持 CBRN 防御的研究、开发、试验与评价，是作战活动必须具备的。表 1-1 所列为美军确定的 6 类 39 项 CBRN 防御科学技术能力。

表 1-1　美军确定的 6 类 39 项 CBRN 防御科学技术能力

序　号	类　别	能　力　项
1	CBRN 情报、监视和侦察赋能	信息获取和分析
		卫生监测
		环境监测
		未知毒剂鉴别与表征
2	化学毒剂和生物战剂检测	分析方法发现
		仪器开发
		传感器系统开发
		毒剂输运分析
3	个人防护和集体防护	受控分子输运材料的发现
		隔离材料工程
		个人防护系统开发
		集体防护系统开发
		生理学
4	医学对策	靶点发现
		管理科学
		交付机制和交付系统
		动物模型
		宿主反应
		临床前研究
		临床试验
		医学产品开发
5	危害评估、管理和清除	洗消方法的发现
		开发洗消剂
		洗消修复材料开发
		洗消系统工程
		毒剂运输和可行性分析
6	交叉科学技术	关键化学和生物试剂的采办、维护和运输
		毒剂模拟
		信息学
		统计测量设计
		取证
		教育和培训
		行为分析

序 号	类 别	能 力 项
6	交叉科学技术	系统分析和工程
		商用技术再利用
		系统生物学
		合成化学和生物学
		材料科学
		试验和评价

由表 1-1 可知，表中列出的 39 项能力既有相互涵盖的能力项，又有并非紧迫或必需的能力项，合并归纳得到 29 项美军 CBRN 防御核心能力。表 1-2 所列为美军 CBRN 防御核心能力。

表 1-2　美军 CBRN 防御核心能力

序号	核心能力	作战要素类别	序号	核心能力	作战要素类别
1	非接触式化学探测	威胁感知	16	医学监督	态势映射
2	接触式化学探测	威胁感知	17	战场环境管理系统	态势映射
3	接触式生物探测	威胁感知	18	生物治疗	维持作战
4	非接触式生物探测	威胁感知	19	医学诊断	维持作战
5	早期综合报警	威胁感知	20	战场环境分析	态势映射
6	战场态势分析	威胁感知	21	化学伤害治疗	维持作战
7	CBRN 侦察	威胁感知	22	放射性危害预防	防护遮蔽
8	生物危害预防	防护遮蔽	23	放射性治疗	维持作战
9	呼吸道和眼睛防护	防护遮蔽	24	远征作战集体防护	防护遮蔽
10	非接触式核辐射探测	威胁感知	25	固定场所集体防护	防护遮蔽
11	人员洗消	维持作战	26	固定场所洗消	维持作战
12	皮肤防护	防护遮蔽	27	控制方法	态势映射
13	就地核辐射探测	威胁感知	28	有害废弃物控制	维持作战
14	装备洗消	维持作战	29	遗体处理	维持作战
15	化学危害预防	防护遮蔽			

需要注意的是，表 1-2 中列出的 29 项 CBRN 防御核心能力自 2008 年以来始终保持不变，但各项能力的优先级几乎每年都发生变化，这是美国国防部评估美军 CBRN 防御能力现状后对需要优先发展的能力进行的必要调整。

1.2.2　装备采办管理

1. 化学生物防御计划

1994 年，美国国会批准设立化学生物防御计划（简称生化防御计划）。该计划致力于为美国武装力量提供具有国际先进水平的 CBRN 防御能力，使美军能够在 CBRN 威胁环境下遂行作战任务并取得决定性的胜利。生化防御计划提供全面的战略框架，目的是针对现实的和潜在的 CBRN 威胁，改进美军 CBRN 防御准备，使作战人员减少面临的威胁，并维持美军在军事行动中的作战效能。生化防御计划是联合军种计划，由国防部按照美国法典第 50 款第 1522 条来实施 CBRN 防御装备和能力的研究、开发与采办。需要指出的是，生化防御计划发布的关于核与辐射防御的要求，主要针对的核与辐射防御活动仅限于专门的核辐射探测装备、建模与仿真能力和由辐射照射引起的生理效应的医学处理对策，不包括核爆炸探测。生化防御计划的愿景是确保美军的作战行动不受制于现实的和潜在的 CBRN 威胁，使命是为美国国家军事战略的顺利实施提供 CBRN 防御能力。基于美国国家军事战略提出的主要防御挑战，CBRN 的愿景和使命也可称为终极目标，是通过 4 个相互关联的战略目标来实施并最终实现的。根据美国法典第 50 款第 1522 条，由美国国防部办公厅下属机构核生化防御计划、生化防御国防部部长助理办公室负责对生化防御计划的监管。图 1-3 所示为生化防御计划的终极目标、实现途径和实现方法。

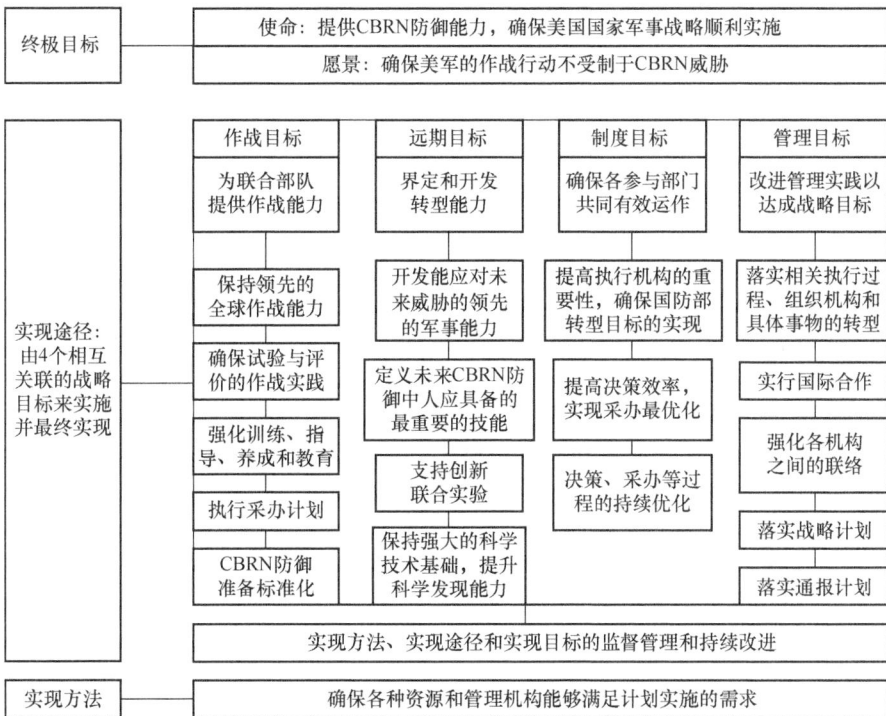

图 1-3　生化防御计划的终极目标、实现途径和实现方法

按照美国国家军事战略和美国国防部关于反大规模杀伤性武器政策的第 2060.02 号指令，为了使美军能有效履行应对大规模杀伤性武器的使命任务，美国国防部第 5160.05E 号指令对有关 CBRN 防御（含医学防御和物理防御）装备的研究、开发与采办职责进行了修订，并规定了其适用范围。同时，该指令规定了美国陆军部长应按照美国法典第 50 款第 1522 条和美国国防部第 5101.1 号指令中有关执行代理人的职责来履行其国防部生化防御计划执行代理人的使命任务。生化防御计划认为，获得最佳成效的关键

是综合管理。因此，生化防御计划瞄准了政策的贯彻落实、管理方法、计划执行、军事能力开发、科学与技术、先进开发与采办、试验与评价等关键环节。因此，建立的组织机构具有决策唯一性、协调有效性、计划综合性及合适的检查监督等特点。

作为美国国防部部长的首席参谋助理和顾问，负责采办、技术与后勤的美国国防部副部长负责与 CBRN 防御研究、开发与采办有关的所有事务。通过负责核生化防御计划、生化防御的国防部部长助理行使职能、下达指令、实施控制，监督国防部研究、开发与采办计划的实施。负责采办、技术与后勤的国防部副部长是生化防御计划和关键性 CBRN 防御系统的采办阶段决策管理者。负责核生化防御计划、生化防御的国防部部长助理负责协调和综合管理，包括监督计划活动执行情况、与采办有关的政策指导、协调各部门关系和国际合作关系。同时，负责监管生化防御计划经费分配。核生化防御计划、生化防御国防部部长助理办公室负责生化防御计划所有活动的协调、综合管理及计划的日常监管。

美国陆军作为负责采办、技术与后勤的美国国防部副部长委任的 CBRN 防御计划采办阶段决策管理者，为美国国防部 CBRN 防御计划协调和综合管理各军种有关研究、开发、试验与评价及采办需求。同时，审核生化防御计划的所有经费需求情况。图 1-4 所示为生化防御计划的组织关系和任务职责。

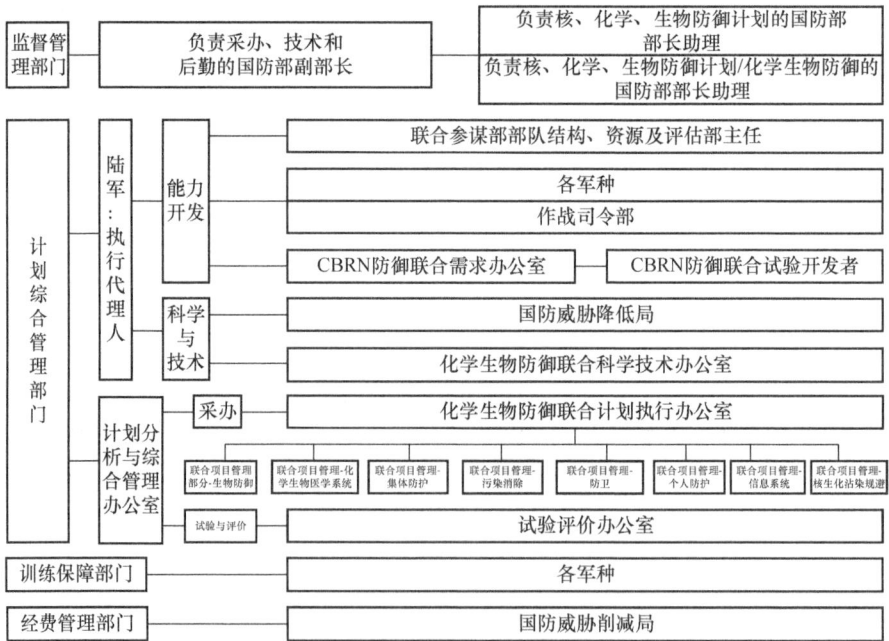

图 1-4　生化防御计划的组织关系和任务职责

CBRN 防御联合需求办公室（简称联合需求办公室）协调和综合管理国防部 CBRN 防御计划中的军事需求和能力要求，确保各军种和作战司令部提出的能力需求能得到迅速而有效的开发。同时，领导生化防御计划目标备忘录的开发，支持多军种与联合 CBRN 防御条令的发展，支持战术、技术与规程及训练的发展。CBRN 防御联合作战开发者在联合需求办公室指导下，协调和监督联合军种及多军种相关试验，通过系统探索、创新条令、编制、训练、装备、领导、教育、人事和设施的新型组合，以验证联合集成的概念。CBRN 防御联合作战开发者还对从各军种和政府机构得到的人力资源、装备器材和设施进行调节，以降低成本、缩短周期、改进试验设计。各军种负责验证作战概念，开发各军种 CBRN 防御能力文件，并与《联合能力综合开发系统》和《联合 CBRN 防御现代化计划》一致。此外，各军种负责为联合 CBRN 防御能力文件开发作为附件的各军种专门文件，并先于"联合需求办公室"确定并提供各军种 CBRN 防御能力需求。国防威胁削减局下属化学生物防御理事会被指定为化学生物防御联合科学技术办公室（简称联合科技办公室）。通过与各军种实验室、工业部门、学术界、政府机构和其他实验室的协调一致，管理生化防御计划科学技术的发展。联合科技办公室发展并维持生化防御计划科学技术的计划，开发、调整和转化生化防御计划科学技术，并结合生化防御计划试验与评价技术，验证所开发的生化防御计划科学技术符合联合军事能力的需求。联合科技办公室还管理由负责采办、技术与后勤的国防部副部长指定的生化防御计划先进概念技术演示过程、先进技术演示过程和联合能力技术演示过程。

计划分析与综合管理办公室对生化防御计划实施独立分析与综合管理，保障"联合需求办公室"的运作。同时，发展并维持生化防御计划的研究、开发与采办计划。试验评价执行委员会负责建立试验标准、规程与程序，监管生化防御计划试验与评价基础设施，确保生化防御计划相关装备系统能够在合适的设施中进行试验。生化防御计划采办阶段决策管理者是化学生物防御联合计划执行办公室（简称联合计划执行办公室），该办公室为生化防御计划提供集中管理和联合军种采办计划的综合管理，管理 CBRN 防御装备和医学处理对策的研究、开发与采办、政府采购、部署及全寿命保障。

训练保障由军事部门负责组织、训练、配装和准备各自的力量，并提供装备运输手段，还负责对 CBRN 防御装备的作战和保障提出经费预算。

经费管理由国防威胁削减局负责。在负责化学生物防御、化学武器销毁的副国防部长助理指导和监督下，实施经费管理。

2. 装备采办管理

联合计划执行办公室负责 CBRN 防御装备采办。使命是为支持美国国家战略的实现，提供 CBRN 防御装备的研究、开发、采办、部署和全寿命保障的能力，提供 CBRN 防御医学处理对策的能力，并为军事设施和军事力量提供 CBRN 综合防护的能力。愿景是通过灵活的、面向结果的、可适时改型的采办计划，向国家提供以网络为中心的、标准组件式的、可剪裁的、多用途的装备能力。目标是在正确的地点、以正确的时机和合理的代价提供全谱 CBRN 防御能力。

联合军种有关 CBRN 防御装备的研究、开发、采办、部署、全寿命保障及 CBRN 防御医学处理对策等的实施均集中于联合计划执行办公室。在联合计划执行办公室内部，由 9 个联合项目管理部门主持、管理和领导 CBRN 侦察和探测系统、个人防护和集体防护系统、污染消除系统、信息管理系统、医疗设备和药品疫苗、军事设施和军事力量防护系统的采办与部署。图 1-5 所示为联合计划执行办公室的组织结构。

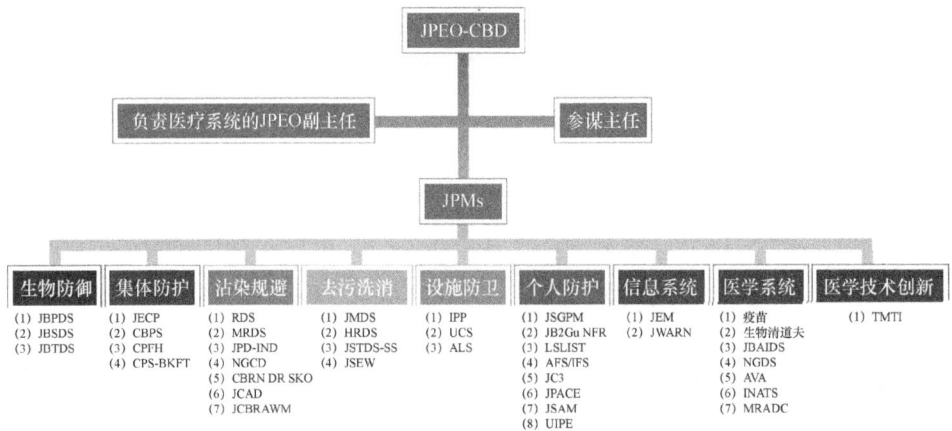

图 1-5 联合计划执行办公室的组织结构

图中：JPEO-CBD：化学生物防御联合计划执行办公室；JPMs：联合项目部；JBPDS：联合生物"点源"探测系统；JBSDS：联合生物远程探测系统；JBTDS：联合生物战术探测系统；JECP：联合远征集体防护；CBPS：化学生物防护掩体；CPFH：集体防护野战医院；CPS-BKFT：舰船集体防护系统（改造）；JCBRAWM：联合水中 CBR 危害物监测仪；JCAD：联合化学毒剂探测仪；CBRN DR SKO：CBRN 下车侦察器材；NGCD：下一代化学探测仪；JPD-IND：联合个人剂量计；MRDS：便携式辐射探测系统；IPP：固定设施防护计划；UCS：一体化指挥系统；ALS：分析实验室系统；JSGPM：联合军种通用防护面具；JB2Gu NFR：防护手套改进计划 Block Ⅱ（非阻燃）；JSLIST：联合军种轻型综合套装技术；AFS/IFS：可替换鞋袜系统/综合鞋袜系统；JC3：战斗车辆乘员防护连裤装；JPACE：联合空勤人员防护套装；UIPE：一体化综合防护套装；JEM：联合效应模型；JWARN：联合报警报告网络；JSAM：联合军种飞机乘员面具（阿帕奇、旋翼、固定翼）；TMTI：革新医辽技术倡议；JBAIDS：联合生物战剂识别与诊断系统。

1）生物防御联合项目部

（1）使命。为联合作战部队提供可精确探测、识别、报警、阻止和摧毁任何生物威胁的装备。

（2）愿景。在生物探测系统方面引领全球发展。

（3）目标。为近实时探测和识别生物威胁提供防御装备和技术；向需要掌握作战区域内生物威胁情况的指挥员收集和发布情报；能够满足美军对生物"攻击前"的报警和生物"攻击后"的处理要求。

（4）核心能力。属于感知 CBRN 威胁（威胁感知），主要包括接触式生物探测和非接触式生物探测。

2）集体防护联合项目部

（1）使命。为保障国家军事战略的实施，研究、开发、采办、部署集体防护装备与系统，并提供集体防护装备与系统的配置和使用指南，确保防护区域内的人员与装备免受 CBR 和有害工业物质的危害。

（2）愿景。利用最先进的 CBR 防护技术，将无缝的一体化防护子系统集成于各种平台，为战斗人员及其装备提供集体防护，确保其完成作战使命和作战任务。

（3）目标。集体防护系统为战斗人员提供清洁的、可呼吸的、无害的空气，并防止固态粒子、液体和蒸气通过渗入而污染防护区；集体防护装备将使战斗人员在未穿戴个人防护装备的条件下具有完成任务的能力。集体防护系统分为四类：一是固定式，为关键设施或其内部的关键区域提供防护；二是机动式，为履带式和轮式车辆等重要装备提供防护；三是舰载式，为驱逐舰、两栖舰等主要装备提供防护；四是可移动式，为野战医院、战术指挥所、防护掩蔽所等提供防护。

（4）核心能力。属于防护与医学救治（防护遮蔽）和维持作战能力（维持作战）。主要包括人员洗消（维持作战）、装备洗消（维持作战）、远程作战集体防护（防护遮蔽）和固定场所集体防护（防护遮蔽）。

3）沾染规避联合项目部

（1）使命。负责 CBRN 探测、屏蔽和侦察系统的研发、生产、试验和部署。综合考虑费用、周期、性能和风险等因素，确保系统的研发和集成能满足联合作战的需求。

（2）愿景。为全球作战能力最强的联合作战力量提供世界一流的 CBRN 沾染规避装备、能力和相关服务。

（3）目标。为受污染的人员和装备提供先进的探测、报警和识别能力；当发现化学毒剂时，监视其污染情况；探测放射性落下灰，识别放射性核素。

（4）核心能力。属于感知 CBRN 威胁（威胁感知）。主要包括非接触式化学探测、接触式化学探测、战场态势分析、CBRN 侦察、非接触式核辐射探测和就地核辐射探测。

4）污染消除联合项目部

（1）使命。以最低的负担和最小的完成任务降低度，为美军提供 CBRN 污染环境下持续作战的能力。

（2）愿景。通过提供洗消剂和洗消系统，对当前和潜在的 CBRN 威胁实施污染消除，为作战力量提高去污作业效率、减少后勤负担、减轻劳动强度。

（3）目标。为保障作战人员的安全，采用革命性的采办策略，使装备作战能力持续恒定增强；提供由洗消剂和各种元器件组成的系列化污染消除装备，能够按照需要进行各种组合剪裁，以适应当前和潜在的 CBRN 威胁去污要求；通过对系列化洗消装备的剪裁，可实现去污能力更强、作业量更大、后勤负担更小的去污目标。

（4）核心能力。属于维持作战能力（维持作战）和映射战场态势（态势映射）。主要包括人员洗消（维持作战）、装备洗消（维持作战）、固定场所洗消（维持作战）、控制方法（态势映射）、有害废弃物控制（维持作战）和遗体处理（维持作战）。

5）设施防卫联合项目部

（1）使命。为美国本土、部署在海外的力量和盟国提供警戒防护综合能力，使他们能够迅速响应 CBRN 威胁、继续遂行任务和恢复生活。

（2）愿景。联合防卫"始终存在，永不可见"。当未知事件出现时，能做好最佳准备并采取决定性的行动。

（3）目标。提供传统的和非传统的探测、分析、通信、防护、响应和调查能力；为军事设施、军事力量、民防支援队、预备役侦察与洗消排、战术分队和地方当局等提供 CBRN 防护支持。

（4）核心能力。包括设施防护、部队防护系统、后果管理、联合作战 CBRN 与爆炸保障、联合作战力量防护先进安保系统。

6）个人防护联合项目部

（1）使命。针对 CBR 危害物和有害工业化学品，为美军战斗人员提供皮肤、呼吸道和眼睛防护。

（2）愿景。为美军战斗人员在 CBR 威胁环境中保持作战能力，提供舒适的、适于作战的、性价比高的、最先进的个人防护装备。

（3）目标。为美军战斗人员在 CBR 威胁环境中保持作战能力提供个人防护装备；追求能够提供更好的防护、减少呼吸阻力且与现役和将来的作战武器系统兼容的呼吸道防护技术；寻求更好的防护材料和防护技术，为地面战斗人员和空中战斗人员研发下一代更轻便的防护服。

（4）核心能力。属于防护与医学救治（防护遮蔽）。主要包括呼吸道防护、眼睛防护、皮肤防护。

7）信息系统联合项目部

（1）使命。为在 CBRN 威胁条件下映射战场空间提供信息架构和应用。

（2）愿景。为战斗人员提供早期综合报警能力、合适的危害预测模型、最先进的后果管理和行动过程分析工具。

（3）目标。为战斗人员提供现代化联合军种信息系统架构和应用，以映射 CBRN 威胁环境下的战场空间。

（4）核心能力。属于映射战场态势（态势映射）。主要包括早期综合报警、医学监督、战场环境管理系统和战场环境分析。

8）医学系统联合项目部

（1）使命。针对广谱 CBRN 威胁，为战斗人员快速提供安全、可靠、适时的医学处理对策。使用政府医疗实践和商业医疗实践的最佳成果，获得美国食品与药物管理局许可的 CBRN 防御医学处理对策与诊断。

（2）愿景。通过研发保持在全球至高水平的 CBRN 防御医学处理对策，确保战斗人员的安全。

（3）核心能力。属于维持作战能力（维持作战）、防护与医学救治（防护遮蔽）和映射战场态势（态势映射）。主要包括生物危害预防（防护遮蔽）、医学监督（态势映射）、生物治疗（维持作战）、医学诊断（维持作战）、化学伤害治疗（维持作战）、放射性危害预防（防护遮蔽）和放射性治疗（维持作战）。

9）医学技术创新联合项目部

（1）使命。通过向战斗人员提供快速甄别病原体的方法、快速医学处理对策等，保护战斗人员免受潜在生物威胁和基因工程生物威胁。

（2）愿景。保护战斗人员和整个国家免于生物威胁。

（3）核心能力。属于维持作战能力（维持作战），主要包括生物治疗。

3. 联合计划执行办公室职能的变化

2019 年 7 月 23～24 日，在惠灵顿举办了"2019 年度 CBRN 防御会议和展览"。从会后发布的会议文集可以看到，联合计划执行办公室已将化学生物防御联合计划执行办公室（Joint Program Executive Office for Chemical & Biological Defense，JPEO-CBD）正式更名为 CBRN 防御联合计划执行办公室（Joint Program Executive Office for Chemical，Biological，Radiological and Nuclear Defense，JPEO-CBRND），其职能使命

也相应地发生了一些变化。

（1）使命。通过赋予联合作战部队经济实用的 CBRN 防御能力，保护联合作战部队免遭大规模杀伤性武器的伤害。

（2）愿景。由具有创新精神、思维敏捷、注重结果的采办专业人士主导的 CBRN 防御装备，使联合作战部队适应性更强，在 CBRN 环境下能不受阻碍地遂行作战行动并赢得胜利。

（3）管理模式。向组合式管理模式转变；关注点转向数据分析和综合集成；把 CBRN 防御装备采办当作一个整体组合来管理。

（4）联合项目部。CBRN 防御联合计划执行办公室下设 7 个联合项目部，分别是 CBRN 防护、CBRN 传感器、CBRN 医学、CBRN 特种作战部队、CBRN 信息管理/信息技术、CBRN 防御赋能生物技术、CBRN 组合资源。图 1-6 所示为联合项目部装备研究、开发与采办的具体方向。

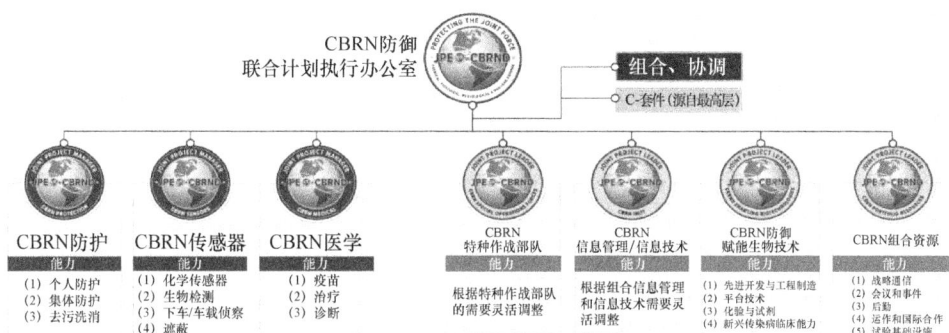

图 1-6　联合项目部装备研究、开发与采办的具体方向

（5）岗位职责。CBRN 防御联合计划执行办公室除了设置 7 个联合项目部，还设置了两个主任和 8 个首席官员岗位，分别是 CBRN 综合集成主任和 CBRN 分析主任，以及首席人力资源官、首席情报官、首席后勤官、首席信息官、首席财务官、首席通信事务官、首席技术官和首席合同官。图 1-7 所示为 CBRN 防御联合计划执行办公室所设岗位及其职能。

图 1-7　CBRN 防御联合计划执行办公室所设岗位及其职能

13

（6）能力发展。在 CBRN 防护方面，重点发展：①下一代防护套装；②下一代呼吸道和眼睛防护装备；③去污洗消系列装备；④综合污染减排；⑤涂层、隔离。

在 CBRN 传感器方面，重点发展：①机器人和自主系统；②决策支持工具；③机器学习和人工智能；④空间和情报、侦察、监视；⑤战术生物探测。

在 CBRN 医学方面，重点发展：①一种应对多种威胁的治疗对策；②快速医疗对策响应；③基因组测序；④无症状诊断（即在症状出现前做出诊断）；⑤灵活的医疗模式。

1.3 科学技术发展

联合科技办公室负责 CBRN 防御计划科学技术发展，发布近期、中期和远期（近期和中期通常指未来 1～5 年，远期通常指未来 5～15 年）发展需求，项目管理部门则通过促进基础研究的积累，实现需求牵引与技术推动之间的完美平衡，支持现有采办程序，弥合作战司令部与联合需求办公室之间在能力需求方面存在的差距，探索由于新出现的和潜在的威胁对被动防御和后果管理衍生的影响。

为使美国能够在 CBRN 防御领域保持领先，并使美军作战人员得到有效防护，生化防御计划科学技术计划发布当前和未来的威胁，并针对这些威胁开发技术方案。作为科学技术的专业机构，联合科技办公室综合管理科学发现、技术开发与演示，并及时有效地将技术成果转化到 CBRN 防御方案中。

联合科技办公室由下列 4 个部门来完成其科学与技术任务。

（1）**自然科学技术部**。在管理多种不同学科的基础研究和应用研究方面，为了满足联合需求办公室界定并优先强调的技术需求和能力差距，强调创新，以保障系统采办计划的实施。主要针对探测、防护/危害消除、试验/演示/综合集成 3 个方面的能力需求开展工作。

（2）**信息系统能力开发部**。提供先进的科学技术，利用作战空间的所有 CBRN 防御资源，对威胁信息实施采集和融合，并快速生成威胁态势。主要针对 CBRN 态势感知、危害报警和威胁预测 3 个方面的能力需求开展工作。

（3）**医学科学技术部**。针对受到化学毒剂与生物战剂污染和核辐射照射，开发预处理技术，对特定污染或照射提供及时的诊断方法和处理方法，确保遭受袭击后人员的健康和作战实力的有效。主要针对预防/预处理、诊断、治疗和辐射照射医学处理 4 个方面的能力需求开展工作。

（4）**基础与保障科学部**。研究对象主要针对现有威胁如何提升响应能力的问题，以及针对未来可能的威胁如何建立响应能力的问题。这些研究有助于促进探测、防护和洗消等的处理方法，改进战斗人员决策支持手段，并为条令和政策的制定提供正确的科学指导。

1.3.1 医学科学技术发展

联合科技办公室医学科学技术部负责以下科学技术的研究工作：化学毒剂沾染预处理技术开发；CBRN 沾染快速诊断方法；CBRN 袭击事件后个人健康与部队战斗力

维护。

医学科学技术研究涉及多方面的重大挑战：敌方使用的 CBRN 危害物能迅速产生作用但战斗人员却难以感知；敌方有多种多样的 CBRN 危害物，且可通过发现、发明、自然增值或者工程化使 CBRN 危害物更加多样；阻断或逆转 CBRN 有害效应需要专业领域的专家掌握极其复杂的化学反应和生物过程；药物的研究、开发、试验和最终部署均受美国食品与药物管理局的严格管理，目的是保护实验对象和使用批准药物的合法利益，这些工作都要花费大量时间。

医学科学技术部包括诊断能力、预处理和治疗 3 个能力区和 1 个医学技术转型倡议（医学技术创新），通过满足预处理、诊断和治疗的需求，为作战人员提高医疗保障；医学技术创新致力于预测未来基因修饰和新兴威胁，发展行之有效的广谱医学对策和治疗措施；寻求采用新的科学方法和商业实践来缩短医疗产品开发周期。诊断致力于发展改进的筛选规程与分析方法，验证是否接触化学毒剂和生物战剂，并确定其效应。预处理致力于研究与发展提供给各军种的疫苗和技术，这些疫苗和技术在接触生物战剂之前使用，其目标是减少或完全预防接触生物战剂所带来的不良影响。治疗致力于为化学和生物威胁环境中的部队防护和持续作战需求提供医疗方案，主要涉及针对沾染细菌、病毒、毒素和化学毒剂的医疗措施。

1. 医学技术创新

除了开发广谱医疗措施，医学技术创新还为作战人员和国家革新国防部药品发展工艺和快速响应技术。医学技术创新包括：为快速反应提供至少两个新技术平台；为 5 年内新药试验提供至少两项广谱医学处理对策；为相关威胁提供基因测序；提供一种更有利的药品开发方法，包括缩短从新药发现到高级开发再到药品部署的所需周期；基于生物信息学和新信息平台在分子水平上分析基因和蛋白质。

美国政府参与该计划的组织和机构包括联邦投资研究发展中心、海军医学研究中心、武装部队病理研究所和美国陆军传染病医学研究所。

为了应对美军面临的潜在生物袭击，美国国防部于 2006 年率先启动了医学技术创新，以增强和加快医学研究、开发、试验与评价工作，实现对生物威胁的广谱防御。医学技术创新还致力于解决《国土安全总统指令》18 号文件中提出的若干目标，包括应对新兴生物战剂和先进生物战剂的威胁。

技术发展和医学创新征服了许多疾病，延长了人类的寿命。但某些技术发展和医学创新也为先进生物战剂的武器化铺平了道路。事实证明，生物武器是有效的，使用生物武器会造成大量人员伤亡并中断作战行动。生物武器生产成本相对较低，并且越来越易于设计、制造和扩散。因此，美军认为生物武器对美国和盟国可以构成现实威胁。

医学技术创新所发展的针对各种生物战剂的广谱治疗措施创新方法，会改变和加强当前和未来美国国防部针对生物威胁的防护能力。医学技术创新为作战人员和国家的防护与救生提出如下方法：加速医学研究，确定几种具有高回报的医疗技术和方法，保护作战人员免于染病，尤其是免遭生物战剂的沾染；为广谱医疗对策的快速发展提供交叉新兴技术；发展可靠、健全、高效的广谱医疗对策；通过日常沟通和主动沟通，改善与合作伙伴的协调与合作；采用严格的里程碑驱动管理过程，确保只选择与项目任务一致的质量最好的执行者和最具价值的产品；为多样化产品组合发展早期和后期项目；替代技术的并行发展。

2. 诊断

诊断包括：鉴别新兴生物标记物/靶点；设计/开发诊断分析方法，用于确定临床样品中是否存在生物战剂和化学毒剂，或者样品是否接触过生物战剂和化学毒剂；为分析、试剂验证和监管部门批准开发标准化的方法、需求和文件；支持研发项目记录程序，如联合生物战剂识别与诊断系统；确定新兴威胁鉴别筛选策略，包括快速探测、威胁评估；利用基于微阵列重新测序技术对基因工程生物威胁有机体进行归类。

美国政府参与该领域研究的组织和机构有美国陆军传染病医学研究所、海军医学研究中心、沃尔特·里德陆军研究所、武装部队病理研究所、海军研究实验室、空军研究实验室和美国陆军防化医学研究所。

诊断发展分析试验与测试系统，以确定临床样品基质接触生物战剂与化学毒剂的情况。由于早期诊断和最终确诊能促进快速有效的治疗，使病人能够尽早返回工作岗位，因此诊断的重点在早期症状出现前这一阶段。与有效的医疗措施相结合，诊断能力的提高使敌方无法获得使用生物武器与化学武器的作战优势，从而遏制敌方在作战中使用此类武器。

诊断科学技术的基础是评估有前景的诊断平台，研究改进核酸萃取方法，并为辅助临床决策的诊断平台开发分析方法和检测试剂。研发的所有产品都要获得美国食品与药物管理局的批准。积极寻求与高级研发人员、其他政府机构、行业界、学术界和盟国的合作。诊断分为生物诊断（包括新兴威胁）和化学诊断。

（1）**生物诊断**。生物诊断的目的是诊断由接触细菌、病毒或毒素引起的感染。生物诊断支持的最大项目是联合生物战剂识别与诊断系统的研发。生物诊断包括技术评估、分析方法开发、新生物标记物识别及试验与评价。

技术评估确定有前景的新技术，最好是相对成熟的技术，并进行调查以确定军事和临床用途，评估中心采用客观一致的决策参数。目前的研究方向包括脱氧核糖核酸（寡聚核苷酸和重新测序）微阵列、全基因组与多路扩增、广谱病原体检测、蛋白质组学/生物信息学方法。技术评估直接支持联合生物战剂识别与诊断系统项目。

分析方法开发为新技术和现有技术，特别是基于核酸（包括抗生素耐药性）和免疫诊断（基于抗体），开发出临床化验分析方法。正在积极寻求新的方法，如利用蛋白质组学来识别新的靶点和利用重组技术来增强试剂的耐用性和均匀性。分析方法开发还包括研究更有效的样品制备方法。分析方法开发直接支持联合生物战剂识别与诊断系统项目。

新生物标记物识别能识别新媒介/特异性宿主的标记物，这些标记物在识别生物战剂是否存在或是否感染生物战剂方面被证明是有用的。重点研究内容包括：早期、中期和晚期感染标记物的识别，宿主和媒介反应，媒介生物学（包括分子流行病学、基因组学、蛋白质组学）。

试验与评价开发动物模型系统，用于病理学和毒物动力学验证及现场研究，以测试国防部开发的诊断分析方法与平台。试验与评价有助于作战概念的开发，并直接支持联合生物战剂识别与诊断系统项目。

（2）**化学诊断**。化学诊断旨在开发改进的分析方法，包括筛选程序和最终分析方法，以便对生物医学样品中的化学毒剂进行验证。由于临床样品在症状出现前的时间较短（24～48 h），所以很难进行实时毒剂检测与诊断。因此侧重于事后毒剂/代谢物检测。

化学诊断满足针对基因修饰威胁病原体的直接医学处理对策和诊断试验的需求。其目的是支持系统生物学工具（基因组学、蛋白质组学和生物信息学）的开发和应用，系统生物学工具可应用于医学科学技术的其他能力开发。化学诊断还利用宿主和病原体基因组学方面的进展，确定关键发病机理和途径，然后应用于发展针对基因工程病原体的广谱对策，并确定最佳靶点/生物标志物。

3. 预处理

预处理包括：开发经美国食品与药物管理局批准的抗病毒、细菌和毒素的疫苗；开发分子/脱氧核糖核酸疫苗、疫苗平台和辅助剂；开发针对多种毒剂的疫苗；开发新型非注射免疫系统；开发经美国食品与药物管理局批准的抗神经性毒剂的高效预处理手段，该处理手段无不良反应，也不会对作战产生不利影响。

美国政府参与该领域研究的组织和机构有美国陆军传染病医学研究所、沃尔特•里德陆军研究所、美国陆军防化医学研究所和海军医学研究中心。

预处理针对能抗已验证的生物战剂（病毒、细菌和毒素）的疫苗开发进行基础研究和应用研究，也对已验证的化学毒剂沾染的预处理进行基础研究和应用研究。重点发展新一代防生物疫苗的技术和方法，包括针对多种毒剂的疫苗、分子疫苗、新疫苗平台与辅助剂、可替代（非注射）接种方法。

预处理包括针对多种毒剂的疫苗开发、疫苗支持研究、技术发展、化学毒剂预处理。针对多种毒剂的疫苗开发标志着战略方向的转变，即从应对单一病原体或密切相关病原体的疫苗开发转向可同时应对多种生物威胁病原体或毒素的单一免疫系列的疫苗开发。针对多种毒剂的疫苗极大地减轻了医疗后勤负担，最大限度地降低了使用防生物疫苗的成本，提高了疫苗使用者的顺从性。

疫苗研究直接支持候选疫苗向高级疫苗开发的转变。同时，基础研究利用系统生物学（蛋白质组学、基因组学和生物信息学）新工具，对病原体基因、病原体毒性因子、宿主与病原体相互作用、致病机制和宿主免疫等研究发展出新的见解。这些研究将确定新的候选疫苗靶点，并据此开发先进的或下一代分子疫苗和针对多种毒剂的疫苗。研究重点是毒素、细菌和病毒病原体。

技术发展包含了分子疫苗研究和分子免疫研究。分子疫苗研究工作涉及基于基因的疫苗技术探索和候选疫苗平台的有效性验证，后者包括适用于开发下一代多毒剂防生物疫苗的病毒工程学、蛋白质重组或融合、分子疫苗与新辅助剂。这些疫苗平台允许加入新的免疫原配方，促进快速开发针对新毒剂（基因工程学的威胁或新出现的传染病）的有效疫苗。

分子免疫研究的目标是研究保护性免疫分子机理，合理设计和开发出新一代防生物疫苗。化学毒剂预处理满足对神经性化学毒剂有效预处理的需求。生物净化剂是一种凝结神经性毒剂来源于血浆的蛋白质。有两种生物净化剂，一种是来源于人体血浆的丁基胆碱酯酶，另一种是丁基胆碱酯酶的重组形式，已通过里程碑 A，并过渡到高级发展阶段。根据跨部门协议，由美国卫生与公众服务部负责丁基胆碱酯酶的开发利用。生物净化剂蛋白研究旨在开发出一种催化生物净化剂，可同时治疗有机磷神经性毒剂和新型毒剂。

4. 治疗

治疗包括：开发美国食品与药物管理局许可的药物，对确定受到生物战剂和化学毒剂伤害的人员进行治疗；开发基于常见致病机理干预手段的广谱、速效治疗策略；为出血性病毒和痘病毒的治疗开发出新型抗病毒药物；用改进的神经蛋白和抗惊厥药物，增强对现有神经性化学毒剂的防御措施；鉴别新型抗菌药物对细菌感染的治疗效果；消除肉毒毒素对神经元的影响；确定由毒剂引起损伤的一般机理，设计能有效治疗包括非传统毒剂在内的所有毒剂的治疗方法。

美国政府参与该领域研究的组织和机构有美国陆军医学研究与装备司令部实验室（包括美国陆军防化医学研究所、美国陆军传染病医学研究所和沃尔特·里德陆军研究所）、空军研究实验室、海军研究实验室、美国海军医学研究中心、武装部队病理研究所和军队卫生勤务大学。

治疗支持基础研究和应用研发，为抵抗细菌、病毒、毒素和化学毒剂的影响提供安全有效的医学治疗。与把医学技术创新应用所有毒剂作为研究重点完全不同，治疗强调开发对单一毒剂有效的药物。联合科技办公室的研究人员从基因和分子角度，探索病菌与毒素毒性，致病机理与毒素毒理，以及抵御、修补和恢复的关键技术。研究进展取决于对人体疗效有效的动物模型和替代品的开发，因为这些是最终得到美国食品与药物管理局批准所必需的。具体策略包括对经美国食品与药物管理局批准的药物新用途进行评估，同时为新一代先进治疗方法鉴别新的治疗靶点。

治疗研究包括细菌治疗、病毒治疗、毒素伤害治疗、化学毒剂伤害治疗。细菌治疗鉴别新的治疗靶点，将其用于治疗细菌感染与疾病的先进方法或新一代方法的开发。重点是研究抗菌素耐药性机理和能减少对传统抗生素依赖的治疗技术开发。此外，对经美国食品与药物管理局批准的新药及其疗法在抗细菌感染毒剂方面的新用途进行评估。

病毒治疗研究已经对正痘病毒和丝状病毒得到成熟的靶向治疗技术。重点是把上述技术过渡到高级开发阶段。病毒治疗还将继续支持为病毒感染与疾病的新一代治疗方法鉴别新的治疗靶点，并对经美国食品与药物管理局批准的抗病毒药物和疗法进行评估。

毒素伤害治疗定义毒素受体结合性，探索毒素生化活性，鉴别与生化活性关联的事件。毒素伤害治疗研究将鉴别新治疗靶点，并将其用于治疗生物毒素中毒的新一代先进方法的开发。此外，对经美国食品与药物管理局批准的新药及其疗法在抗毒素方面的新用途进行评估。

化学毒剂伤害治疗旨在开发能抗传统与非传统化学毒剂的治疗对策，评估呼吸道、皮肤、全身和眼部接触化学毒剂伤害治疗对策的有效性。化学毒剂伤害治疗基础研究将在亚细胞水平上阐明化学毒剂引发损伤的潜在机理，鉴别化学毒剂分子靶点的相互作用和生化活性，并将其用于开发新的治疗方法，协助进行合理的药物设计。此外，对经美国食品与药物管理局批准的新药及其疗法在沾染神经性毒剂和糜烂性毒剂后的治疗用途进行评估。

1.3.2 医学技术研究进展

1. 2008 财年

2008 财年美军 CBRN 防御医学科学技术研究的目标是：为单兵提供医学防护与预防，保持战斗力；维持技术能力，满足当前需求，应对未来威胁；为伤亡人员提供医疗管理，提高生存能力，尽最大努力恢复战斗力；开展新药研究，5 年内至少开发两种广谱医学对策；针对相关威胁开展基因测序研究；为药物开发提供从药物发现到药物应用的更简便方法；发展生物信息学，开发新型信息平台，在分子水平上分析基因和蛋白质。

2008 财年美军开发了预处理（预防）模式，能有效应对 CBRN 危害，研究重点是沾染与否的及时诊断方法和沾染后的治疗方法，以便在发生 CBRN 袭击事件时能维持战斗人员健康，保持部队战斗力。

2008 财年开展的创新性研究包括以下几方面。

（1）基因组学、系统生物学和能感知、防护与自解毒的材料的创新性、革命性科学技术研究。这些研究运用在 1～100 nm 级原子、分子和超分子上操纵物质的能力，利用物质微小结构的新特性、新现象和新功能，认知并创造出有用的材料、设备和系统。

（2）医学对策中的创新概念包括：开发出抗病毒和抗细菌的针对多种毒剂的疫苗，保护接种者免受生物战剂组合的威胁。对于化学毒剂，直接转化小分子医学对策，能防护神经性毒剂并逆转神经性毒剂的毒性。在生物治疗方面，利用纳米技术和小分子技术等尖端技术，对接触生物战剂后产生的效应进行干预。

（3）正在向医学科学技术领域转化的人工人体免疫系统允许在使用体内模型之前，评估化学与生物威胁及可能的医学对策。

这种创新性技术提供了自动、高通量、快速及可预测的过程，减少了筛选所需实验室动物的数量，并可能节约研发经费和时间。

医学化学防御研究的重点是发展医学预处理、治疗和诊断方法，治疗和保护战斗人员免受传统化学毒剂（如神经性毒剂和糜烂性毒剂）和非传统化学毒剂的危害。重点研究领域包括：神经性毒剂生物清除剂、神经病治疗学、皮肤与眼部治疗学、呼吸道与全身治疗学、医学毒理学研究和化学医学诊断学。正在进行的化学预处理研究包括开发能对所有含磷神经性毒剂实施防护的催化生物清除剂。化学伤害治疗的研究重点是识别并转化能改善神经性毒剂中毒损伤的化合物。化学诊断研究提供支持美国食品与药物管理局许可流程的准确筛查和诊断化验，开发可靠的能指示早期皮肤染毒的方法，为战场快速检测染毒开发出具有样品制备与萃取技术的野战设备，开发能准确识别化学毒剂的掌上型分析设备。

医学生物防御研究的重点是发展能有效应对生物战剂的医学对策，包括预处理、治疗和诊断。研究活动集中于降低毒剂的致死与致残效应，实施能在野战条件下使用的免疫接种策略。医学生物防御研究还瞄准评价处于高级开发阶段的新治疗技术与疫苗技术、治疗方法和候选疫苗；治疗旨在减少与毒剂感染有关的发病率和致死率。研究采用合适的体外、体内动物模型，旨在支持新的无许可证抗菌化合物与疫苗最终得到美国食品与药物管理局的批准。此外，为了将许可产品用于生物战剂预防及伤亡人员治疗，将为其寻求新的适应症。

医学放射性防御研究的重点是针对急性辐射照射综合症和导致长期辐射损伤的急性辐照延迟效应（如组织纤维化、辐照诱变），开发广谱医学放射性防护剂（预防）及辐射照射后的有效治疗手段。医学放射性防御研究旨在拓展预防或减轻辐射损伤的医疗选项。医学对策发展侧重于对辐射照射造成的骨髓和肠胃损伤的有效治疗，且满足美国食品与药物管理局许可要求。关注的产品有很多，作用机理各不相同，包括抗氧化剂、抗凋亡剂、促排剂，以及利用成人干细胞的器官系统修复。此外，医学放射性防御研究关注先进辐射剂量的测量能力，能估计战场辐射剂量，从而为伤员分诊和治疗决策提供信息。有多种候选系统，包括用于生物剂量测定的基因与蛋白质生物标记物，以及物理剂量测量技术。

在医学放射性防御研究领域计划实施以下措施。

（1）选取成人骨髓干细胞产品作为辐射照射医学对策，准备试验性新药，并提交给美国食品与药物管理局，计划于 2009 财年开始一期临床试验。

（2）美国国防部和卫生与公众服务部各自进行了协调，分别制定针对急性辐射综合症的医学辐射对策。国防部和卫生与公众服务部各自专注于一类辐射损伤，国防部研究肠胃辐射损伤医学对策，而卫生与公众服务部则研究骨髓损伤的医学对策。

医疗技术转型的任务是通过使用新兴技术平台和创新管理方法，加速发现和发展广谱医疗对策，保护战斗人员免受传统生物或基因工程生物的威胁。总体目标是提供初步的综合能力，以迅速应对传统的、新兴的和基因修饰的生物威胁。目前，确定威胁并制定医疗对策的过程冗长而昂贵，而且不能解决新兴疾病或基因工程造成的威胁。通过发现新兴医疗技术、采用非正统科学方法、简化药物开发与国防部采办管理实践，医疗技术转型寻求缩短开发和制定广谱医疗对策的时间。除了为国防部开发广谱疗法，医疗技术转型的另一个目标是开发两种或更多平台技术并建立基因测序能力，从而为国防部创建全面的快速药物发现与发展能力概念做出重大贡献。快速药物发现与发展能力概念包括以下平台技术：基因测序、靶点鉴别、药物发现、药物评价（包括动物模型）、快速生产、生物信息学。从这些平台开发出经过验证的动物模型是验证药物疗效的关键要素，也是美国食品与药物管理局药物审批过程的关键要素。医疗技术转型正在资助广谱医疗对策活性毒剂疗效试验所必需的动物模型研究与开发。随着开发，经验证的动物模型成为生产有效广谱医疗对策的关键部分，上述平台技术的集成将对快速识别生物威胁和快速开发对战斗人员有效的医疗对策具有重大影响。

在实施医疗技术转型计划的最初三年里，建立了包含 18 种可能的试验性新药和一个平台技术组合在内的复合投资组合。医疗技术转型计划与生化防御计划、国防部机构和其他国防部实验室开展合作，开发其中一些平台技术。对出血热病毒和细胞内细菌病原体具有广谱疗效的化合物的发现和早期开发，使医疗技术转型计划向着为战斗人员生产经许可的广谱治疗药物的目标前进了一大步。2009 年，有两种治疗埃博拉病毒和马尔堡病毒的预先试验性新药被递交美国食品与药物管理局，治疗细胞内细菌病原体的化合物预先试验性新药接近完成。向美国食品与药物管理局递交这些预先试验性新药使得医疗技术转型计划能在 2011 财年前达成填补两种广谱试验性新药空白的近期目标。药物从开始开发到最终获得美国食品与药物管理局许可，每个步骤都具有很高的损耗率。这一事实使医疗技术转型计划必须采取复合投资组合（包含多种候选试验性新药），以获得足够的项目资金，支持把候选试验性新药朝着完成一期临床研究目标（人类安全性）推进。作为医疗技术转型计划先进治疗发展战略的一部分，医疗技术转型计划已与美国陆军传染病医学研究所达成协议，为评估和再利用经美国食品与药物管理局批准的药物建立技术平台。

在基因测序领域，医疗技术转型计划预计在 2011 财年前为国防部提供初始基因测序能力。医疗技术转型计划已经验证了一种能够识别致病性和基因修饰细菌的基因测序原型；把过去需要数天的过程缩短为数小时。此外，医疗技术转型计划建立了生物威胁制剂的基因序列数据库，提供了快速识别经过修饰的病原体的能力。这个基因序列数据库将包括 A 类生物威胁列表中大多数最流行的生物战剂菌株。

最后，参与医疗技术转型的科学家们在过去三年里始终密切支持国防高级研究计划局实施的药物加速制造项目，开发一种有侵略性的、适应性强的高效疫苗和单克隆抗体制造平台，医疗技术转型计划项目办公室代表始终与国防高级研究计划局一起，确保药物加速制造项目满足国防部需求，能够在不超过 12 周内快速生产出数百万剂量药物的任何医学对策，而当前的生产时限至少需 36 个月。美军计划，医疗技术转型至少要交出两种试验性新药（一种针对出血热病毒，另一种针对细胞内细菌病原体），开发出至少两种平台技术（如动物模型和加速制造），并在 2011 财年前为国防部建立基因测序能力。

2008 财年取得的主要研究成果包括以下几方面。

（1）为获得美国食品与药物管理局批准所需的重要信息，生物序列标准 ST-246 进行了临床前研究。

（2）识别出新型小分子肉毒毒素抑制剂；确定了炭疽、鼠疫和土拉病菌的常见生理阻断点；对 230 万种抗蓖麻毒素化合物进行了虚拟筛选。

（3）开发了一种葡萄球菌肠毒素小分子治疗新药，在动物评价模型中的治疗效果达到 50%。

（4）为了获取猴痘和丝状病毒人类临床样本，在刚果民主共和国建立了一个临床研究站。

（5）为了构建治疗有效期（有效窗口），开发了肉毒毒素中毒的药物代谢动力学模型。

（6）向联合生物战剂识别与诊断系统和关键试剂项目交付了 19 个试验设计数据包。

（7）首次对低挥发性毒剂的低水平沾染危害进行了定量评估。

（8）开发了炭疽感染过程详细定量模型，首次建立了兔子和人类低水平沾染风险模型。

（9）开发了一种抗甲病毒属（西方马脑炎、委内瑞拉马脑炎和东方马脑炎）的脱氧核糖核酸疫苗，该疫苗通过电穿孔接种，在非人灵长类动物中显示出很高的疗效。

（10）制定了代表线状病毒疫苗平台和甲病毒属疫苗的五项技术转化协议，均已获得联合科技办公室和国防威胁降低局的联合批准。

（11）评估了经美国食品与药物管理局批准的抗胆碱药物异丙嗪用作新预防和治疗神经性毒剂沾染的药效。通过动物研究验证了异丙嗪抗索曼沾染的效果，研究内容包括动物生存情况、惊厥活动和大脑病理。正在展开进一步研究，以扩大可能导致抗神经性毒剂化学医学对策改进的这些发现。

（12）探索了几种在硫芥子气沾染后能减少创面愈合时间的不同医学方法。动物实验结果表明，硫芥子气创面浅层 Er：YAG 激光清创术结合正确的辅助治疗，疗效明显优于不加治疗。正在进行进一步研究，以确定硫芥子气皮肤创伤的最佳治疗样式。

（13）联合科技办公室转化了 13 项技术、提交了两份预试验性新药文件（计划在2009 财年第二季度通过医疗技术转型计划提交实际试验性新药）、签署了 22 份技术转化协议。美国陆军传染病医学研究所、埃奇伍德化学生物中心和海军医学研究中心支持在国防部内建立基因测序能力的初始基础条件。

2. 2019 财年

医学基础技术研究领域在 2009 财年启动了委内瑞拉马脑炎和东方马脑炎复制子宿主细胞因子的鉴别与表征研究，开展病毒和细菌感染毒剂新抗原和/或共享抗原的定义研究，用于设计未来治疗方案。

在医学基础技术研究领域取得了以下研究成果。

（1）确定了鼠疫杆菌内外细胞复制可影响气溶胶毒性的能力。这种效应似乎是噬菌体休克蛋白的反应调节。这些信息为开发新的抗鼠疫医学对策提供了信息。

（2）测定了循环中肉毒杆菌神经毒素的半衰期，直接为医学对策开发提供了有效治疗期。

（3）提高了对索曼和硫芥子气造成细胞损伤的认知。

（4）设计并合成了一类新乙酰胆碱酯酶重激活剂，有助于开发新的神经性毒剂解毒剂。

（5）采用多学科（蛋白质组学、生物化学、生物信息学和质谱学）方法，开发了一种突破性的无培养基实验室快速微生物鉴别方法。

医学化学防御研究领域在 2009 财年对神经性毒剂生物清除剂的研究主要集中在催化蛋白方面，一种酶分子可以中和多种神经性毒剂分子；神经保护剂的研究重点是预防脑组织损伤和治疗因沾染神经性毒剂而引起的痉挛；糜烂性毒剂治疗的重点是发展眼睛、皮肤和呼吸系统沾染糜烂性毒剂后的治疗方法；重激活剂研究检查能抵消神经性毒剂的候选化合物；化学医学诊断研究开发能检测各种化学威胁沾染水平的分析方法和设备。

医学化学防御研究领域在 2009 财年开展的创新性研究包括以下几方面。

（1）优化眼内注射核糖核酸干扰，这是针对索曼诱发眼部损伤炎症性细胞因子的潜在治疗手段。

（2）使用腺病毒载体诱导生物清除剂体内表达，包括丁酰胆碱酯酶和候选催化生物清除剂。

（3）利用蛋白组学方法和兔眼模型确定硫芥子气眼部沾染的蛋白生物标记物。

2009 财年医学生物防御研究的重点是开发医学对策，包括对生物战剂有效的预处理、治疗和诊断。研究活动集中于预防（如疫苗）或减轻（如治疗）病毒、细菌和毒素的致死性和使人失能的效应。目标是利用新兴表达平台生产疫苗、可替代的疫苗交付机制和预测人类免疫原性的技术，确保疫苗对气溶胶威胁具有最大疗效。疫苗的重点是战斗人员沾染生物战剂之前的预防，治疗的重点则是战斗人员沾染生物战剂后的生命维持。生物治疗技术的重点是针对病原体或宿主途径，产生新的抗微生物和抗毒素的小分子抑制剂。另一种选择是，寻求美国食品与药物管理局许可产品的新适应症，用于治疗生物战剂伤亡。医学对策的有效性关键依赖快速诊断战斗人员是否沾染毒剂及沾染了何种毒剂的能力。为此，生物诊断研究的重点是开发鉴别临床样本中毒剂的现场化验方法。此外，目前正在进行试图确定症状出现前指示感染已发生的生物标志物的研究，以便在症状出现前快速诊断和治疗。

医学生物防御研究领域在 2009 财年开展的创新性研究包括以下几方面。

（1）转化了来自国防高级研究计划局的模块化体外免疫构建技术，用于评估特定生物战剂疫苗和人类细胞治疗的有效性。这项创新性技术提供了自动、高通量、快速及可预测的程序，减少了筛选所需实验室动物的数量，显著节约了经费，减少了开发时间。

（2）利用新型平台生产抗生物战剂的多毒剂/多价疫苗，这些疫苗可对多种关联毒剂或不同生物战剂的独特组合提供保护。这些技术可减少战斗人员所需的单一疫苗数量，降低高级开发所需经费。

（3）在生物治疗方面，利用纳米技术和小分子应用等前沿技术，减轻沾染生物战剂后的效应。

2009 财年在医学放射性防御研究领域有关确定潜在候选化合物和开发高精度生物剂量测量能力方面取得重大进展，从而能在战场条件下估算辐射照射剂量。精确估计辐射照射剂量是确定合适的治疗方法、采取有效防护措施的关键。

2009 财年在医疗技术转型研究领域针对出血热病毒和细胞内细菌病原体分别开展了试验性新药应用研究，开发了两种（或多种）应用广泛的平台技术，并对所有毒剂进行了排序。在对技术和医学对策进行差距分析后，医疗技术转型计划征询了以下新技术：①病毒基因测序数据库；②满足美国食品与药物管理局有关动物法规的动物模型；③能增强药物设计合理性和新药开发的计算系统；④针对美国疾病控制与预防中心 A 类和 B 类毒剂的治疗对策；⑤用于确定宿主—病原体相互作用治疗靶点的系统生物学平台；⑥用于体外候选药物筛选的高通量筛选平台。

医疗技术转型计划实施以下两方面措施。

（1）在 2011 财年前为国防部建立初始基因测序能力。在卓越学术中心的技术支持下，美国陆军传染病医学研究所、埃奇伍德化学生物中心和海军医学研究中心正在建立基因测序能力。此外，空军研究实验室正在申请资金，利用其高速计算中心，为生物信息学研究提供必需的能力，从而加速生成使用合理药物设计和系统生物学框架的潜在先导能力。医疗技术转型计划已开始利用系统生物学方法，鉴别宿主和病原体中的靶点。系统生物学方法将产生新的途径，可探索产生广谱医学对策。

（2）继续集成早期科学发现和高级开发。在联合科技办公室和联合计划执行办公室的共同努力下，根据《国防部指令 5000.02：国防采办系统的运行》，医疗技术转型计划提出了首装开发决策和里程碑 A。里程碑 A 批准了针对一系列出血热病毒治疗的高级开发，而不是单一产品生产线。一系列医学对策的创新应用继续扩展国防部能力，同时维持了有关标准和采办的刚需。

2009 财年取得的主要研究成果包括以下几方面：

（1）开发了一种抗甲病毒属（西方马脑炎、委内瑞拉马脑炎和东方马脑炎）的脱氧核糖核酸疫苗，该疫苗通过电穿孔接种，在非人灵长类动物中显示出疗效。

（2）演示了基于委内瑞拉马脑炎复制子的抗甲病毒属疫苗，该疫苗对于感染甲病毒属的小鼠能引起持续反应（试验持续 6 个月），并保护小鼠和非人灵长类动物免受气溶胶危害。

（3）大量生产了治疗蓖麻毒素的蛋白亚基疫苗，用于即将进行的一期临床试验。

（4）验证了在泡状口腔炎病毒平台上表达的抗埃博拉和马尔堡病毒菌株的疫苗在免疫功能不全的非人灵长类动物中是安全的，可保护非人灵长类动物免受致命病毒气溶胶危害。此外，混合多组分疫苗能保护非人灵长类动物在接受单一剂量的情况下抗多种菌株。这些结果发表在三份经同行评议的科学期刊上。

（5）转化了来自国防高级研究计划局的快速疫苗评估项目的模块化免疫体外构建技术，并开始使用该技术评估国防部候选疫苗的人体免疫反应（即抗线状病毒和甲病毒属的候选疫苗）。

（6）利用国土安全部的投资开发光学成像细菌基因组识别平台技术。

（7）建立了一个化学生物战沾染网站，旨在向现役军人、退伍军人、军属和公众提供有关可能影响他们健康的化学生物试验历史信息。

（8）建立了候选生物清除剂体内表达的新方法。

（9）开发了高通量筛选化验以评估候选催化生物清除剂。

（10）调研了沾染有机磷毒剂的多种治疗方法，包括催化生物清除剂、改进的胆碱酯酶重激活剂、神经保护剂、阿托品替代剂和抗痉挛剂。

（11）对于非传统毒剂，进一步研究完成了中枢神经系统作用机制、潜在治疗方法、动物模型和各种建模方法。

（12）为了防止有机磷引起的急性和迟发性脑损伤，确定了亚麻酸和谷氨酸-5 拮抗剂的剂量。

（13）研究结果表明，候选肟有希望用于抗传统毒剂和非传统毒剂。

（14）完成了病理生理剂量和时间关系的描述性研究，评估了索曼和其他神经性毒剂的吸入情况。

（15）利用固相微萃取—气相色谱质谱联用技术，开发了一种化学诊断方法，用于同时识别和量化生物液样中几种神经性毒剂的代谢产物。

（16）作为电离辐射照射治疗的一种有前途的候选治疗药物，继续深入研究与截断鞭毛蛋白有关的科学技术问题。

（17）验证了染料木素（用于预处理）和卡托普利（用于治疗）可增强血细胞和骨

髓对放射性损伤的保护作用。

（18）利用国土安全部在生物诊断方面开发的光学成像工具，该工具可用于细菌病原体的先验鉴别（不依赖经验）。从 2009 财年开始，将向联合科技办公室支持的实验室提供了两型样机平台。结合国土安全部和其他政府机构，启动了一项平台成熟潜力特定应用评估的策略。

（19）增大了其他政府机构在诊断方面的投入，开发脱氧核糖核酸测序平台，促进野战环境下脱氧核糖核酸测序。该仪器于 2010 财年进行野战试验。

（20）把用于治疗葡萄球菌肠毒素 A 和 B 的重组人类单克隆抗体转化为国家过敏与传染病研究所支持的高级开发。

（21）开发了迄今为止具有最高体内疗效的肉毒毒素抑制剂。

（22）完成了 ST-246 用于天花治疗许可证发放所需关键痘症（天花）的疗效研究。

（23）开发了高通量筛选分析，并在体外鉴别出对虫媒病毒和甲病毒属有效的新型小分子化合物。

（24）确定了两种经美国食品与药物管理局批准的药物，对小鼠埃博拉病毒致命性评价有疗效。

（25）利用高通量成像技术鉴别与细菌和病毒致病机理有关的新型病原体和定向宿主靶点。

（26）鉴别了 CD45 是炭疽的一种新宿主源靶点，验证了减少 CD45 表达可预防炭疽致病机理。

（27）确定炭疽蛋白是一种潜在的治疗耐多药炭疽的药物。

（28）开发出单克隆抗体，对小鼠伯克霍尔德氏菌气溶胶评价能实现 100% 预防。

（29）评估了经美国食品与药物管理局批准的抗生素莫西沙星在小鼠抗鼠疫气溶胶评价中的疗效。

（30）与美国国家卫生研究院国家化学基因组学中心建立了合作关系，鉴别对委内瑞拉马脑炎和肉毒毒素有疗效的小分子化合物。

（31）申请了用于确定神经性毒剂沾染的野战尿样取样盒的临时专利。

（32）联合科技办公室转化了 20 项技术，在 2009 财年第一季度提交了两种治疗出血热病毒的试验性新药，并签署了 22 份技术转化协议。

3. 2010 财年

2010 财年取得的主要研究成果包括以下几方面。

（1）确定可用于鼠疫杆菌（鼠疫）的噬菌体，并表征鼠疫杆菌感染、细胞内繁殖与裂解过程，这是一项突破，可用于快速诊断，支持生物监测研究。

（2）确定了两种新的肟类化合物，相对于当前的神经性毒剂解毒剂——氯解磷定，提供了更高的胆碱酯酶再生效率。

（3）签署了临床协议，从刚果民主共和国爆发的丝状病毒中获取人类临床样本。

（4）利用医疗技术转型计划生物信息学工具，在五个病原体表征实验室演练了确定未知微生物响应能力的病原体表征和生物信息学要素。

（5）把一种马尔堡病毒候选疫苗转化到高级开发阶段，准备了一种蓖麻毒素疫苗试验性新药并提交给美国食品与药物管理局。

（6）把用于进一步评估出血热病毒医疗对策的试验性新药提交给美国食品与药物管理局。

（7）开发经美国食品与药物管理局批准的抗组胺剂（异丙嗪），减少索曼引起的抽搐和死亡。

4. 2011 财年

2011 财年取得的主要研究成果包括以下几方面。

（1）建立了裂谷热病毒近天然传播周期。

（2）显示了某些因素与感染出血热病毒宿主存活之间的相关性，有助于掌握感染出血热病毒宿主的生存特征。

（3）验证了出血热病毒抗体的交叉反应性，表明可能减少丝状病毒疫苗的组分数量。

（4）验证了肉毒毒素抑制剂在神经细胞中的有效性，并开展先进化合物体内疗效评价研究。

（5）建立了用于神经性毒剂预处理测试的改进型小动物模型。

（6）试验了吸入硫芥子气后能提高存活率的治疗方法。

（7）检查了神经性毒剂预处理对人体机能的影响。

（8）开发了一种包含遗传标签的条形码孢子，为研究、开发、试验和评价建立了独一无二的非致病性模拟物。

（9）把生物事件专家监测系统程序转化到负责医疗资源、计划和政策的海军作战部长办公室，纳入海军医疗知识管理系统。

（10）对蓖麻毒素疫苗进行了首次人体临床试验（一期）。

（11）将两种丝状病毒疫苗的埃博拉病毒组分转入高级开发阶段。

（12）进行了委内瑞拉马脑炎病毒疫苗临床前研究，为 2012 财年一期临床试验做准备。

（13）提交了一种新型细菌拓扑异构酶抑制剂（抗生素）的试验性新药申请，用于抗炭疽杆菌、鼠疫耶尔森菌和土拉菌。

（14）确定了东莨菪碱在非人灵长类动物中的有效剂量和相互作用。

（15）把 73 个分析化验验证数据包转入医学系统联合项目部和美国食品与药物管理局，获得应急前使用授权，支持生物战剂和传染病的诊断识别。

（16）持续开发自动化样本制备技术，对病原体基因组进行测序。

（17）完成了对关键生物抗原变异性增加理解的研究。

5. 2012 财年

医学基础研究领域在 2012 财年开发了当病毒连续从一种动物传播到另一种动物时变化的认知模型，有助于掌握可能出现的新疾病。

在医疗诊断研究领域，联合科技办公室完成了一期 24 个月的诊断方法评价，目的是生产出具有快速筛选沾染—检测能力的手持式诊断设备，而且分析能力更强，可由经过培训的医护人员使用。共对 12 台设备进行了评价，其中 4 台已转入二期评价。这 4 台设备配置了无线通信手段，能把诊断结果实时上传至基于信息学的生物监测生态系统。通过把具有分析化验和诊断方法的这种设备部署在美国本土以外的三个不同地点，对设备功能进行了验证。此外，生化防御计划与国土安全部展开合作，在关键领域推进高度专业、非常灵敏、易于使用、价格低廉、维护方便、多路复用的快速检测技术，用于支持症状出现前后的检测与诊断。还与美国疾病控制与预防中心就新诊断方法的开发与建立展开合作。

生物战剂医学对策研究领域在2012财年取得了以下主要研究成果。

（1）完成了对丝状病毒（即埃博拉和马尔堡病毒）有效的两种候选疫苗向高级开发阶段的转化。联合科技办公室继续进行向美国食品与药物管理局提交试验性新药应用申请所必需的其他科学技术研究，以推动候选疫苗向临床试验转化。此外，完成了为推进基于脱氧核糖核酸的甲病毒属（即西方马脑炎、东方马脑炎和委内瑞拉马脑炎）疫苗而申请的试验性新药研究，计划于2014财年转入联合计划执行办公室。还进行了抗蓖麻毒素疫苗有效性一期临床试验，计划于2013财年转入高级开发阶段。

（2）联合科技办公室在开发必需的分析化验方法和工具方面取得了重大进展，促进了满足美国食品与药物管理局监管标准的疫苗和治疗方法的开发。联合科技办公室继续开发伯克霍尔德氏菌、丝状病毒和甲病毒属的相关动物模型，测试、评估和许可这些病原体的疫苗和治疗方法都需要用到动物模型。除了动物模型，联合科技办公室还继续开发模拟人体器官，在进入人体临床试验之前，用于评估疫苗和药物的毒性、活性及有效性，提高人体毒性和药物有效性的可预测性，从而更好地选择生物防御研究中的候选对象。

（3）作为核心抗生素试验项目的一部分，联合科技办公室对其他30多种美国食品与药物管理局批准上市的药物进行了抗已知生物战剂活性筛选。此外，联合科技办公室进行了必要的动物实验，以验证新候选抗菌药物对鼠疫和炭疽的有效性。联合科技办公室已完成了必要的动物研究，以支持美国食品与药物管理局批准的抗菌药对鼠疫的适应性。联合科技办公室与行业界紧密合作，为两种具有治疗特定生物威胁病原体潜力的新型细菌抑制剂提交了试验性新药申请。

（4）在开发候选抗病毒药物方面，联合科技办公室签署了开发三种鸡尾酒单克隆抗体的合同。在啮齿动物和灵长类动物研究方面，鸡尾酒单克隆抗体显示出对埃博拉病毒感染后的疗效。联合科技办公室已启动了开发具有抗丝状病毒活性的广谱单克隆抗体治疗方法的另一个项目。

化学毒剂医学对策研究领域在2012财年取得了以下主要研究成果。

（1）在针对化学毒剂开发医学对策方面取得了若干进展。成功运用体外实验和动物实验模拟人体沾染致命化学毒剂的情形。医学对策重点是神经性毒剂沾染前或染毒后立即给予治疗。

（2）处于领先研究状态的是东莨菪碱，成功应用于当前的医学处理，在动物模型中提高了神经性毒剂沾染后的存活率，缩短了美国食品与药物管理局批准作为神经性毒剂治疗药物所需的时间。

（3）开发并测试了可逆转神经性毒剂对大脑毒性作用的几种新治疗方法。这些中枢活性化合物有望成为治疗神经性毒剂沾染后即时效应和长期效应的先导。

（4）在开发能解除神经性毒剂毒性的催化生物清除剂方面，已确定了一种能使动物抗多种神经性毒剂（G类如索曼和V类如VX）的候选催化生物清除剂。

在非传统毒剂医学对策研究领域，联合科技办公室确定了非传统毒剂特性的优先等级，估计了人类染毒限值（皮肤沾染）。获得的非传统毒剂的物理学信息和毒理学信息，有助于开发更加现实的医学对策、改进决策支持的精确性、形成更贴近实战的作战概念，以及战术、技术与规程。对洗消剂配方的评估证明了采用的洗消剂对某些非传统毒剂是有效的。在现有护理标准上添加辅助治疗方法，有可能使现有医学对策适用于非传统毒剂。

6. 2013财年

医学基础研究领域于2013财年开发了一种基于人工纳米发动机的生物分离技术。该技术可能允许从未经处理的复杂介质（土壤、池塘水样等）中选择性地实时捕获和分离生物目标（炭疽热等）。联合科技办公室验证了快速分离和浓缩细菌细胞的能力，使用低成本微流体方法开发的细胞和介质的介电泳特性可用于后续检测。在人工酶研究中，联合科技办公室为选定的蛋白质和小分子设计并验证了结合点和催化剂。联合科技办公室确定了影响病程的细菌分泌系统因子，为今后的医学对策研究提供了靶点。

2013年夏，在美国空军中央司令部进行了为期24个月的诊断设备测试评价。联合科技办公室也成功演示了前沿生物信息学软件。生物信息学软件演示了系统分析能力、用户界面直观性。2013年冬，国防威胁降低局评价组对美国海军研究实验室开展的有关塞拉利昂研究工作进行了评价，使用快速诊断分析化验和自动读数仪，把数据上传到生物监测生态系统，展示了在野战严酷环境下的无线通信能力。

生物战剂医学对策研究领域于2013财年取得了以下主要研究成果。

（1）两种候选疫苗开始从科学技术转化到高级开发阶段，一种是基于重组蛋白的蓖麻毒素疫苗，另一种是基于病毒复制的抗甲病毒属疫苗。此外，联合科技办公室向美国食品与药物管理局提交了试验性新药申请，开始对基于脱氧核糖核酸的抗委内瑞拉马脑炎病毒疫苗进行临床试验。成功建立了非人灵长类动物甲病毒属感染模型，并完成了初步感染性研究。

（2）预防研究包括疫苗开发，用于保护战斗人员免受气溶胶态病毒、细菌和毒素的威胁。治疗方法研究包括抗菌药物的新开发或再利用，推进灵长类动物中埃博拉病毒抗体药物的有效性研究，开发定向肉毒毒素A肽酶的药物。继续开发伯克霍尔德氏菌、丝状病毒和甲病毒属动物模型，这对于抗病原体疫苗和治疗方法的试验、评估和批准至关重要。

（3）联合科技办公室从7个不同行业合作伙伴中筛选出40多种新化合物，用于对抗已知生物威胁。该办公室还资助了一个项目，验证了单一化合物抗多种生物战剂（炭疽、土拉和鼠疫）具有广谱活性，有可能通过新的作用机制克服抗生素耐药性，即新的拓扑异构酶细菌抑制剂，这是一种耐多药的广谱抗生素。该化合物已成功进入一期临床研究。联合科技办公室已完成数据分析并向行业界提交了最终报告，支持美国食品与药物管理局批准的抗菌药物莫西沙星适用于鼠疫适应症。此外，完成了莫西沙星药代动力学研究，以确定治疗猕猴吸入炭疽具有良好实验室实践疗效研究的人性化剂量水平。"联合科技办公室"之前确定了宿主对鼠疫、炭疽和土拉感染免疫反应的多肽活化剂。

（4）在抗病毒医学对策研究领域，联合科技办公室完成了已知首例成功的触发-治疗存活研究，使用临床指标确诊后，在感染4～5天后对患者提供治疗。联合科技办公室使用"鸡尾酒"单克隆抗体对猴子进行了抗致命性埃博拉病毒感染研究。免疫治疗领域的进展初步确定了抗甲病毒属感染的保护性抗体。

（5）联合科技办公室确定了对丝状病毒具有广谱鉴别功能的新的三重反应性单克隆抗体。在药物再利用研究方面，联合科技办公室证实了几种美国食品与药物管理局批准的药物在成功治疗小鼠埃博拉感染方面的活性。进一步初筛发现，美国食品与药物管理局批准的药物对甲病毒属和虫媒病毒具有活性。还确定并开始表征两种对丝状病毒和痘病毒具有活性的经美国食品与药物管理局批准的癌症治疗药物。

化学毒剂医学对策研究领域于 2013 财年采用体外试验和动物试验等模拟人类沾染致命性化学毒剂后的情况，取得了一些进展。采用动物模型，验证了一种能增加中枢神经系统活性的新治疗方法，降低了由多种 G 类和 V 类神经性毒剂引起癫痫发作的发生率，有助于减少因沾染神经性毒剂而造成的脑损伤。开发了一种经体外验证能抗 G 类和 V 类毒剂的新催化酶，能以更低的剂量提供同样的防护。

非传统毒剂医学对策研究领域，联合科技办公室于 2013 财年确定了优先等级非传统毒剂的特性，估计了人类染毒限值（如皮肤和呼吸道沾染）。在表征非传统毒剂物理特性的过程中，开发了能安全可靠地测量非传统毒剂的物理特性、环境命运和持久性的方法和模型。提交了优先等级非传统毒剂合成和物理特性的报告，评估了 VX 神经毒剂和三种优先等级非传统毒剂的人体毒性，还报告了沾染剂量、沾染时间和症状出现之间的关系。

7. 2014 财年

2014 财年，生化防御计划大力加强 CBRN 威胁医疗诊断能力，继续推进下一代诊断系统（增量I）项目，改进了检测和鉴别生物战剂和传染病病原体的系统分析能力。生化防御计划挑选了能提供美国食品与药物管理局批准医疗诊断设备的供货商，开发体外诊断分析化验手段。与现役联合生物战剂识别与诊断系统相比，下一代诊断系统（增量 I）诊断能力和环境分析能力更强，价格更低，人工负担更小。下一代诊断系统（增量I）估计在 2017 年开始替代联合生物战剂识别与诊断系统。生化防御计划继续进行为期 24 个月的诊断设备评价，为机动应用和临床应用开发诊断能力。启动了可用于检测鼠疫杆菌、类鼻疽杆菌、登革热病毒和恶性疟原虫原生生物的新多路复用分析化验方法的评估，并在野战条件下针对地方性疾病进行了原理样机演示验证。选择的演示地点包括南美、东南亚和塞拉利昂，演示得到的信息上传至生物监测生态系统。生物监测生态系统是一个全球信息系统，旨在加快疾病检测、鉴别和响应能力。

在医学对策研究领域，生化防御计划继续开发多种医学对策，包括针对化学威胁和生物威胁的治疗方法和疫苗。生化防御计划对东莨菪碱进行了内部转化。东莨菪碱是治疗晕动病（如晕船、晕车等）的一种经美国食品与药物管理局批准的药物，该药也能提高几种神经性毒剂沾染后的生存率，对改进型神经性毒剂治疗系统从科学技术研究阶段到高级开发活动阶段都提供了支持。除了研究埃博拉病毒医疗对策，还继续研究了鼠疫、肉毒毒素和非传统毒剂医疗对策。生化防御计划开发的重组鼠疫疫苗方法得到了美国食品与药物管理局认可，可用于确定非临床疗效和跨物种比对，根据美国食品与药物管理局动物法规，非临床疗效和跨物种比对是获得美国食品与药物管理局批准的关键。与此同时，生化防御计划重组肉毒杆菌疫苗完成了关键非临床疗效测试，证明了该疫苗是有效的。生化防御计划继续开发耐多药细菌医学对策。

为了制定行业最佳实践，生化防御计划建立了吸收、分布、代谢、排泄中心。该中心正致力于在动物试验之前加强新医学对策的设计和开发，以减少成本、时间和医学对策的损耗。2014财年，生化防御计划开发了数据资源，包括微生物威胁信息中心数据资源，使分析化验的开发更加简便，并增强了对关键试剂项目的支持。还开发了在线数据库，使研究人员能研究伯克霍尔德氏菌的分泌系统和这种细菌种群靶点的宿主途径。生化防御计划与有关政府机构合作，审查了肉毒杆菌与天花医学对策，以及放射性与核医学对策。取得的一项重大成果就是审查了埃博拉病毒疫苗和治疗方法，并排出了优先次序，并据此选择两种疫苗和一种治疗方法进行优先开发。

在非传统毒剂医学对策研究领域，基于对高优先等级非传统毒剂的非人动物评价和多途径沾染，估计了非传统毒剂对人类的毒副作用。生化防御计划递交了优先等级非传统毒剂的关键生理特性和化学特性，用于开发物理对策和医学对策。这些特性有助于开发非传统毒剂安全阈值、设置检测器水平、开发与评估防护装备，也有利于决策支持工具和作战概念的发展。

治疗研究领域于2014财年取得以下研究成果。

（1）向美国食品与药物管理局提交了一份使用莫西沙星治疗吸入性鼠疫的新药申请。

（2）证明埃博拉病毒药品治疗非人灵长类动物感染埃博拉病毒后在5天内有效。

（3）继续开展对神经性毒剂有效的新型生物清除剂分子生产活动，提高药物安全性，降低成本。

（4）继续研究一种已被证实对假单抗和耐多药临床病原体有效的医学对策。

（5）确定第一种小分子治疗方法，可以保护非人灵长类动物在48h内免于感染马尔堡病毒。

（6）研制并开发针对包括委内瑞拉马脑炎病毒、东方马脑炎病毒和西方马脑炎病毒在内的甲病毒属单克隆抗体"鸡尾酒"疗法。

（7）确定27种美国食品与药物管理局批准的药物作为抗中东呼吸道综合症和严重急性呼吸道综合症病毒的潜在医学对策。

2014财年，在疫苗研究领域取得以下研究成果。

（1）继续研究新型广谱亚单位疫苗配方的防护能力，用于开发广谱多价伯克霍尔德氏菌候选疫苗。

（2）蓖麻毒素疫苗一期临床试验确定了一种具有令人满意的产额、稳定性和体外药效的替代突变蛋白。

（3）启动了基于脱氧核糖核酸的委内瑞拉马脑炎病毒疫苗一期试验。

（4）开发评估委内瑞拉马脑炎病毒、东方马脑炎病毒和西方马脑炎病毒疫苗的非人灵长类动物模型。

2014 财年，生化防御计划与国防高级研究计划局在创新诊断样本收集、保存和分析技术方面进行合作，使这些技术成熟，以满足联合部队在严峻环境中使用的特定需求。国防高级研究计划局提供了威胁减少、生物防御、医疗诊断、病毒预测、生物监测等领域的项目更新、演示验证、技术专长和监管审查。

8. 2015 财年

医学科学技术于 2015 财年取得以下研究成果。

（1）研究了基因复制和扩增在细菌耐药性进化中的作用。

（2）研究了大脑药物传递的非侵入性、跨细胞途径，以及针对神经性毒物解毒剂的血液与大脑屏障。研究了纳米材料和纳米结构材料作为对抗化学生物威胁的活性治疗载体。

（3）为了改进检测时间，提高广谱威胁医学对策的有效性，研究了纳米机电系统、分子马达、纳米机械共振传感和纳米成像技术。

（4）成功进行了马尔堡丝状病毒抗体灵长类动物试验。

（5）针对以下情形对 2014 年西非埃博拉疫情进行了建模分析：西非埃博拉疫情，美国暴发疫情的可能性，治疗、疫苗、诊断设备的数量，所需材料和行动步骤，非医疗干预措施，人口风险，疏散规划，个人防护装备估计。

（6）启动了埃博拉病毒在人类体液和临床有关物体表面（如防化服、腈类、不锈钢、航空地毯、聚丙烯塑料、运输隔离系统材料）存留持久性研究，确定了污染在表面持续多久才能作为传染源，以及常用洗消剂对污染表面的去污效果。

（7）成功完成了埃博拉候选疫苗、重组疱疹性口腔炎病毒一期临床评估，为埃博拉病毒感染患者二期和三期研究铺平了道路。早期公布的数据表明，这种疫苗在预防埃博拉病毒感染方面非常有效。

（8）应对生物战剂的医学对策首次获得美国食品与药物管理局批准。莫西沙星药品也得到批准，可用于治疗耶尔森鼠疫杆菌感染导致的肺炎或败血症，或作为有感染鼠疫风险的成年人的预防措施。

（9）支持 2014 年西非埃博拉疫情响应工作。

（10）首次向美国运输司令部交付了运输隔离系统，能在接到通知后 36～96 hr 内将高度传染性患者从利比里亚运送出去。

（11）通过生物监测生态系统和塞拉利昂 24 个月的诊断评价演示验证，推断性地实时检测出埃博拉病毒。通过把需求点诊断设备实时链接到基于"云计算"的生物监测生态系统，演示验证了早期报警能力。

（12）加快美国食品与药物管理局对联合科技办公室资助的埃博拉病毒药品试验性新药的批准，从而允许把埃博拉病毒药品用于利比里亚埃博拉病毒感染者 II 期安全性研究。

（13）设计开发了一种利用蛋白质组学质谱技术检测已知和未知生物有机体和毒素的传感技术，该技术可识别特定的蛋白质特性。

（14）开发了授权基因组专业知识系统，旨在协助军种实验室以最低成本和人力资源分析复杂样本中的细菌基因组。

9. 2016 财年

2016 财年，在医疗诊断研究领域，生化防御计划开发了一个诊断面板，使得前沿部署的医疗工作者能在培训时间最短、环境资源最少的条件下遂行快速准确的诊断测试。生化防御计划对下一代诊断系统（增量 I）进行了作战评估，评估目标是为评价下一代诊断系统（增量 I）的作战效能、适用性和生存能力提供数据，从而支持 2016 财年下一代诊断系统（增量 I）里程碑 C 的有限生产决策和 2017 财年美国空军初始部署下一代诊断系统（增量 I）。下一代诊断系统（增量 I）项目将从 2017 财年开始替代现役联合生物战剂识别与诊断系统。

2016 财年，在医学对策研究领域，定向针对埃博拉病毒的三种"鸡尾酒"单克隆抗体在卫生与公众服务部过渡到临床开发阶段。预计 2021 年该医学对策将获得美国食品与药物管理局批准。由生化防御计划支持的埃博拉疫苗被美国食品与药物管理局和欧洲药物管理局授予"突破性产品状态"称号。这将促进美国食品与药物管理局和欧洲药物管理局对疫苗的审查，加速许可证发放，潜在降低成本，最终加快获得疫苗。这种疫苗是首例经人类验证对埃博拉病毒有效的疫苗。生化防御计划评估了莫西沙星对吸入性炭疽杆菌的疗效。研究结果表明，吸入炭疽后，莫西沙星能显著降低死亡率。重组肉毒杆菌疫苗项目在药物说明书、药物稳定性计划和用于验证可比性的小鼠免疫原性动物模型使用等方面获得美国食品与药物管理局的同意。来自美国食品与药物管理局的反馈意见有助于把疫苗向获得美国食品与药物管理局批准推进。此外，生化防御计划与卫生与公众服务部和行业界合作，开发了一种前景广阔的抗生素。这种抗生素可用于抗鼠疫、炭疽、土拉和耐多药细菌。

与行业界合作开发埃博拉病毒核糖核酸检测手持式分子诊断试验，适用于严酷环境。新试验盒是自持的，简单培训后即可操作。在模拟临床条件下，使用埃博拉病毒独立评估该试验。该平台技术为关键临床决策和患者管理提供了快速病原体检测。把超过 900 种类鼻疽伯克氏菌与其近亲的全基因组测序数据及独立隔离方法过渡给联合计划执行办公室。这些测序数据将被用于增强当前的诊断和检测试验，为部署在流行病盛行地区的战斗人员提供保护。

1.3.3 医学处理对策采办进展

1. 医学处理对策采办

1）2008 财年

（1）向美国食品与药物管理局提交了 4 种试验性新药，完成了 3 项临床试验，启动了 4 项临床试验，获美国食品与药物管理局批准，进行了 2 项联合生物战剂识别与诊断系统试验，并与美国食品与药物管理局进行了 35 次正式交互。医学系统联合项目部已向国家战略储备提供了 44 万剂天花疫苗和 130 万剂炭疽疫苗，陆军编配联合生物战剂识别与诊断系统 51 台。

（2）为推动国防部研究工作，确保战斗人员得到最安全和最有效的医学对策，国防部卫生事务部长助理办公厅于2008年春在部队健康保护和准备组织内设立了一个医学对策办公室。该办公室负责制定政策和策略计划，支持采办最能够满足美军需要的CBRN防御医学对策。

（3）关键试剂项目继续开发免疫分析和聚合酶链式反应基因组分析。实施了涵盖生物检测分析技术转化与部署各环节的正式的质量保证与质量控制、系统工程、验证、开发试验与作战试验计划。关键试剂项目还在项目办公室、试验实验室和生物战剂生产实验室实施了国际标准化组织标准。

2）2009财年

（1）启动或完成了4个项目的一期临床试验。生物净化剂II项目、重组肉毒杆菌A/B疫苗项目和放射性医学对策项目完成了一期试验。干粉吸入阿托品项目启动了一期临床试验。目前正在开发的4个项目针对广谱毒剂（包括传统毒剂和非传统毒剂）的预防或治疗。一期临床试验是首次在人体研究中证明该产品的初始安全性。一期临床试验的成功完成满足了里程碑B的要求，即该产品已在相关环境中（在本例中为人）进行了初步试验。

（2）高级抗惊厥系统项目和重组肉毒杆菌A/B疫苗项目启动了二期临床试验。正在进行鼠疫疫苗项目二期临床试验。二期临床试验表明，经过动物试验，美国食品与药物管理局批准所需的产品安全性和有效性均有提高。

（3）向美国食品与药物管理局提交了2种试验性新药申请：改进型神经性毒剂治疗系统和放射性医学对策项目。

（4）针对甲型流感病毒分析化验需要，国防部向美国食品与药物管理局建议给予联合生物战剂识别与诊断系统应急使用授权。这项工作是在疾病控制与预防中心请求下进行的，并允许国防部在公共卫生危机事件中提供援助。2009财年年末，美国食品与药物管理局批准了此建议。此外启动了禽流感分析化验工作，并将于2010财年年初完成。应急使用授权授予医疗产品（包括未批准使用或已批准使用）在宣布进入公共卫生应急状态时应急使用的权力。根据应急使用授权，联合生物战剂识别与诊断系统可用于疾病控制与预防中心试验工作，有助于更快地诊断甲型流感病毒感染，从而快速开始有针对性的医疗处理。

（5）2009年8月，丝状病毒疫苗项目完成了装备开发决策。14项技术转让协议中的5项得到了医学系统联合项目部批准，丝状病毒候选疫苗将在2010财年过渡到高级开发阶段。

（6）继续部署4种不同产品：炭疽疫苗140万剂量，天花疫苗36万剂量，牛痘免疫球蛋白320剂量，对268台联合生物战剂识别与诊断系统进行了升级改造。

（7）关键试剂项目获得了ISO 9001注册，并与实验室保障ISO 17025/34相符。在此期间，关键试剂项目将继续生产200多种产品，支持机构间、机构内和9个外国政府的要求。

（8）医学系统联合项目部继续进行把产品唯一标识符纳入开发项目和野战产品的工作，这将减少医疗产品对后勤资源的占用。根据《国防部指令5000.02》，产品唯一标识符计划目前需要在里程碑A之前完成。医学系统联合项目部后勤小组正在准备以下计划：生物清除剂 II、改进型神经性毒剂治疗系统、放射性医学防御和吸入阿托品。此外，医学系统联合项目部正在探索将时间温度指示与产品唯一标识符相结合的可能性。时间温度指示降低了产品全寿命成本，增强了战士们对野战医疗产品的信心。

（9）医学系统联合项目部和生物高级研究与开发局合作，继续探索国防高级研究计划局的加速制药技术。生物清除剂项目将进行初步研究，这项技术有可能用于所有疫苗和治疗。

（10）医学系统联合项目部继续与国防高级研究计划局合作，使用虚拟设计构思，用快速疫苗评估工具开发模块化体外免疫构建技术。这项技术是模拟人类免疫反应的体外试验，有助于开发有益的疫苗免疫反应，减少首次在人类临床试验中使用的风险，降低该项目全寿命成本。

（11）医学系统联合项目部继续把增强技术纳入疫苗/治疗项目。多剂量剂型、提高产品稳定性和替代药物交付技术将节省时间、降低全寿命成本、减少医疗项目后勤负担。

（12）医学系统联合项目部计划在天花和炭疽疫苗国家战略储备方面与疾病控制与预防中心合作，在鼠疫疫苗项目和放射性医学对策项目开展跨机构和国际合作。2009 财年，医学系统联合项目部与各组织签署了 6 份谅解备忘录或协议，合作开发医学对策。

（13）海军部署了 11 台联合生物战剂识别与诊断系统。

3）2010 财年

（1）为生物监测成立了临时联合产品管理办公室，以加强国防部医学监测与公共卫生领域之间的信息共享。

（2）2010 年 7 月，联合生物战剂识别与诊断系统用于流感 A/H5 分析化验获得美国食品与药物管理局许可，并继续对几项医学对策进行临床试验。

（3）完成鼠疫疫苗项目大规模生产流程开发。

（4）医疗技术转型从倡议过渡到采办项目。

（5）医疗技术转型正在开发能快速识别与对抗生物战剂的技术，通过病原体评估能力继续确定与表征生物威胁；医疗技术转型还正在开发针对出血热病毒、细胞内细菌病原体和新兴传染病毒剂的广谱医学对策，作为工程化或未知 CBRN 威胁的模型系统。

（6）海军编配联合生物战剂识别与诊断系统 10 台；炭疽疫苗吸收陆军编 525 200 支、空军编 167 000 支、海军编 266 480 支、其他部门编 4 260 支，共编 962 940 支；关键试剂项目陆军编 76 562 支、空军编 2 119 支、海军陆战队编 325 支、海军编 26 支、国民警卫队编 26 105 支、其他部门编 22 233 支，共编 127 370 支；天花疫苗陆军编 115 900 支、空军编 109 100 支、海军编 110 500 支、其他部门编 8 000 支，共编 343 500 支。

4）2011 财年

（1）用于快速识别生物战剂的联合生物战剂识别与诊断系统（手提箱大小）获得美国食品与药物管理局许可，可用于 Q 热分析化验，利用病人血液样本诊断急性 Q 热。一份来自欧盟的数据被提交给美国食品与药物管理局，说明了对埃博拉病毒（扎伊尔）的测试结果。联合生物战剂识别与诊断系统的部署工作已经完成。

（2）医学系统联合项目部还致力于下一代诊断系统开发，并最终取代联合生物战剂识别与诊断系统。

（3）关键试剂项目与美国联邦经济情报局、联邦储备委员会、国家过敏与传染病研究所、美国首都警察局、联邦应急管理局和国土安全部签署了跨部门协议。

（4）继续与美国陆军化学防御医学研究所、国防威胁降低局、联合科技办公室和美国国防高级研究计划局进行生物清除剂项目的合作。

（5）用于治疗埃博拉病毒和马尔堡病毒的两种基于平台的候选治疗药物开始了一期临床试验。医学系统联合项目部与美国陆军传染病医学研究所、美国陆军医疗器材开发活动和美国食品与药物管理局合作，改进非人灵长类动物埃博拉病毒感染模型，以降低在治疗埃博拉对策高级开发过程中的风险。

（6）与联合科技办公室和驻韩美军一起，在"关键决心"演习中演示了快速反应能力。

（7）完成了国防威胁降低局医疗技术转型潜在流行病治疗方法的决策前市场调研报告，该报告已经被国防部卫生事务部长助理办公厅验证。

（8）2011年8月，发布了医学对策先进开发制造能力建议书。国防部将继续就未来特殊医学对策产品需求签署独立合同。

（9）海军编配联合生物战剂识别与诊断系统20台；炭疽疫苗吸收陆军编627 020支、空军编104 360支、海军编182 400支、海军陆战队编87 470支，共编1 001 250支；天花疫苗陆军编164 200支、空军编90 500支、海军编75 600支、海军陆战队编38 800支，共编369 100支。

5）2012财年

（1）重组鼠疫疫苗项目成功地对其大规模生产流程进行了重新设计和验证，以提高产量，更好地满足作战人员的需求。大规模验证是实现全速生产和得到美国食品与药物管理局许可的关键步骤。

（2）丝状病毒疫苗项目签署了一份开发和生产经优良生产实践的器材合同，主要针对国防部丝状病毒疫苗原型之一的候选病毒复制子。该器材将用于未来一期临床试验。成功完成一期临床试验后，将考虑候选病毒复制子进入里程碑B，开始国防采办的工程与制造开发阶段。

（3）生物清除剂项目重新发布了工程与制造开发建议书，预计于2013年夏天签署合同。生物清除剂将是第一种预防药物，用于保护战斗人员和初始响应人员免受所有已知的有机磷神经毒剂（如索曼、沙林和VX）和非传统毒剂造成的失能和死亡。国土安全部和环境保护署都对这一能力表示了兴趣。

（4）潜在流行病医学对策采办项目签署了一份针对先进病毒医学对策的合同（1.385亿美元），采办针对多种流感病毒的广谱治疗药物。这种广谱治疗药物的采办有助于加强联合部队对天然发生的流感和/或生物工程流感病毒的防护。

（5）出血热病毒治疗医学对策采办项目马尔堡病毒候选药物显示，非人灵长类动物感染后4天内的存活率是该项目目标的2倍，而采用安慰剂治疗的对照组存活率为零。马尔堡病毒候选药物的目标是延长对战斗人员有效医疗干预的窗口期。目前，尚无高致命性出血热病毒感染的治疗方法。目标是把马尔堡病毒作为试验模型，开发适应所有出血热病毒的基于平台的沾染后治疗方法。

（6）炭疽疫苗吸收陆军编 415 470 支、空军编 90 730 支、海军编 147 960 支、海军陆战队编 80 740 支、海岸警卫队编 3 760 支，共编 738 660 支；天花疫苗陆军编 130 500 支、空军编 92 200 支、海军编 48 400 支、海军陆战队编 32 400 支、海岸警卫队编 6 200 支，共编 309 700 支。

6）2013 财年

（1）签署了三份合同，启动了下一代诊断系统（增量 I）竞争性原理样机阶段。下一代诊断系统（增量 I）合同还提供了支持分析实验室系统和联合生物战术探测系统两个项目及其他国防部和跨部门诊断需求的能力开发。

（2）关键试剂项目检测出美国总统收到的信件和美国参议员罗杰·威克收到的信件中含有蓖麻毒素。关键试剂项目研究改进了对材料性能的分析化验能力，大大减轻了发生此类袭击所造成的威胁。

（3）炭疽疫苗吸收陆军编 260 960 支、空军编 53 430 支、海军编 63 780 支、海军陆战队编 55 640 支、海岸警卫队编 3 300 支，共编 437 110 支；天花疫苗陆军编 116 000 支、空军编 63 100 支、海军编 27 100 支、海军陆战队编 28 300 支、海岸警卫队编 1 900 支，共编 236 400 支。

7）2014 财年

医学系统联合项目部编配联合生物战剂识别与诊断系统（分析化验工具盒）3 740 只；神经性毒剂惊厥解毒剂 17 566 支；索曼预处理药物吡斯的明 11 640 支；炭疽疫苗吸收 523 130 支；天花疫苗 21 500 支。

8）2015 财年

（1）为应对 2014 年爆发的埃博拉疫情，国防部下属多个场所部署了下一代诊断系统（增量 I）。美国食品与药物管理局授权国防部可应急使用下一代诊断系统（增量 I），用于埃博拉诊断试验与分析。

（2）作为国防部有史以来所承担的规模最大的临床试验的一部分，成功完成了新兴传染病治疗项目中流感治疗医学对策三期临床试验（人体试验）。为了结束西非埃博拉危机，新兴传染病治疗项目向美国食品与药物管理局提交了试验性新药申请，对埃博拉病毒感染受试者进行流感治疗医学对策二期临床试验。为了探索流感治疗医学对策对马尔堡病毒的潜在疗效，新兴传染病治疗项目对非人灵长类动物进行了初步概念验证研究。研究结果显示，接受治疗的动物存活率为 83%，而未接受治疗的动物存活率为零。

（3）通过罕见病药物婴儿肉毒中毒免疫球蛋白支持重大公共卫生研究工作，婴儿肉毒中毒免疫球蛋白是一种起源于人类的肉毒杆菌抗毒素，用于治疗婴儿肉毒杆菌中毒（已获美国食品与药物管理局批准许可）。婴儿肉毒中毒免疫球蛋白由接受医学对策项目管理部门重组肉毒杆菌疫苗（增强剂）的成年志愿者所产生的抗体组成，该疫苗目前处于高级开发阶段。

（4）国防卫生局是新成立的由国防部卫生事务部长助理领导的作战保障机构，支持国防部 CBRN 团队医学对策研究、开发与采办工作的管理。国防卫生局对一种新出现的埃博拉病毒疾病治疗的抗病毒化合物的技术准备水平评估进行了验证性研究，该研究有助于里程碑 B 决策。

（5）编配了下一代诊断系统 36 台，联合生物战剂识别与诊断系统（分析化验工具盒）940 只，神经性毒剂解毒治疗自动注射器 670 000 支，索曼预处理药物吡斯的明 3 157 支。

9）2016 财年

医学系统联合项目部编配联合生物战剂识别与诊断系统（分析化验工具盒）755 只，联合生物战剂识别与诊断系统（笔记本电脑改型）231 台，神经性毒剂惊厥解毒剂 1 600 支，神经性毒剂解毒治疗自动注射器 198 012 支，索曼预处理药物吡斯的明 9 359 支，炭疽疫苗吸收 524 310 支，天花疫苗 196 900 支。

2. 医疗对策系统之诊断项目

医疗对策系统之诊断项目的任务是开发、获取、综合部署、识别技术和经美国食品与药物管理局批准的诊断设备，旨在为各军种医务人员对 CBR 污染效应的早期诊断、预防和处理提供帮助。医疗对策系统之诊断项目下设两个子项目，即联合生物战剂识别与诊断系统项目和下一代诊断系统项目，下一代诊断系统项目又包含了"增量 I"和"增量 II"。

联合生物战剂识别与诊断系统是一款可重复使用、可携带、可修改的生物战剂识别和诊断系统，能够快速、可靠并同时识别多种生物战剂和作战所关注的其他病原体。部署的联合生物战剂识别与诊断系统包括了 16 只检测病原体的分析化验盒，能涵盖对 14 种生物战剂的分析化验。此外，包括了 7 只经美国食品与药物管理局批准的体外诊断测试盒，能对炭疽、土拉、鼠疫和 Q 热进行测试，从国防后勤局还能得到基于铂金路径的提取盒，以及 8 只经美国食品与药物管理局批准的用于体外诊断分析的预置应急使用授权数据包，能对扎伊尔埃博拉、苏丹埃博拉、潘埃博拉、Ci67 马尔堡、穆索克马尔堡、拉夫病毒马尔堡、安哥拉马尔堡和潘马尔堡进行分析，用于识别临床样本中低概率、高后果的病原体，可在宣布卫生应急情况时使用。图 1-8 所示为联合生物战剂识别与诊断系统。

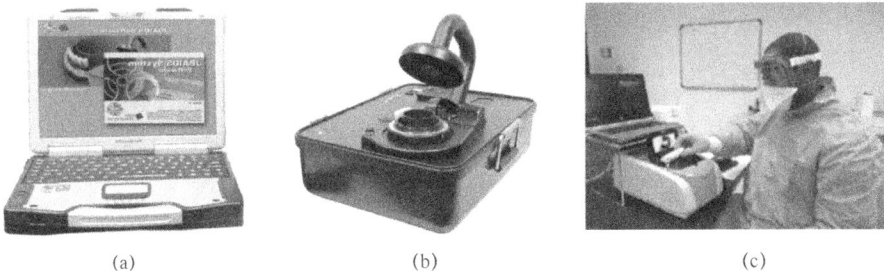

图 1-8　联合生物战剂识别与诊断系统

(a) 软件系统；(b) 诊断设备；(c) 工作人员检测生物战剂。

联合生物战剂识别与诊断系统的技术规格如下：

样品制备时间为 25～65 min/样品；

给出分析结果时间为 90～135 min（脱氧核糖核酸与核糖核酸）；

每次可分析样品数为 7 个（包括抑制控制）；

每次可分析生物体数量最多为 5 个（不包括抑制控制，操作员必须知道测试内容）；

可分析生物体类型包括生物战剂和流感；

基本配置包括仪器、带软件的笔记本电脑、保障设备、样品制备套件和耗材；

分析仪、保障设备和耗材的质量约 1 150 磅（约 521.6 kg），占地 87 立方英尺（约 2.46 m^3）。

下一代诊断系统（增量 I）是经美国食品与药物管理局批准的可重复使用、适应性强的生物病原体诊断和识别系统，能够快速分析临床样本和环境样本。经美国食品与药物管理局批准成立的生物战勇士小组，为协助进行人体诊断，对炭疽、鼠疫、土拉、Q 热、埃博拉和马尔堡进行血液培养以及全血（未除去任何成分的血液）和唾液取样。2017 年 5 月，生物战勇士小组开始向空军部队提供服务，目标包括炭疽、土拉、Q 热、埃博拉病毒、马尔堡、鼠疫、类鼻疽伯克氏菌、鼻疽伯克霍尔德氏菌、布鲁氏杆菌、羊布鲁氏杆菌、普氏立克次体、东方马脑炎、委内瑞拉马脑炎、西方马脑炎、天花、痘症、蓖麻毒素、马蝇，以及对球芽孢杆菌、苏云金芽孢杆菌和酵母菌的训练检验，用于监测和环境应用。

下一代诊断系统（增量 II）是为较低层次医疗卫生部门提供扩展诊断能力和通过解决实际 CBR 诊断威胁提高诊断能力的一系列系统。

下一代诊断系统诊断能力将应用于陆军、空军和海军可部署的作战卫生保障部队（层次较低），同时适用于较高层次的常规医疗保健。下一代诊断系统（增量 I） 将支持患者精准治疗、部队卫生防护及 CBRN 态势感知。

下一代诊断系统的技术规格如下：

样品制备时间为 5 min/样品；

给出分析结果时间为 70 min；

每次可分析样品数为 1 个（可包含多种毒剂）；

每次可分析生物体数量为 14～27 个；

可分析的生物体类型包括生物战剂和多种常见传染病（125+）；

基本配置为仪器、带软件的笔记本电脑、样品制备套件和耗材；

分析仪、支持设备和耗材的质量为 62 磅（约 28.1 kg），占地 6 立方英尺（约 0.17 m^3）。

2017 财年启动了下一代诊断系统（增量 I）替换联合生物战剂识别与诊断系统计划；下一代诊断系统（增量 I）于 2016 财年第 1 季度进入里程碑 C，同时下一代诊断系统（增量 I）在空军形成了初始作战能力；美国食品与药物管理局于 2017 财年第 3 季度批准了下一代诊断系统（增量 I），同时在空军形成了全面作战能力；于 2018 财年第 4 季度完成全速生产决策。图 1-9 所示为下一代诊断系统（增量 I）。

下一代诊断系统（增量 I）将于 2019—2023 财年替换全部联合生物战剂识别与诊断系统，同时下一代诊断系统（增量 II）中便携式诊断系统将进入里程碑 B 和里程碑 C，下一代诊断系统（增量 II）中化学系统将进入里程碑 B 和里程碑 C；下一代诊断系统（增量 I）将于 2019 财年在陆军形成初始作战能力；将于 2020 财年在陆军形成全面作战能力，在海军形成初始作战能力；将于 2021 财年在海军形成全面作战能力。

至 2018 财年，医疗对策系统之诊断项目处于技术成熟与风险降低和生产部署采办阶段，编配对象为美国陆军、海军、空军和海军陆战队。

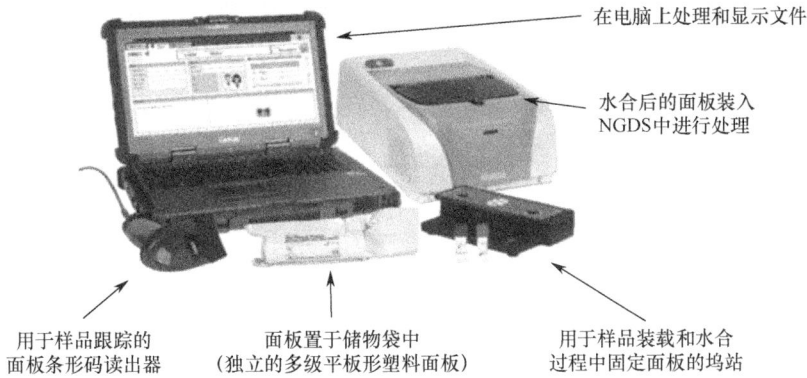

图 1-9　下一代诊断系统（增量 I）

3. 医疗对策系统之治疗项目

医疗对策系统之治疗项目为美国军事力量和美国人民提供安全、高效、创新和价廉的生物危害治疗方法，以应对传统的、新兴的和工程化的生物威胁。

医疗对策系统之治疗项目包含两个子项目，即抗病毒治疗和多药物抗菌对策。抗病毒治疗对出血热病毒（丝状病毒科和布尼雅病毒科）和脑炎甲病毒属（披膜病毒科）提供治疗或防护，从而维持战斗人员遂行作战任务。出血热病毒治疗对策将降低疾病或死亡威胁，并减轻因感染出血热病毒（埃博拉和马尔堡）而导致的人体机能下降问题。由于这些疾病的严重性，出血热病毒治疗药物将在直接医学观察期间给感染人员服用。多药物抗菌对策为治疗遭受工程化细菌感染威胁的各军种人员制定感染后医疗对策，旨在替代现役抗菌对策。多药物抗菌对策治疗药物将在直接医学观察期间给感染人员服用。

医疗对策系统之治疗项目满足需求文件中建立的系统属性。图 1-10 所示为研究人员进行医疗对策系统之治疗项目的药物筛选和检测。

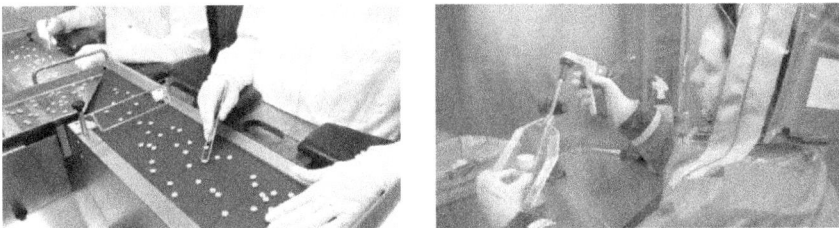

图 1-10　研究人员进行医疗对策系统之治疗项目的药物筛选和检测

2016—2018 财年，抗病毒治疗建立联合机动新兴疾病干预临床能力，在新兴传染病疫情环境中执行实验治疗的人体临床研究；抗病毒治疗启动第二批护理与治疗计划关键药效研究设计；多药物抗菌对策与其他医疗机构签署了多药物抗菌医疗对策合同。

抗病毒治疗将于 2019 财年开展自然历史研究并给出结果；2022 财年将进入里程碑 C。

医疗对策系统之治疗项目于 2019 财年开展市场研究分析、原理样机测试分析并给

39

出结果、进入里程碑 B。

至 2018 财年，医疗对策系统之治疗项目处于技术成熟与风险降低采办阶段，编配对象为美国陆军、海军、空军和海军陆战队。

4. 医疗对策系统之药物项目

医疗对策系统之药物项目包括预防、治疗、强化工业基础和现役部署产品 4 个方面的内容。

（1）在预防方面，开展生物清除剂项目，通过开发一种创新性广谱神经性毒剂预防剂，能有效填补作战人员防御神经性毒剂的能力差距，显著减少或取消沾染神经性毒剂后的抗毒治疗，防止作战人员沾染神经性毒剂后丧失行为能力和死亡情况的发生。

（2）在治疗方面，一是开展先进抗惊厥系统项目，抗惊厥系统将提供经过改进的肌内自动注射器，结合作用更快、更有效的抗癫痫药物（咪达唑仑），用于治疗神经性毒剂沾染，取代神经性毒剂惊厥解毒剂。预计抗惊厥系统将于 2020 财年通过美国食品与药物管理局批准并进入初始部署阶段。二是开展改进型神经性毒剂治疗系统项目，该系统是一种对抗神经性毒剂中毒效应的增强治疗方案，采用双组分设计，既包括取代 2-丙胺甲氯甲酰胺的更有效的氧化酶重激活剂，又在现有治疗方案中增加了一种新的能提高神经性毒剂治疗存活率的中枢作用抗胆碱能（美国食品与药物管理局将于 2023 财年颁发许可证）。改进型神经性毒剂治疗系统的第二个组分是一种中枢作用医疗对策，旨在治疗神经毒剂对中枢神经系统的影响。三是开展快速类鸦片对策系统项目，该系统是一个快速原理性开发项目，针对极低剂量具有极高致死率的广谱药物性毒剂的沾染提出一种医疗对策，优先开发合成类鸦片药物（如芬太尼和卡芬太尼）。预计快速类鸦片对策系统将于 2022 财年通过美国食品与药物管理局批准并进入初始部署阶段。四是开展医疗辐射对策项目，该项目是多种产品的多层组合，可预防、诊断或治疗因电离辐射照射而引起的急性辐射综合症。

（3）在强化工业基础方面，开展可替换自动注射器项目，该项目瞄准用于神经性毒剂治疗的具有识别和量化能力的自动注射器制造商（包括研发和部署），扩大美国食品与药物管理局批准用于救命的由士兵携带的自动注射器的工业基础。该项目将更好地确保始终如一地向作战人员、美国政府机构和国际合作伙伴提供救援治疗。

（4）在现役部署产品方面，一是开展索曼预处理药物吡斯的明项目，这是一种经美国食品与药物管理局批准的预处理药物（如吡斯的明溴化物）。当处于神经性毒剂威胁环境（不能排除存在索曼）时使用该药物，用于预防索曼，该药物必须与用于沾染后治疗的阿托品和 2-丙胺甲氯甲酰胺一起使用。二是开展神经性毒剂惊厥解毒剂项目，该项目是一种经美国食品与药物管理局批准的安定肌内自动注射器，用于控制沾染神经性毒剂后的癫痫发作。三是开展神经性毒剂解毒治疗自动注射器项目，经美国食品与药物管理局批准，神经性毒剂解毒治疗自动注射器可在一个注射器内肌内注射阿托品和 2-丙胺甲氯甲酰胺，用于神经性毒剂中毒症状出现后的治疗。

医疗对策系统之药物项目及其药物在化学和生物防御中发挥着关键性和战略性的作用，为作战人员防御已知威胁和新兴威胁提供了盾牌。医疗对策系统之药物项目的技术规格满足需求文档中建立的系统属性。

2017 财年第 3 季度，美国食品与药物管理局批准了可替换自动注射器的紧急授权使用，允许其在美国食品与药物管理局最终批准前可紧急使用；美国食品与药物管理局口头同意改进型神经性毒剂治疗系统（肟）临床试验所需的关键参数。同年第 4 季度，美国食品与药物管理局同意生物清除剂制造工艺开发与人类注射药物兼容。2018 年第 2 季度，为支持人体临床试验，生物清除剂实现量产。图 1-11 所示为改进型神经性毒剂治疗系统实验室测试与野战使用。

图 1-11　改进型神经性毒剂治疗系统实验室测试与野战使用

改进型神经性毒剂治疗系统将于 2018 财年第 1 季度进入里程碑 B；预计美国食品与药物管理局将于 2019 财年第 1 季度批准可替换自动注射器替代阿托品自动注射器；改进型神经性毒剂治疗系统（肟）将于 2019 财年第 4 季度进入里程碑 B；美国食品与药物管理局将于 2020 财年第 2 季度批准抗惊厥系统并具备初始作战能力；改进型神经性毒剂治疗系统（CA）将于 2020 财年第 3 季度进入里程碑 B；预计美国食品与药物管理局于 2022 财年批准快速类鸦片对策系统并开始初始部署；预计美国食品与药物管理局于 2023 财年许可改进型神经性毒剂治疗系统；抗惊厥系统将于 2023 财年第 2 季度具备全面作战能力。

至 2018 财年，医疗对策系统之药物项目处于技术成熟与风险降低、工程与制造开发和生产部署采办阶段。编配对象为美国陆军、海军、空军和海军陆战队。

5. 医疗对策系统之联合疫苗采办计划

医疗对策系统之联合疫苗采办计划的任务是开发、生产和储备经美国食品与药物管理局许可的疫苗系统，保护作战人员免受生物战剂的危害。医疗对策系统之联合疫苗采办计划包括炭疽疫苗吸收、重组鼠疫疫苗、重组肉毒杆菌毒素疫苗 A/B、天花疫苗系统、丝状病毒疫苗、委内瑞拉马脑炎疫苗。医疗对策系统之联合疫苗采办计划针对气溶胶生物战剂为作战人员提供保护。

（1）炭疽疫苗吸收是美国唯一获得美国食品与药物管理局许可的炭疽疫苗，在战场上防止经皮肤、肠胃和气溶胶途径感染炭疽杆菌。

（2）重组鼠疫疫苗是一种高纯度多肽，由细菌细胞经来自鼠疫耶尔森氏菌的重组载体转染并用氢氧化铝佐剂配制而产生，通过肌肉注射来预防肺鼠疫。

重组肉毒杆菌毒素疫苗 A/B 由 A 型血清和 B 型血清的无毒肉毒杆菌毒素重链片段并与氢氧化铝佐剂配制而成，在可能感染肉毒杆菌毒素前经肌肉注射。

（3）天花疫苗系统提供第二代天花疫苗和牛痘免疫球蛋白，经静脉接种，使作战人员免受天花的可能感染，这两种产品均获得了美国食品与药物管理局批准。

（4）丝状病毒疫苗解决了当前无法治疗的气溶胶丝状病毒的预防问题，使作战人员免受气溶胶丝状病毒的可能侵害，填补了必需的能力差距。丝状病毒疫苗针对的目标丝状病毒菌株包括苏丹埃博拉、扎伊尔埃博拉和马尔堡。

（5）委内瑞拉马脑炎疫苗解决了当前无法治疗的气溶胶甲病毒属的预防问题，使作战人员免受气溶胶甲病毒属的可能侵害，填补了必需的能力差距。委内瑞拉马脑炎疫苗针对的目标甲病毒属菌株包括西方马脑炎、东方马脑炎和委内瑞拉马脑炎。

医疗对策系统之联合疫苗采办计划的技术规格满足需求文档中建立的系统属性。

2016财年，重组鼠疫疫苗被美国食品与药物管理局授予孤儿药物认定，从而获得成本降低奖励；丝状病毒疫苗完成埃博拉疫苗1期人体临床试验。2018财年，重组肉毒杆菌毒素疫苗A/B进入里程碑C；委内瑞拉马脑炎疫苗与其他医疗机构签署了疫苗开发合同；丝状病毒疫苗启动委内瑞拉马脑炎1期人体临床试验；启动埃博拉疫苗2期人体临床试验。预计于2019—2023财年，鼠疫疫苗批量生产数据满足一致性要求，2期临床试验结束并得到试验数据，提交生物制品生产许可证申请所需数据，召开2期临床试验结果审查会，进入里程碑C，获得美国食品与药物管理局许可。肉毒杆菌疫苗批量生产数据满足一致性要求，2期临床试验结束并得到试验数据，提交生物制品生产许可证申请所需数据，进入里程碑C，获得美国食品与药物管理局许可。丝状病毒疫苗完成能力开发文件验证，得到1期临床试验安全性和免疫原性数据，动物功效数据概念证明，进入里程碑B。委内瑞拉马脑炎疫苗完成能力开发文件验证，新药研究数据提交，1期临床试验结束并得到试验数据，动物功效数据概念证明，良好生产规范药物产品稳定性测试数据，进入里程碑B。图1-12所示为研究人员进行医疗对策系统之联合疫苗采办计划的疫苗筛选与实验。

（a）　　　　　　　　　　（b）

图1-12　研究人员进行医疗对策系统之联合疫苗采办计划的疫苗筛选与实验

至2018财年，医疗对策系统之联合疫苗采办计划处于技术成熟与风险降低、工程与制造开发和作战保障采办阶段，编配对象为美国陆军、海军、空军和海军陆战队。

6. 医疗对策系统之快速集成医疗平台项目

医疗对策系统之快速集成医疗平台项目旨在通过加速开发以获得许可并使用平台技术支持对新兴威胁的快速响应能力，从而应用成熟的平台技术简化向作战人员提供的医疗对策。抗体技术先进开发与制造的单克隆抗体平台能响应已知、新兴和工程化的威胁，在开发初期能提供临时部署候选，费效比足以把单克隆抗体医疗对策从发现推进至许可并进而部署。

国防部先进开发与制造设施中正在建设抗体技术先进开发与制造。抗体技术先进开发与制造的第一个产品将是肉毒杆菌毒素的预防性和治疗性单克隆抗体医疗对策。目标是为国防部先进开发与制造的生物防御应用生产单克隆抗体，适用于肌肉间使用和冻干冷链规避和储存。

医疗对策系统之快速集成医疗平台项目通过平台系统的开发和使用，加快了向作战人员交付医疗对策的能力。为支持对新型威胁和新兴威胁的快速响应能力，该项目还调整了平台技术集。

联合科技办公室和联合计划执行办公室发布《2019—2029 财年国防部 CBRN 防御计划指南》：通过转化小组继续开发医疗对策系统之快速集成医疗平台概念，并开始建立另外的平台（最多 3 个）。这些平台应具有跨越现有威胁环境（着眼未来威胁）的广泛适用性，具有成熟的发现程序和设计工艺，具有稳健的制造工艺支持，并在美国食品与药物管理局批准的类似产品中演示验证管理成功。

2018 财年第 1 季度，建立了抗体技术先进开发与制造项目的第一个平台，依照当前极佳的制造实践经验，进行了 A 型血清和 B 型血清肉毒杆菌神经毒素先进演示验证（第 3 阶段技术范围批准），验证了抗肉毒杆菌神经毒素 A/B 药物原料与冻干药品的制备及稳定性。2019—2023 财年，预计将对是否开始抗体技术先进开发与制造肉毒杆菌神经毒素 A/B 第 4 阶段进行决策，验证抗体技术先进开发与制造鼠疫平台，建立脱氧核糖核酸疫苗平台并验证，启动第 3 种平台技术，建立抗体技术先进开发与制造快速响应能力。图 1-13 所示为研究人员利用医疗对策系统之快速集成医疗平台进行实验。

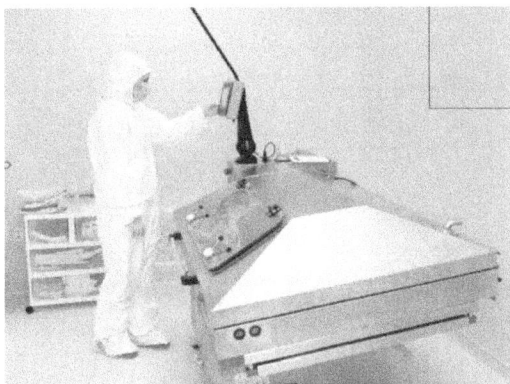

图 1-13　研究人员利用医疗对策系统之快速集成医疗平台进行实验

2018 财年，医疗对策系统之快速集成医疗平台项目处于技术成熟与风险降低和工程与制造开发采办阶段。

1.3.4　物理科学技术发展

联合科技办公室物理科学技术研究的重点是在多学科基础研究和应用研究方面的创新，以满足联合需求办公室界定并优先考虑的技术需求和能力差距。由物理科学技术部门确保最终技术向联合采办项目的有效转化，以及对政策和条令的新见解。

对物理科学技术的经费投入反映了需求牵引和技术推动之间的良好平衡，在支持技术转化和近期目标的同时，必须保持前瞻性。尽管研究项目受到需求牵引的影响，但也包含了高风险、高回报的技术推动基础研究，这就构建了应对未来威胁的技术基础。

物理科学技术的研究内容主要包括以下几方面。

（1）基础研究。其任务是对 CBRN 防御中具有广泛、长期、潜在应用的基础性研究项目进行资助；为政府机构、行业界和学术界在物理科学领域的创新性基础科学研究项目提供资助，这些创新性基础科学研究可能为 CBRN 防御核心项目研究带来高回报。

（2）探测技术。其任务是为远程探测、生物战剂就地探测、轻型一体化识别和水中毒剂探测开发出传感器和系统。强调早期报警和识别，为整个战场空间 CBRN 威胁提供态势感知。

（3）信息系统技术。旨在为作战人员与作战指挥官提供先进的危害评估方法和模型，以及可以在跨网决策中利用的最佳数据融合和可视化的网络传感器响应。还利用武器效应信息及对作战仿真与分布式信息系统的认知来解决作战效能和作战过程问题。

（4）防护与危害削减技术。旨在为各军种提供以下技术：免遭 CBRN 危害的防护技术和人员与装备的去污洗消技术，能防止或减少个人与集体遭受 CBRN 污染以及限制 CBRN 污染对关键装备影响的技术，也可防止或减轻对各军种产生负面生理影响。

（5）毒剂科学。旨在增加对 CBRN 毒剂（包括已知毒剂、非传统毒剂和潜在毒剂威胁及用于测试系统效能的模拟剂）的认知。开发能预测 CBRN 毒剂表现行为的模型，进一步提高对接触 CBRN 毒剂造成生理影响的掌控，为制定合理的 CBRN 政策、策略与规程奠定科学基础。

（6）专项技术。为未来作战系统的 CBRN 防御寻求鉴别与利用前沿基础研究所得到的革命性、综合性和交叉性应用成果。重点在于纳米科学、生物技术、信息技术和认知科学等学科领域中能保障未来作战人员需求的革命性新概念的多学科应用。

1. 基础研究

基础研究包括：支持在 CBRN 防御中具有广泛、长期和潜在应用的基础研究；资助在 CBRN 防御中具有高回报可能的物理科学研究；平衡近期和远期策略，使作战人员防护能力和长期科学发展潜力都达到最佳。

美国政府参与该领域研究的组织和机构包括海军水面战中心（达尔格伦）、海军研究实验室（华盛顿）、空军研究实验室（廷德尔空军基地）、纳提克士兵中心、陆军研究实验室（阿伯丁靶场）和埃奇伍德化学生物中心。

实施基础研究计划的目的和任务是资助在 CBRN 防御中具有长期广泛应用潜力的基础研究。基础研究是一种系统研究，目的是通过研究，对现象的本质获得更多的认知或掌握，具有广泛而非特定的应用潜力。

基础研究计划对物理科学领域具有创新性的基础科学研究进行资助，资助对象包括政府机构、行业界和学术界，资助项目必须能对物理科学技术领域的 CBRN 防御应用核心计划产生高回报，通过资助寻求物理学科长期发展与 CBRN 防御近期影响之间的投资平衡。资助类型包括：基于需求的基础研究，支持与 CBRN 防御相关的潜在基础科学；基于时机的研究，发展革命性的新兴科学技术，能显著提高作战人员的防护能力。

开发分子级自组装技术和定向组装技术，以获得异常稳定、有用和功能强大的非生物超分子、系统和材料，可以表现为真正的人工酶，并产生类似生命系统的反应。

利用基于仿生合成方法开展关于金属氧化物粒子与杀生剂和毒剂活性酶沉淀在一

起生成形态的基础研究，在洗消和防护方面具有潜在应用。

开展微流控系统中纳米传感器表面生物物理流体动力学、层流下生物分子和指示物如何与功能化表面相互作用的基础研究，开发出性能更好的传感器。

近期，基本研究资助下列研究领域。

（1）仿生生命系统。利用生物分子与高级催化剂控制表面功能化，刺激–响应性结构，稳定的无机/有机界面，工程化纳米材料。

（2）生物分子识别与催化。生物分子识别机理，分子识别预测工具，包括多金属催化剂在内的催化作用和合成催化剂–基质相互作用机理。

（3）电磁谱分子识别特征。生物分子中存在的能级和振动模式的计算评估；太赫兹能级与毒剂相互作用预测模型；用于验证新的谱特征模型的源材料、探测器和光学材料的开发。

（4）防护材料或生命组织的渗透性。穿透人体组织的输运模型，皮肤模型的开发及其特征，确定膜渗透性机理的基础研究，人造膜的开发。

（5）互关联纤维组分的化学活性和物理化学性质。表面形态、表面能量、物理化学性质、活性化学性质之间的特征及相互关系，经验方法的开发，确定质量调节系数、扩散系数、受限反应吸收及吸收系数的经验方法的开发。

（6）增强材料与高能光子相互作用的新方法。增强能量耦合模型；电磁波能量及其解耦；先进辐射理论；高密度凝聚态物质。随机流体输运与扩散不确定性的量化、解释和通信，能最快地在各数值天气预报模型间传播的新方法，以及能获得最佳耦合方差信息、人工同化和风险与不确定性解释的最佳数学方法。

从长期来看，基础研究的资助策略包括：纳米科学，发展对新一类纳米材料合成、结构和功能及其与表面和毒剂相互作用的基本认知；多功能"智能"材料，把多种技术结合到能够探测毒剂、给出某类报警、能对威胁产生响应（阻止或防护）的通用系统中。

总之，基础研究的目标是维持多样化的基础研究，以支持适用于多个研究领域的基于需求的研究和基于时机的研究。

2. 探测技术

探测技术研究包括：CBRN 危害早期报警能力开发；空中、地面和水中污染探测能力开发；可集成于织物、涂料和表面的传感器系统开发；全基因组测序能力开发；化学生物战剂传感器系统具有探测有害工业化学品的能力；提高灵敏度和选择性，满足清洁到何种程度是安全的水平（即安全水平）。

美国政府参与该领域研究的组织和机构包括联邦投资研究发展中心、埃奇伍德化学生物中心、陆军研究实验室、海军研究实验室、美国陆军传染病医学研究所、海军水面战中心（巴拿马城）和国防威胁降低局。

探测技术开发 CBRN 传感器组件和系统，用于远程探测、生物战剂就地识别、轻型一体化识别、水中 CBRN 毒剂探测，从而实现沾染规避。重点是早期报警，包括 CBRN 侦察、探测和识别能力，提供整个战场的 CBRN 威胁态势感知。对于无法规避污染的固定场所或要求在污染环境中遂行的作战任务，为了确保部队能采取适当的防护态势以维持战斗力，快速识别遭受污染的区域、装备和人员以启动洗消和医疗干预措施（如有可能或如有必要），侦察、探测和识别至关重要。探测技术还为各军种开发能够探测多种毒剂、表征新型毒剂的传感器，从而为战场管理决策提供态势感知。未来战场作战进程的加快要求具备反应灵敏的探测和报警能力，以减少 CBRN 污染环境造成部队战斗力下降。侦察、探测、识别和报告能力对部队做好战斗准备至关重要，美国国防部十分重视这些能力。早期探测和报警是避免 CBRN 危害的关键。

探测能力包括：

（1）远程探测，主要利用光谱强度，目标是增加对毒剂与非毒剂的甄别率，减少误报率，减少装备体积、质量、功耗和成本。

（2）生物战剂就地识别，重点是减少识别生物战剂的响应时间，降低后勤负担，增强对生物战剂生物变异性的认知。

（3）轻型一体化识别，把生物战剂和化学毒剂探测技术集成于小型手持式系统中，能在有限使用或不使用耗材的情况下快速识别毒剂。

（4）水中化学毒剂与生物战剂探测，重点是建立水源、纯净水和饮用水中 CBRN 毒剂野外探测能力。

（5）试验与评价，寻求深入认知作战环境，更准确地描述装备研发和试验过程中的现实挑战。试验与评价研究还包括增强对环境背景的认知，为各种仪器研发开发出合适当的模拟剂。

图 1-14 所示为生物战剂探测系统工程模型，图 1-15 所示为虚拟战场。

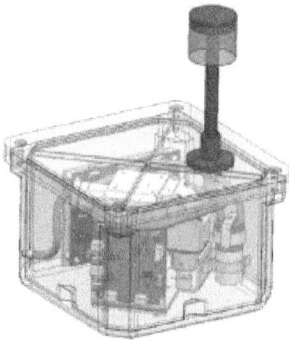

图 1-14　生物战剂探测系统工程模型　　　　　图 1-15　虚拟战场

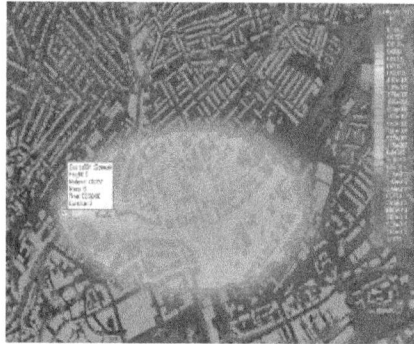

3. 信息系统技术

信息系统技术研究包括：网络架构与集成，医疗监测与建模，危害与环境建模，仿真、分析与规划，作战决策支持，系统性能建模，用于 CBRN 防御计划资源分配与投资分析的决策支持工具，其他重点国防采办项目的信息系统技术与 CBRN 支持技术。

美国政府参与该领域研究的组织和机构包括各军种实验室、各国家实验室和联邦投资研究发展中心。

为了支持战场信息系统及相关系统，信息系统技术为整个战场的 CBRN 防御装备提供信息收集、融合和知识快速生成能力。与生化防御计划的联合效应模型（Joint Effects Model，JEM）、联合作战效能联盟（Joint Operational Effects Federation，JOEF）、联合报警报告网络（Joint Warning and Reporting Network，JWARN），以及其他CBRN信息技术项目合作，信息系统技术提供CBRN信息的科学认知、技术见解、数据和各种软件产品。

信息系统技术提供战场CBRN态势感知、危害报警和预测能力。信息系统技术领域的科学技术研究支持威胁信息、CBRN传感器与侦察数据、防护态势数据、环境条件、医疗监测和相关数据的综合集成，从而为作战人员和各级指挥员提供作战行动（在行动前或行动期间）快速分析决策能力。CBRN防御决策支持能力包括联合部队防护、作战进程恢复、伤亡人员处置和情报资源配置。报警和报告能力提供把探测系统连接到战场指挥控制架构的硬件和软件。

信息系统技术还协助评估联合军种和多军种作战理论、器材研发和装备设计（基于仿真的采办），支持作战人员和作战参谋使用大型作战仿真进行训练，并能在大型军事行动背景下对CBRN防御行动进行保障分析。信息系统技术还对关键CBRN防御能力的发展进行基于仿真的采办保障。

信息系统技术通过实施以下科学技术研究项目来完成其预定目标。

（1）战场管理：为数据采集、传感器集成、早期报警与报告、作战任务影响发展可配置的战斗管理模块，从而增强JWARN的能力。战场管理研究改善了一体化早期报警，并为加强决策支持提供了通用态势作战图。

（2）数据架构：研究可能构建的CBRN数据库及其可行性，这种数据库是基于网络和交互式的且需经过验证，并回答诸如"有哪些数据""数据位于何处""使用数据的用户是谁""数据的可靠性如何"等相关问题。数据架构的长期目标是为所有CBRN数据的访问、维护和安全等提供手段，同时对CBRN数据提供快速存取、方便新数据输入和数据验证的手段。

图1-16所示为室内建模，图1-17所示为传感器布设位置分析。

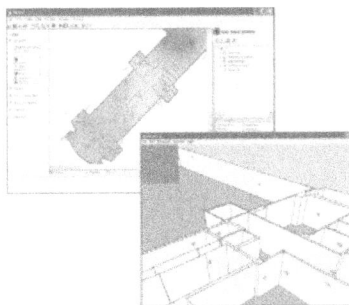

图1-16　室内建模　　　　　图1-17　传感器布设位置分析

（3）输运与扩散：通过改进JEM分析工具和模块，发展用于输运、扩散和沉积的科学技术。还研究源项的特征以及城市建模和室内建模。结合输入的环境信息，使用上述工具将增强JEM的能力。

（4）环境科学：发展高空、复杂地形、沿海地区和城镇地区高精度气象建模能力，还发展全球河流和沿海地区CBRN危害物基于水系的输运能力。上述技术与JEM的输运与扩散模块相结合，能通过识别和量化环境危害，改进战场分析能力。

（5）传感器信息快速同化：发展把 CBRN 传感器信息、局部地区气象信息、环境信息与源项特征的输运与扩散、危害预测精确化和传感器网络最佳化融合的科学技术。通过这些技术研究，增强 JEM、JOEF 和 JWARN 的能力，改进发生 CBRN 事件时的战场态势感知。

（6）基础研究：推进对各种流体环境中和输运与扩散相关的基本物理与动态过程的基本认知。基础研究项目的研究成果最终用于应用研究和高级研究。

（7）医疗监测：结合医疗监测、建模与仿真、早期报警与探测和实时流行病学，开发基于科学技术的传染病预测模型。研究成果能增强战场对 CBRN 危害的认知、最大程度减少因传染病特别是大规模杀伤性武器导致的作战人员伤亡，同时使决策者提高医疗对战斗人员影响的意识，从而使决策者在规划时对医疗影响加以考虑。

（8）医疗效果建模：这是一个跨学科的项目，对医疗效果模型进行评估、应用和开发，研究重点包括鉴别现有模型能力及其与最终用户需求的匹配度、基于情景的建模演练评估、差距分析、发展科学技术路线图、模型综合。

（9）作战效能：发展针对 CBRN 威胁环境下固定设施作战和机动作战建模与仿真的科学技术，发展机场、港口和仓库环境下作战，以及作战部队和医疗、后勤等作战保障人员在 CBRN 威胁环境下的作战模型（工具和模块），用于 CBRN 威胁环境下的作战规划和脆弱性分析，提高 JOEF 的能力。通过向决策者提供作战规划、作战模拟和遂行作战的工具，改进战场管理能力。

（10）决策支持工具与方法：发展针对决策支持工具和人文知识管理工具的科学技术。发展用于投资决策支持、虚拟原型、知识管理、协作和新兴技术探索的工具和模块，用以改进产品质量、技术和能力，并以合理的价格提供给作战人员。

（11）试验与评价：发展针对建模与仿真工具的科学技术，帮助试验评价部门对集体防护装备、个人防护装备、探测装备和洗消装备进行技术评估，支持生化防御计划最终产品的研发试验和作战试验。

（12）重点国防采办项目建模与仿真：为重点国防采办项目和其他采办项目开发并转化保障 CBRN 建模与仿真的科学技术。发展集成 CBRN 建模与仿真能力和向采办项目转化技术所需的保障工具和技术。支持具有 CBRN 生存能力需求或关键性能参数的采办项目。图 1-18 所示为港口作战效能分析，图 1-19 所示为决策支持工具。

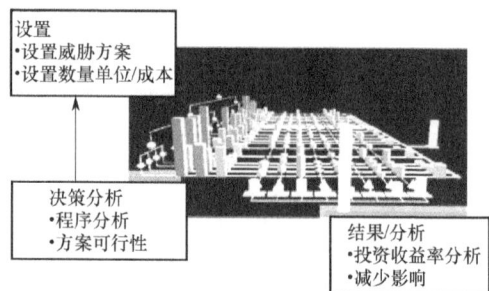

图 1-18　港口作战效能分析　　　　图 1-19　决策支持工具

4. 防护与危害削减技术

防护与危害削减与防护遮蔽功能的概念一致。防护与危害削减研究应能防止或减少个人和集体遭受 CBRN 沾染，防止或减轻作战人员的负面生理影响，解决空气净化、表面和溶液化学、自解毒和智能材料、聚合物技术、人体机能等问题。

美国政府参与该领域研究的组织和机构包括空军研究实验室、达格韦靶场、埃奇伍德化学生物中心、埃格林空军基地、联邦投资研究发展中心、海军空战中心（帕图森特河）、海军研究实验室、纳提克士兵中心、海军水面战中心（达尔格伦）和海军水面战中心（巴拿马城）。

防护与危害削减在 CBRN 武器使用后为部队提供以下能力：防止或减少个人与集体遭受的 CBRN 污染，防止或减轻负面生理影响，保护关键装备，使遭受 CBRN 污染的部队恢复战斗力。

未来防护套装：目标是生成革命性的、能改进个人防护的技术能力。

展开式集体防护：该技术支持联合远程作战集体防护项目。

去污洗消：为遭受 CBRN 袭击的受染人员、装备器材和基本作战区域开发能解毒和高速恢复的技术。

图 1-20 所示为未来防护面具概念，图 1-21 所示为全身气溶胶扫描技术。

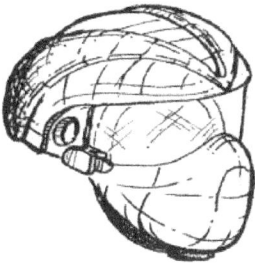

图 1-20 未来防护面具概念

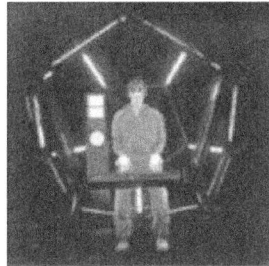

图 1-21 全身气溶胶扫描技术

试验评价方法：为保障新的靶场试验能力开发出试验方法和标准。试验方法的发展应与科学技术发展同步，以便靶场试验能力能支持采办项目的试验。

衡量防护与危害削减研究成果的指标是新技术能力向作战人员的转化度。

空气净化：CBRN 过滤器去除颗粒物（固体和液体气溶胶），吸附选定的气体，提供安全的空气。2008 财年前，美军使用的过滤器技术已使用了 50 多年，虽然在这数十年间，这些过滤器技术也取得了许多进展，但对于某些现代生物战剂和有害工业化学品，这些过滤器技术的作用有限。此外，这些过滤器材料的全寿命使用成本很高。化学生物防御联合科学技术办公室一直资助新技术的发展，以便降低全寿命使用成本，提高使用性能。重点是发展新型吸附剂材料，包括具有广谱吸附潜力的微孔材料，以及具有隔绝小颗粒物织物性能预测的计算机模型。另外，还对纳米带电液滴展开研究，以便改进过滤材料的性能。

表面和溶液消毒化学制剂：重点是发展无毒、中性 pH 值、固态和液态化学制剂，以及有效中和 CBRN 威胁的消除技术。包括研究各种洗消去污过程中发生的反应特征、开发分析与预测模型、开发能提供洗消后安全性验证的技术。图 1-22 所示为径向流动过滤器，图 1-23 所示为电泳吸附碳单体。

图 1-22　径向流动过滤器

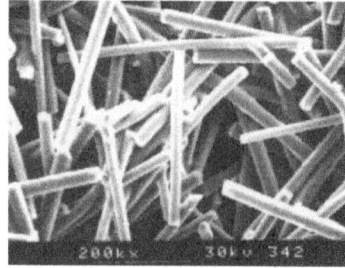

图 1-23　电泳吸附碳单体

自解毒材料：研究提供耐用的聚合物催化剂、酶和毒剂活性化合物，用于提高防护能力、减少热负荷并逐步提升自消毒能力，包括光催化剂、纳米陶瓷复合酶、生物杀灭剂和孢子杀灭剂。还研究活性纳米复合系统可控技术和自组织组装技术，以及工作环境活性系统的稳定性技术。

智能材料：研究防护系统材料组分，可用作传感器和开关，并与指挥控制网络集成。智能材料研究最终将提高对战场的认知，使作战部队自动对威胁做出响应。智能材料研究的目的是发展自指示材料和涂层，能显示污染区域和耗材剩余使用寿命，探测 CBRN 毒剂。

聚合物技术：重点是发展新型选择性渗透膜，可用作液体、毒剂蒸气和亚微米气溶胶的隔绝层，同时能增加水蒸气的渗透以降低热负荷。此外，需要高强度超薄材料来替代目前用于防护套装和防护系统中的材料。还进行了隔绝材料涂层方面的科学研究。例如，可以对非 CBRN 加固结构应用快速凝固涂层来提供临时性快速防护，或者可以封闭污染区域以恢复军事行动。

人体机能：也可理解为作战人员战斗力。研究各类作战人员在穿戴 CBRN 防护系统情况下遂行作战任务的最佳人体机能参数。在 CBRN 环境中，防护因子和遂行任务整体性能有很大的变化，取决于作战人员所遂行的任务、穿戴舒适度、应力水平、身体体质、性别、面部轮廓等方面存在的差异。人体机能研究项目旨在识别不同作战人员组中防护因子和遂行任务机能存在差异的原因并将其量化，寻求为 CBRN 防护系统具有最佳人体机能提供防护材料或工程设计方案。图 1-24 所示为球形芽孢杆菌孢子的采集，图 1-25 所示为简易密封防护，图 1-26 所示为人体模型气流映射。

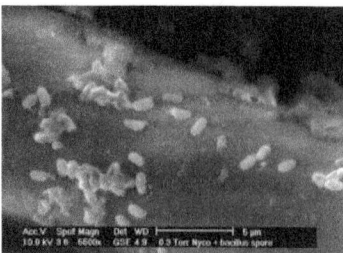

图 1-24　球形芽孢杆菌孢子的采集

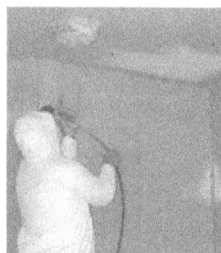

图 1-25　简易密封防护

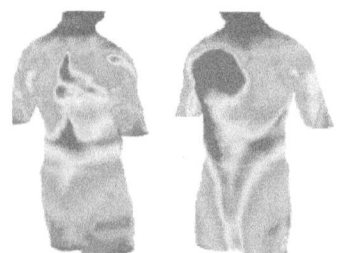

图 1-26　人体模型气流映射

5. 毒剂科学

毒剂科学研究应满足：为发展国防部核心能力提供可靠的 CBRN 模型与有害工业物质模型，以及数据和部队应用反馈的专业技术；鉴别对 CBRN 毒剂和有害工业物质威胁制剂（材料）的认识差异并填补这种认识不足；开发和应用第一原理定量化学和定量生物技术、工具和协议；拓展已有毒剂和新兴毒剂知识库（计算化学评估毒剂、分子靶结构及结合能）；认识 CBRN 毒剂和有害工业物质制剂释放到环境后的发展变化。加强对人员沾染经典毒剂和新兴毒剂后产生低于致死剂量时的生理效应认知。推动探测、防护和洗消对策的发展。改进作战人员的决策支持工具。图 1-27 所示为计算化学评估毒剂，图 1-28 所示为细菌的表征，图 1-29 所示为毒剂渗入材料中。

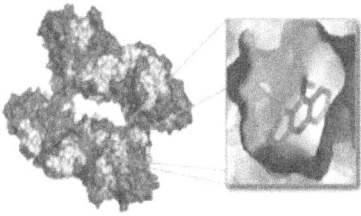

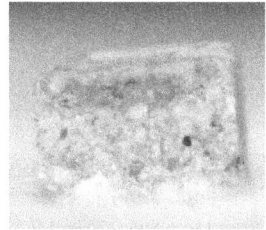

图 1-27　计算化学评估毒剂　　　图 1-28　细菌的表征　　　图 1-29　毒剂渗入材料中

美国政府参与该计划的组织和机构包括武装部队病理研究所、国防大学、海军研究实验室、太平洋司令部多国计划增编队、埃奇伍德化学生物中心、空军作战试验鉴定司令部、空军研究实验室、达格韦靶场、海军水面战中心和联邦投资研究发展中心。

毒剂科学研究确定对 CBRN 毒剂和有害工业物质制剂的不同认知，并解决这种认识差异，包括两者的物理与化学行为、环境稳定性与环境输运、毒理学特性。开展这些研究有助于发展探测、防护和洗消，改进作战人员的决策支持工具，并为作战理论和政策的制定提供可靠的科学基础。

在计算化学方面：开发和应用第一原理定量化学和定量生物技术与工具，为毒剂认识和预测提供准确技术。

在毒剂表征与模拟剂开发方面：拓展对已有毒剂和新兴毒剂及其化学特性、物理特性的认知，为改进野外试验技术开发新型模拟剂。

在毒剂发展变化方面：详细研究 CBRN 毒害物和有害工业物质释放至环境并随天气条件的演化，量化地面污染，增强预测工具的能力。

在低剂量毒理学方面：低剂量毒理学涉及医学科学和物理科学，旨在通过对相关沾染途径的研究，加强对人员沾染经典毒剂和新兴毒剂后产生低于致死剂量时的生理效应认知。

6. 专项技术

专项技术由专项办公室管理，对创新性科学研究或革命性科学研究实施监管。资助对象包括政府机构、行业界和学术界，研究目的是识别、利用和转化新技术，验证新技术对 CBRN 防御可能产生高回报，并将新技术应用于国防部核心项目和新的转型措施技术倡议。

专项办公室负责以下工作。

（1）对新兴技术领域的前沿性技术转型基础研究和应用研究实施监管，验证新兴技术对 CBRN 防御产生模式转变的潜力。专项办公室积极与被资助对象协调，包括国防高级研究计划局、空军科学研究办公室、海军研究办公室、陆军研究办公室、国家科学基金、国家航空航天局、能源部、国家标准与技术研究所、学术界、行业界、国家经济发展办公室、私立研究机构和财团以及国际同行。通过开展新兴技术研究，专项办公室能加速新技术从概念到实际应用的转化。

（2）鉴别基础研究和应用研究的候选技术，尽可能与投资机构协调 CBRN 需求，并根据 CBRN 防御计划目标需求来利用经费。专项办公室旨在确定在转型措施技术倡议范围内支持 CBRN 需求的被资助项目，并参与这些项目的指导委员会，以便在一定程度上支持受资助项目，或通过追加资金对正在实施的项目增加与 CBRN 相关的研究内容。

（3）通过先进技术研究和其他演示验证项目来寻求成熟技术，评估其对生化防御计划需求的适用性，确定可纳入准备和性能鉴定的候选技术。

（4）对受资助的国防高级研究计划局研究的、已达到相应技术准备水平、可纳入生化防御计划核心项目的技术做好技术转化工作。

（5）管理"联合科技办公室"的纳米技术倡议计划，利用纳米材料、纳米科学和纳米技术研究领域的最新进展；对可能应用于 CBRN 防御领域的基础研究项目和商用现货技术进行广泛调研；致力于利用政府机构、行业界和学术界正在进行的研究工作。纳米技术倡议计划为拓展转型措施技术倡议研究奠定了科学基础和管理基础。为了改进目前渐进式技术模式，需要跨越式发展，接受真正革命性的概念，以及革命性的、综合的交叉技术，如结合纳米技术、生物技术、信息技术和认知科学等方面取得的最新重大进展。

（6）作为联合科技办公室物理科学技术部门与其他积极参与 CBRN 相关技术研究机构在毒剂失效研究领域的联络机构，负责与下列机构和组织联络，包括国防威胁降低局（技术发展、作战保障）、特种作战司令部、战略司令部和技术保障工作组。

专项办公室还就后果管理与下列机构和组织保持联络，包括 CBRN 响应部队、大规模杀伤性武器民事救援队、设施防卫部队、国土安全部国土安全高级研究计划局和环境保护署。

总之，专项办公室的目标是通过确定可应用于 CBRN 防御的转型技术和颠覆性技术，维持美军对 CBRN 防御前瞻性技术的洞察力。

1.3.5 物理科学技术研究进展

1. 基础研究

2008 财年开发了一种机械工具,可用于评估纳米多孔材料的吸附能力和吸附速率,对应用技术研究领域的个人防护过滤器筛选方法具有积极影响。

2009 财年开发了抗菌共轭电解质聚合物,可用于破坏沾染在涂层、油漆、纤维和过滤器上的生物战剂,还可用于水和表面去污。开发了建立独特超疏油织物表面的理论基础,液滴能从超疏油织物表面脱落而不会产生实质性的机械作用。通过模型和观测,发现了土壤湿度、云层变化、边界层风和湍流特征之间的基本关系，从而为灾害建模提供了依据。2009 财年还计划合作开展化学生物检测表面与界面分析方法的改进研究。

2010 财年在经过同行评议的刊物上发表了 100 多篇基础研究论文。在流体与纳米多孔膜相互作用方面取得进展，对既能隔离毒剂又能使空气与水透过的材料设计有重大贡献。

2011 财年设计并制造了用于紧凑型高分辨率光谱分析的慢光波导。通过活性氧光激发生成，确定了可能产生活性织物的机理，从而改进个人防护装备。

2012 财年开发了一种预测算法，能推导出纤维与平面（如均匀纤维与桌子）界面上的液滴（如液状化学毒剂）的形状，用于指导抗污染织物与材料的开发。

2013 财年开发了非常优异的催化材料来销毁神经性毒剂模拟剂。

2015 财年资助了四个重点领域的基础研究，包括新兴材料、威胁认知、新颖感知和对策措施，共发表论文 209 篇、申请专利 38 项和经同行评议的专业报告 261 篇。继续研究用于改进化学生物防护能力的动态多功能材料。研究了用于黏合和催化的新颖材料，从纳米肽生物复合材料到纳米级基因工程和生物硅固化功能材料。研究了这些功能材料与化学毒剂相互作用的物理性质、化学性质和表面现象。

2. 探测技术研究

2008 财年完成了非传统毒剂舱室建设的一级设计参数；开发了下一代生物触发器技术，支持联合生物点源探测系统和联合生物战术探测系统，同时满足高性能和低成本的要求。计划于 2009 财年第 2 季度转化三维 X 射线断层扫描技术，可对 1 km^2 试验网格范围内的化学气体实施扫描，用于轻型综合化学生物探测系统和靶场验证试验系统。

2009 财年取得了以下研究成果：

（1）完成低成本、低功耗紫外探测原理样机研制，利用半导体紫外光源和新一代模塑光学元件，实现生物战剂气溶胶的轻量、低成本、低功耗探测。

（2）提供化学蒸气试验评价环境的靶场试验验证系统研发，通过三维红外成像技术实现化学污染可视化，并为试验中的远程和地面传感器系统提供作战环境下地面化学污染真实情况。

（3）完成了下一代非传统毒剂试验设施的设计数据，建立操作规程所需安全数据，预计于 2012 财年初满足设施要求。

（4）高性能触发器技术（毒剂气溶胶快速探测器），新一代触发器系统探测生物气溶胶，通过集成多频紫外激光诱导荧光结合结构化触发光束和火花诱导击穿光谱技术，有可能在不降低灵敏度的情况下，每周误警率不超过 1 次（比原触发器提高 10 倍以上），可靠性提高 5 倍以上。

（5）用于轻型化学探测器的加热入口，已完成专门设计的加热入口原理样机，可增强轻型化学探测器探测低挥发性材料的性能，但不会影响其探测标准威胁蒸气的性能。

2009 财年计划开展以下合作研究：

（1）与美国国家科学基金会合作，开发大型异构数据集下一代算法。启动下一代化学远程探测新技术研究，以满足威胁环境的变化，特别是表面污染探测的新要求。启动针对下一代超速病原体检测系统开发研究，实现从样品到病原体核酸测序数据的全面综合集成和自动化。

（2）开始转化国防高级研究计划局的微低温冷却器技术，提高微机电系统傅里叶变换红外传感器系统的检测灵敏度，特别是对表面污染的检测。

（3）国防高级研究计划局人造狗鼻系统项目的最终目标是开发一种突破性的气味探测系统，其潜在能力超越了犬类的嗅觉。目前，研究人员正在研制实验装置，能够感知和识别 10 种气味，超越犬类嗅觉极限。

（4）国防高级研究计划局的高吸附性大气采样技术项目能实现战场环境和城镇环境化学成像，并基于自然释放和人为释放的相关性，鉴别出化学威胁、来源和时机。通过详尽取样，能够审慎高保真地确定 CBRN 及爆炸物的特征，从而对战略、战术情报和部队防护提供支持。该项目正在进行系统集成，以验证材料、软件和信号提取技术，可在不到 5 min 内从 100 L 大气样品中提取浓度从 ppt 级至 ppm 级的化学气体。

（5）国防高级研究计划局的任务适应性化学传感器项目旨在为军方提供一种紧凑的便携式化学传感器，可分析大气样品并快速鉴别气体成分。在美国陆军航空和导弹研究、发展与工程中心进行了一次测试，任务适应性化学传感器原型样机正确鉴别出 30 多种未知的化学成分，未误报，灵敏度优于 ppb 级。

2011 财年取得了以下研究成果：

（1）开发了一种高通量、标准化的肉毒毒素检测方法。

（2）继续开发纳米级生物战剂识别与传感技术。

（3）分析了毒剂（包括非传统毒剂）污染物体表面对探测技术的影响。

（4）继续与美国国家科学基金会和美国国家地理空间情报局合作，提高化学生物战剂探测范围，降低误报率。

（5）继续进行化学就地探测性能指标标记概念的可行性开发。

联合科技办公室于 2012 财年向关键试剂项目转化了研究成果，增进了对关键生物抗原变异性的认知；为生物探测转化了成熟技术；完成了优先等级非传统毒剂化合物的数据采集与安全协议开发；继续开发了用于病原体基因组测序的自动化样本制备技术。此外，继续开发微型气体分析仪（综合二维气相色谱质谱），以支持下一代化学探测。演示了硅纳米线用于改进生物传感器性能的潜力，对极低浓度具有超高的探测灵敏度。

2013 财年，联合科技办公室开发并实施了元基因组学算法评价，增强了从下一代测序数据中表征与鉴别临床样本和环境样本中所有化合物的能力。为支持下一代化学探测，继续开发微型气体分析仪（综合二维气相色谱质谱）及红外和拉曼光谱检测平台。

2014 财年取得了以下研究成果：

（1）生化防御计划开发了一系列新的 CBRN 防御技术。国防威胁降低局已开发了许多技术，能更准确地探测化学生物威胁。这些技术包括目前正在进行试验的技术，如脱氧核糖核酸处理系统生物气溶胶模拟技术和便携式野战质谱仪。脱氧核糖核酸处理系统在五角大楼进行了试验，并向试验评价能力与方法综合过程小组进行了汇报，同时便携式野战质谱仪作为下一代化学探测器项目的一部分进行了试验。此外，化学毒剂拉曼探测器和单粒子红外弹性散射气溶胶化学探测技术原理样机的开发工作也在进行中，预计于 2015 财年交付这两个项目的原理样机传感器系统并用于试验。

（2）生化防御计划将"生物安全等级 2"和"生物安全等级 3"细菌感染表征测序数据转化给其他政府机构，包括美国食品与药物管理局、疾病控制与预防中心、国土安全部。细菌感染表征测序数据的转化，为开发国家安全所关注的生物威胁和病原体快速检测及合适的响应数据库提供了保障。

（3）生化防御计划与马里兰州运输管理局合作评估了马里兰州巴尔的摩市运输系统中能够探测和识别有害工业化学品与化学毒剂的化学探测系统。马里兰州运输管理局计划在 2014 年底或 2015 年初在巴尔的摩市交通系统中安装化学探测系统。

2015 财年开发了新的拉曼化学探测器，包括能在作战环境下实时探测和识别化学毒剂气溶胶的化学毒剂拉曼探测器和能在以 30 mile/h（约 48.3 km/h）的速度运动中探测选定路径上地面化学毒剂的拉曼监测系统。

3. 信息系统技术研究

2008 财年开展了以下创新性研究：探索了集中、智能、自主的信息处理中心创新概念。运用这种概念，可支持并增强学习、记忆、感知、预测和决策等认知功能；可与防护系统无缝集成，通过模拟合成材料的分子功能、结构、过程和体系，加深对合成材料的认知。

2008 财年取得了以下研究成果。

（1）把初始源项估计模块集成于 JEM，进行野战验证试验，在数据融合、虚拟试验环境、城市建模能力等方面取得了进展。向 JEM 提供了初始有害工业化学品、有害工业物质的源项建模能力。

（2）把现役后果管理系统软件、战术飞机建模系统和放射性作战效应与化学简易爆炸装置对机动部队的威胁报告交付给 JOEF。

（3）把原先核生化伤亡响应评估支持工具中有关伤亡人员估计的内容并入人体效应模型。

2009 财年除了继续进行 2008 财年开展的信息处理中心创新概念研究，还取得了以下研究成果。

（1）把传感器数据融合、传感器布设工具和户外源项估算技术转化到 JEM 和设施防卫联合项目部。

（2）开发了先进源项建模能力，把扩展型地理数据库系统、扩展型质量密度风场模型、可变分辨率气候与大气数据库、改进型有害工业化学品和有害工业物质原型转化到 JEM。

（3）向信息系统联合项目部提交了现役后果管理系统软件、战术飞机建模系统、放射性作战效应和简易化学爆炸装置对机动部队的威胁报告。

（4）把最初开发的核生化伤亡人员反应评估保障工具中有关人体效应的模型转化到信息系统联合项目部。

（5）把用于空军模拟、训练、固定场所分析、输出分析工具和初始化学危害估算方法与风险评估工具等战术飞机能力转化到信息系统联合项目部。

（6）与美国运输司令部合作，把战术级空港化学生物效应模型集成到运输司令部的全球战区模型中。

（7）把接触危害、残留危害、洗消效果、洗消剂、试验评价、综合集成、可变环境洗消模型（β版）向"污染消除联合项目部"和陆军副部长试验评价办公室发布。

（8）开发了 MediaWiki 格式语义链接化学生物专业主题专家维基程序数据库，提交国防威胁降低局内部门户网站托管。

（9）开发了 CBRN 数据架构原型。

2009 财年计划开展以下合作研究。

（1）与北大西洋公约组织合作，出版盟军医学出版物-8。该出版物中使用的方法是采办计划中计算伤亡的基础。

（2）建立配置管理原型，为联合科技办公室科学技术框架构建，信息系统联合项目部后果管理计划补充配置管理，CBRN 模型开发、验证与确认，以及把这些模型集成到有关的采办计划软件中，提供建模、仿真、软件开发、软件集成和综合分析保障。

2011 财年快速开发并提供了水基放射性核素输运与扩散建模能力，供国防威胁降低局使用。

2012 财年日本福岛核事故发生后，联合科技办公室加速开发并部署了水基毒剂命运与输运模型。该模型最初被国防威胁降低局采用，后来又被美国海军采用。该模型开发出来后，仅仅 14 天就被纳入了日本反应堆源项、海岸与海洋数据，从而有助于放射性水上输运与扩散建模。"联合科技办公室"正在开发《化学和生物效应手册》，通过经生化防御计划批准的独立全面源项，为 CBRN 提供 CBRN 防御标准化建模与分析、相关数据集、模型、分析工具的可视化，包括以独特方式聚合结构化和非结构化的数据和文档，在 CBRN 防御分析、外部元数据和教程级指令方面提供辅助手段。

"联合科技办公室"于 2013 财年开发了一个表示联合远程作战集体防护系列掩蔽所化学生物防护性能的建模与仿真工具。继续为《化学与生物效应手册》编写威胁数据、毒剂特性、人体影响和防护装备等章节内容，并开始编写医疗诊断、医学保护、人为因素、气象与环境数据、地理数据等新章节内容。分析支持项目开发了一个初步的生化防御计划风险评估框架和实施流程，旨在支持整个生化防御计划范围内的、基于风险的计划和决策。

2014 财年进行了一系列非传统毒剂领域的试验，研究空气冲击压对集装箱的破坏程度。试验数据既可用于 JEM 验证，又可用于危害预测评估能力源项模型开发。

2016 财年在《大气环境》杂志发表了经同行评议的文章，描述了表征未知化学生物源释放至大气环境的有效数学框架。该方法能够推断各种化学生物参数（如释放位置和时间、释放量、释放速率等），以及准确预测下风向扩散模式与可能的受污染区域所需的低水平风场。该方法已形成了计算算法并集成于 JEM，由"信息系统联合项目部"开发和部署。JEM 现在能在无详细源项信息的情况下向用户提供更精确的危害区域计算。

4. 防护与洗消技术研究

2008 财年完成了敏感物体表面化学毒剂擦拭洗消开发，开发了一种新的二氧化氯配方，增强了广谱化学生物危害的洗消效果，有助于开发环境安全的化学毒剂洗消剂。

2009财年开展了以下创新性研究。

（1）开发并测试了一种用于空气过滤的基于氢氧化锆和氧化锆混合物的新的吸附剂配方。与活性炭过滤技术相比，该配方具有广泛的环境适应性，过滤性能强，特别适用于过滤高挥发性有害工业化学品。

（2）开发并演示了能提高化学毒剂残留物降解速率的表面涂层技术，降解速率可从数周提高到数天。

（3）开发了一种新的表面化学分析工具，能用于去污和吸附技术性能改进的基础研究。表面化学分析工具将使研究人员专注于去污的界面过程，而这正是许多有前途的技术的限制因素。

（4）开发了一种去污喷雾系统，经演示验证，对包括非传统毒剂在内的被试化学毒剂具有很高的敏感性。

2009财年取得了以下研究成果。

（1）完成并转化了增强型化学洗消试验方法，包括高性能液相色谱法有害产物与残留毒剂试验标准、小物品洗消试验方法和装具、改进型洗消剂性能评价方法。

（2）完成了催化氧化空气净化技术数据差距分析和最终数据差距测试，以保障空气净化系统在装甲车辆和舰船应用中的演示验证。

（3）开发了一种不使用内衬就能防护液体毒剂的遮蔽隔离材料，准备将该材料用于化学生物防护掩体项目和联合远程作战集体防护项目。

（4）完成了敏感设备表面和车体内部洗消擦拭技术的开发和转化，应用于联合器材的洗消系统。

（5）完成了化学生物洗消电化学活化二氧化氯技术的开发和转化，应用于联合军种系列洗消系统。

2009财年计划开展以下合作研究。

（1）继续侧重于广谱通用高性能洗消配方的开发，适用于广泛环境条件下化学毒剂和生物战剂的洗消，以支持联合军种系列洗消系统的研发。2009财年启动了洗消配方开发工作，可由操作者根据毒剂类型、受污表面材料和环境条件，在使用时调整配方，使混合洗消剂的洗消能力达到最佳。此外，启动一项去污酶开发的重点研究。这种去污酶有可能显著提高洗消性能且对敏感材料友好。

（2）启动各种系列化洗消方法潜在价值的试验与确定研究，包括自解毒表面、可剥离和封装涂料、毒剂散漏处理、基于能源的方法，以及对这些技术的组合的分析和测试。目标是开发和转化这些技术，当使用这些技术组合时，可迅速减少化学毒剂和生物战剂对战斗人员造成的威胁，并有助于降低面向任务防护态势的等级。长期研究目标是提供智能洗消系统，能感知毒剂存在并通过仅在需要洗消的地方释放活性洗消剂来响应毒剂，并发出启动洗消和洗消完成的信号。

（3）活性炭用作眼部、呼吸道和皮肤防护的过滤材料已有90多年的历史。继续利用纳米技术的最新进展寻找更好的过滤材料。目的是提高吸附容量和吸附率，特别是对高挥发性的有害工业化学品，有助于开发更低剖面和更低阻力的过滤器。利用这些技术能设计新型呼吸器，从而减少战斗人员的负担。此外，这些技术还可用于提高集体防护系统的性能。

2010财年开发了一种能使当前的活性炭介质产生跨越式提升的新型吸附剂，转化了自解毒涂层技术、毒剂喷洒技术和可剥离涂层技术。

2011财年通过为评估个人防护演示验证项目而生产的一体化防护套装，为新一代防护服的研发提供支持；为建筑物防护开发了新的一体化空气安全设计概念；利用酶和碳纳米管开发了自去污表面材料。

2012财年取得了以下研究成果。

（1）在个人防护研究领域，联合科技办公室开发了三种不同的处理方法，能使织物排斥或化学毒剂脱落从而减少渗透，并延长防护服的使用寿命。目前在商用市场上有这三种处理方法的现货产品。还开发了一种双腔式呼吸器原理样机，正准备野战试验，能够提供有源空气净化呼吸器级别的防护，同时显著降低了对电力的需求。此外，正在研究用于CBRN防护的动态多功能材料新方法，在为战斗人员提供CBRN防护的同时，降低战斗人员的热负荷。

（2）在集体防护研究领域，联合科技办公室开发了有害工业化学品过滤器并将其转化给陆军工程兵，用于保护海外关键设施。还开发并验证了用于设施生物防护的系统设计和自去污表面。

（3）在去污洗消研究领域，联合科技办公室开发转让了污染指示喷雾剂，可指出神经性毒剂（V类、G类）、糜烂性毒剂（硫芥子气）和新兴威胁（如非传统毒剂）的位置，从而揭示受污染区域，提高洗消作业的效能。开发转让了固体氧化剂洗消技术，为目前野战洗消技术提供了高效无腐蚀性的替代技术。与其他无腐蚀性替代技术相比，固体氧化剂洗消技术为运输和储存提供了显著的后勤优势。此外，继续侧重开发化学毒剂脱落和抗化学毒剂涂层，减少污染事件发生后附着在装备上的污染量。正在探索使用环境友好型杀菌剂来开发一种减轻炭疽孢子大范围传播影响的新方法。

2013财年取得以下研究成果。

（1）在个人防护研究领域，联合科技办公室开发了一种处理方法，允许织物排斥或油脂和水分脱落，以减少液体化学毒剂的渗透，延长防护服使用寿命。正在研究新的方法，使用动态、多功能材料的化学生物防护，在增加防护能力的同时，降低热负荷。联合科技办公室还开发了一种双腔式呼吸器原理样机。

（2）在集体防护研究领域，联合科技办公室开发了剩余寿命指示器，对过滤器的化学防护性能在给定时间点给出精确评估。

（3）在去污洗消研究领域，联合科技办公室完成了固体氧化剂洗消技术的转化，为目前的野战洗消技术提供了一种有效的、无腐蚀性的替代技术。联合科技办公室转化了描述受污染人体遗骸有关残留危害的数据、飞机湿热空气杀孢洗消系统的性能范围、物理去除军事相关表面化学污染的表面活性剂性能。

2014财年生化防御计划开发了一种用于面具的附加过滤器复合材料，以保护用户免遭其他有毒化学物质的威胁。

2015财年开发了能对化学毒剂和生物战剂威胁提供防护性能改进的材料（如自解

毒材料，气溶胶、液滴和蒸气防护材料）和降低热负荷的方法（如集成风扇和增压），并对防护服和面具进行修改。建立了预测各种化学毒剂如何渗透表面以及随后接触渗透表面的人员遭受多少污染的理论模型，为新型洗消技术开发提供支持。开发了一种化学毒剂洗消悬浮液，可以喷洒到装备表面（如车辆），悬浮液与毒剂发生反应从而去除毒剂。悬浮液展示了表面洗消能力。开发了空气过滤器剩余寿命指示系统，这是一个墨盒大小的空气过滤器，使工作人员能精确测量过滤器的剩余防护容量，需要时仅更换该过滤器，从而减少了维护成本，而不是定时更换。

2016 财年，联合远程作战集体防护产品管理者授予该系统性能模型 1.2 版认证，用仿真结果来补充实验室、舱室和野战条件下的试验数据，估计联合远程作战集体防护系统及其组件的化学生物防护性能。联合远程作战集体防护系统性能模型的核心功能包括：分别用单一掩蔽所配置和复杂掩蔽所配置表示联合远程作战集体防护试验场景，外部污染浓度随时间变化；用进出掩蔽所和控制部件工作来表示污染物进入掩蔽所的输运和扩散；能用地形、风扇、过滤器、超压调节、人员服装吸入与排出污染蒸气、掩蔽所内部等建立污染物行为模型。

5. 毒剂科学研究

2008 财年开展了预测模型与试验研究，有助于对吸入有害蒸气的持续时间进行更贴近真实的估计。毒剂命运数据与模型研究表明，吸入有害蒸气的时间能持续数天而不是数小时。

2008 财年计划开展以下合作研究。

（1）开展生理效应研究，为化学战建立作战染毒定量标准、发展可靠的危害剂量与反应关系，扩展人员染毒后的定量危害预测。

（2）开展毒剂命运研究，建立人员皮肤染毒评价方法和非传统毒剂环境命运及其与环境媒介相互作用的标准，最终掌握并拓展传统化学毒剂的危害特征，以及与作战相关的一系列染毒表面与染毒途径的预测模型。研究重点包括毒剂特征和模拟剂开发，加速推进毒剂科学的发展。

（3）"联合科技办公室"与美国国家研究委员会博士后计划合作，在国防部研究实验室和研究中心寻找合适的候选研究项目并加以资助。这一合作研究计划有助于为 CBRN 防御培育新的科学研究人才。

（4）实施一体化 CBRN 科学技术基础研究，包括物理基础研究和医学基础研究。研究重点在于回答科学问题，并确定新的研究途径，从而推动 CBRN 核心项目的研究。本项倡议将征询学术界、行业界和其他科学研究团队的意见，收集当前最先进的技术，革新与 CBRN 防御相关的基础科学。

2009 财年取得了以下研究成果。

（1）交付了新修订的临时非传统毒剂人体沾染限值。

（2）显著提高了非传统毒剂分析与生物标记物量化实验室检测方法的灵敏度，包括开发了一种新的利用先进分析技术和直接实时质谱分析测量溶液中非传统毒剂的量化技术。

（3）定义了非传统毒剂在砂土、混凝土和其他物体表面的持久性和迁移性，提高了预测非传统毒剂在作战有关材料上的行为能力。

（4）揭示了关键化学毒剂与基本金属结合相互作用的功能度，可用于说明目前金属表面洗消存在的难题，并可能意味着另一种化学毒剂作用的毒理学机制。

（5）向试验设备、策略和保障产品总监移交了一系列新模拟剂，包括生物检测模拟剂（荧光微球技术）、先进痘病毒模拟剂和集体防护装备渗透模拟剂。

（6）基于经验数据开发了先进的毒剂蒸发算法，并入 JEM。支持算法开发的经验研究包括测量环境湿砂索曼和增稠索曼降解速率，以及混凝土、砂土、土壤和不锈钢的蒸发。

（7）生成并更新了当前作战手册数据和信息，包括空军手册 10-2602《气液固跟踪战术、技术与规程》和《化学危害评估方法和风险评估工具》。

（8）为炭疽传染过程建立了详细的定量模型，首次建立了兔子和人类低水平沾染风险模型。

2009 财年计划开展以下合作研究。

（1）召开一系列有针对性的科学研讨会，首先从计算化学、化学毒剂命运、皮肤毒性等开始，目的是扩大与潜在合作者的沟通，旨在利用科学界更广泛的资源，为解决具有挑战性的生化防御计划技术问题找到新方法。

（2）开展一系列研究工作，旨在确定与新兴化学毒剂和生物战剂有关的科学技术需求，目的是通过加强研究人员与战斗人员之间的交流，确保战场需求能反馈给研究人员，从而确定化学毒剂和生物战剂可能改变当前科学技术研究的方法，以及对战术、技术与规程和作战概念产生影响。

2010 财年证实了表达人类与小鼠丁基胆碱酯酶的腺病毒能保护小鼠免于神经性毒剂 VX 的致死剂量。

2011 财年开发了皮肤沾染两种高优先级非传统毒剂后人体毒性的估算方法；确定了用于构建非传统毒剂低水平沾染标准的毒性值；表征了高优先级非传统毒剂的关键物理化学性质，可用于开发医学对策；完成了饮用水中化学毒剂的命运评估。

2014 财年验证了恒定浓度毒性数据；以预测真实危害物释放时浓度随时间变化所产生的效应，研究结果发表在《毒理学》期刊上；完成了非传统毒剂和毒性动力学研究，开发了一种基于生理学的药物动力学模型，用于研究药物在吸收后如何在全身分布；对优先等级非传统毒剂的接触危害和生物可达性进行研究，研究结果有助于对非传统毒剂进行中期毒理学估计；启动开发首个合格的吸入性伯克霍尔德氏菌动物模型。

2015 财年对选定的化学毒剂和非传统毒剂进行人体毒性估算，并把最终结果分发给合适的机构间合作伙伴。人体毒性估算旨在说明：作战概念，战术、技术与规程，关键性能参数、关键系统属性和军事沾染指南。委托进行了一项研究，形成了研究报告《应用现代毒理学方法预测急性化学毒性》。该报告提出了一种预测急性化学毒性的总体方法，并确定了国防部在未来 3~10 年实施快速评估人员潜在化学毒性项目可采取的步骤。

2016 财年，生化防御计划为选定的非传统毒剂建立了基于动物模型的临时人体吸入毒性评估。结合以前的皮肤沾染危险数据，这使得研究、开发、试验与评价团队能开发出改进的呼吸防护标准，并为战斗人员评估、应对和减轻非传统毒剂危险的战术、技术与规程开发提供信息。

1.3.6　应用技术发展

1. 简介

应用技术部门负责技术试验、演示验证和培训演练，为设施防卫联合项目部提供科学技术支持，并与联合需求办公室协调。应用技术部下设 4 个研究室：未来发展研究室、士兵增强研究室、国土防御研究室和无人系统研究室。应用技术部门还是 CBRN 联合概念与技术演示的主管部门，负责 CBRN 联合作战人员实验、先进概念技术演示和先进技术演示。

联合作战人员实验对于确定和评估联合作战时各军种相互关联的作战领域是必要的，在这些作战领域，通过联合作战人员实验，能充分利用军种最优作战能力，从而变革未来美军作战行动。联合作战人员实验促进联合作战条令、编制、训练、装备、领导、教育、人事和设施的新发展，确保美军能够应对未来各种军事行动的挑战。

先进概念技术演示通过为已验证的作战需求提供更加及时的解决方案，促进正式采办过程。为了获得先进概念技术演示批准，需要满足以下 3 个条件：提出的先进概念技术演示必须满足并验证一项联合需求；先进概念技术演示必须确定一项成熟技术可满足上述联合需求；先进概念技术演示必须与正式的采办项目管理者协调，一旦演示成功，确保演示的候选技术能用于合适的采办项目。

提出的先进概念技术演示项目一旦满足上述 3 个条件，就可提交给国防部先进系统与概念副部长帮办，经联合需求监督委员会审议并批准后，作为下一财年启动的新的先进概念技术演示项目。通常，一个先进概念技术演示项目由 1～3 年的演示阶段和 2 年后续支持阶段组成。先进概念技术演示项目由 1 名开发团队代表（如联合科技办公室）和 1 名作战用户或作战需求提出者代表（通常是作战司令部）共同管理和实施。在先进概念技术演示项目结题时，成功通过演示并证明具有军事用途的技术既可进入正式采办过程的高级阶段，直接进入有限生产或全面生产阶段，也可转入进一步的技术开发阶段。

先进技术演示对能显著提升作战能力的高风险、高回报技术进行验证。先进技术演示涵盖了实际作战环境下的集成技术和评估技术。先进技术演示旨在验证可能增强军事作战能力和提高效费比的技术，为鉴别和推动实验室新兴技术向采办项目转化提供机遇。

未来发展研究室负责实施生化防御计划的先进概念技术演示和先进技术演示，制定实验过程；作为国防威胁降低局和联合部队司令部联合概念发展与实验工作有关生化防御计划的代表；把握 CBRN 能力需求，查验满足能力需求的有关技术应用，对能提供新的或改进的 CBRN 能力的新项目的开发与验证进行管理。美国政府参与该计划的组织和机构包括埃奇伍德化学生物中心、空军研究实验室、海军陆战队系统司令部和能源部国家核安全管理局堪萨斯城工厂。

未来发展研究室的工作重点是鉴别包含在各种实验、先进概念技术演示和先进技术演示中的合适的候选技术和方法，从而使作战人员在采办项目实施之前评估 CBRN 实验能力和作战概念。满足作战能力差距的实物（硬件）和非实物（软件）解决方案是通过演示验证开发出来的。未来发展研究室负责把握 CBRN 能力需求，查验满足能力需求的当前和未来技术应用，对 CBRN 防御领域具有发展前景的新项目的开发过程实施管理。这些工作通过鉴别某项技术的实际作战信息为其作战效能提供了基本数据。非实物解决方案包括条令、作战概念，以及战术、技术与规程的改进完善。

国土防御研究室管理 CBRN 防御装备从科学技术阶段到采办项目的转化，为各军种固定设施的 CBRN 战备目标提供支持。设施防卫联合项目部直接得到国土防御研究室的科学技术支持。在设施防卫联合项目部中包含固定设施防护、陆军部队防护和后果管理（如巡查与快速响应组、第 20 支援司令部和大规模杀伤性武器民事救援队）。国土防御研究室通过以下 3 个渠道为这些行动队提供支持：一是研究，通过对过程、方法和作战概念的审查，确定军事用途，实现更广阔的应用前景，检查现有技术存在的能力差距，并实现与其他联邦机构和盟国之间的优势互补。二是演示，建立演示和评估流程，支持可转化到设施防卫联合项目部体系中的现有技术或新兴技术。演示重点是后果管理、防护和探测技术的某一特定方面，演示结果旨在为采办、部署和维护提供信息保障。三是装备验证，生成系统性能数据，帮助用户选择装备、找出能力差距，并发展作战概念。美国政府参与该计划的组织和机构包括埃奇伍德化学生物中心、洛斯阿拉莫斯国家实验室和桑迪亚国家实验室。

士兵增强研究室负责执行经生化防御计划批准的先进概念技术演示和先进技术演示，演示和评估满足战斗人员紧迫作战需求的成熟技术，强调技术评估与技术整合而不是技术开发，为发展作战概念和战术、技术与规程提供技术支持。在可能的情况下，战斗人员强化研究室为作战指挥员提供临时的、有限的能力，而其最终目标是把技术转化应用于战场或者核心采办项目。参与士兵增强研究的单位有埃奇伍德化学生物中心、海军陆战队系统司令部等。

2. 先进概念技术演示

2008 财年提前把 CBRN 无人地面车技术转化到"沾染规避联合项目部"并做好预算；把 CBRN 无人地面车技术转化到后果管理产品管理部、海军爆炸物处理技术部、未来战斗系统小型无人地面车和行业界；确定新型毒剂、模拟剂的关联性和试验方法，以及用于联合化学表面污染探测器的基于拉曼技术的化学污染光学探测过程。

2009 财年开发了有人机动平台运动中近实时化学探测与识别的先进传感器，演示了无人平台用于 CBRN 侦察的军事用途；把 CBRN 无人地面车技术和联合化学表面污染探测器技术转化到沾染规避联合项目部；把 CBRN 无人地面车技术转化到后果管理产品管理部、海军爆炸物处理技术部、未来战斗系统小型无人地面车和行业界；继续确定新型毒剂、模拟剂的关联性和试验方法，以及用于联合化学地面污染探测器的基于拉曼技术的化学污染光学探测过程。图 1-30 所示为 CBRN 无人地面侦察车原理样机。

图 1-30　CBRN 无人地面侦察车原理样机

3. 先进技术演示

（1）**远程生物探测项目先进技术演示。**2008 财年开展了远程生物探测项目先进技术演示，旨在支持联合生物战术探测系统项目和采办策略。选取的候选先进技术演示是基于对联合生物战术探测系统的适用性，先进技术演示时间将受限于联合生物战术探测系统的采办时间。针对海军陆战队战术生物探测的需求，分析比较了国防部现役生物战剂探测与鉴别系统，以便从以往的实验中吸取教训。先进技术演示为战术生物监测开发了作战概念和战术、技术与规程，确定了适应海军陆战队和海军舰船登船搜查与扣押行动应急需求的恰当且有效的能力集；利用先进技术演示经验教训支持《联合生物战术探测系统能力开发文件》的开发；加速气溶胶探测与采样系统的成熟；提高了对生物建模仿真能力、模型局限性和基础设施建模的认知。

（2）**联合部队保护侦察和监测项目军事应用先进技术演示。**2009 财年开展了联合部队保护侦察和监测项目军事应用先进技术演示。战区指挥员需要 CBRN 探测网络提供的信息，包括探测、识别、成像、量化和跟踪 CBRN 威胁，这些信息的提供越早越好，以便为作战响应提供更多选择，包括采取的防护态势。定义了此次先进技术演示的作战概念，开发了降低风险的计划。

（3）**危害减少、器材与装备修复项目先进技术演示。**2009 财年通过开发适用于所有环境条件、所有物体表面 CBR 污染物的去污剂、应用和流程的综合系统，为战斗人员提供了保障，并最终减少了危害，使装备恢复运行。选取了技术，建立了试验协议和性能指标。2012—2013 财年验证了机动装备战役洗消和固定场所战役洗消的军事用途，包括去污指示喷雾剂和可剥离涂层。2014 财年项目先进技术演示结果被移交给了"污染消除联合项目部"，为洗消、可剥离防护涂层和药剂分散、洗消保证提供了最先进的技术选择。危害减少、器材与装备修复项目直接支持联合计划执行办公室的污染指示和洗消保证系统、联合敏感设备擦拭、联合通用洗消剂等项目。项目先进技术演示给出的联合军事用途评估报告指出，该项目验证的危害减少能力在提升洗消水平方面的用途广泛。

（4）**自动洗消项目先进技术演示。**2009 财年评估了陆地车辆当前详细洗消过程，以及原理样机改进过程，成果包括开发洗消过程评价工具。

（5）**个人防护先进技术演示。**2009 财年验证了把化学生物防御个人防护技术集成于一个系统，在不增加穿戴者热负荷的情况下，确定可实现的最佳 CBRN 防护性能。完成了系统设计与防护服的技术优化，耐热性能不低于陆军耐火战斗服；集成了面罩与呼吸器的一体化头盔的设计与开发；通过开发能够集成于通信体系的前沿传感器技术，改进了战斗人员的 CBRN 态势感知能力；个人防护技术的技术成熟度评估，支持把个人防护技术转化到个人防护联合项目部、信息系统联合项目部和勇士项目管理部门。

（6）**快速区域敏感场所侦察项目先进技术演示。**2011 财年演示验证了快速巡查敏感场所的能力，确定是否存在非传统毒剂、有害工业化学品或化学毒剂。2012—2013 财年通过广泛的用户评估，继续演示验证了快速巡查敏感场所确定是否存在非传统毒剂、有害工业化学品或化学毒剂的能力。

（7）**物理对策项目先进技术演示。**2012 财年为了开发新的作战概念，演示验证了野战环境下所开发技术的使用情况。2013财年验证开发的新试验方法与技术在野战装置中的应用，有助于开发新的作战概念。联合科技办公室把试验方法和演示验证结果转化给了联合生物战剂洗消系统。结果表明，在飞机的相关材料上，湿热空气杀灭炭疽杆菌 B.和苏云金杆菌 B.孢子的性能具有类似的动力学特性。

（8）**联合驻韩美军门户网站和综合威胁认知项目先进技术演示**。2014财年联合计划执行办公室为了解决驻韩美军和美军太平洋司令部对生物监测和生物防御的需求，开展了联合驻韩美军门户网站和综合威胁认知项目的先进技术演示。先进技术演示由联合计划执行办公室领导，由美国陆军埃奇伍德化学生物中心具体实施。先进技术演示将为朝鲜半岛生物监视提供专门的探测和分析资源，目的是显著提升驻韩美军和韩国军队的生物防御能力，减轻迫在眉睫的生物威胁。

（9）**一体化防护织物系统先进技术演示**。2014财年启动了一体化防护织物系统先进技术演示，探索一系列防护套装配置、材料技术和使用概念，支持化学生物防护服的开发需求。针对不同威胁等级和威胁持续时间，该项目解决防护服的作战效能、作战耐久性、热负荷和使用寿命等问题。2015财年，该系统将转化应用于 CBRN 一体化综合防护套装（增量 II）。

（10）**跨部门生物修复示范项目先进技术演示**。2008财年为广大城镇地区在生物战剂气溶胶释放后的恢复和修复提供了一种协调、系统的方法，包括国防部基础设施和交通拥挤地区。完成了系统预先分析和能力差距分析报告。2009财年试验了 6 种消毒剂的杀菌效果，通过同行评议进行了消毒剂筛选，目的是为初始响应人员提供一系列炭疽杆菌消毒剂。在炭疽杆菌释放事件中，可用于国防部固定设施和关键基础设施的大面积和户外消毒杀菌。2010财年开发了采样、表征和长期监测计划，开发并演示了大范围洗消方法；开发并演示验证了修复系统工具，进行了桌面推演、野战演练，召开了研讨会；在西雅图举行的跨部门生物修复示范展览会上，展示了跨部门在大范围城镇地区从炭疽袭击后恢复方面取得的进展。

（11）**跨大西洋国家生物修复合作示范项目先进技术演示**。2010财年探索保加利亚、捷克共和国、匈牙利、波兰、罗马尼亚、斯洛伐克共和国和美国等国家的应急管理流程及其成熟度。2011财年演示验证了美国在应对大范围生物事件方面的能力。2012—2013财年联合科技办公室继续与波兰就跨大西洋合作生物修复示范项目开展合作，开发应对大范围生物事件的能力。

2014年开展了 6 次先进技术演示活动，包括与波兰合作开展的生物安全野外演练活动。目的是针对影响美国和伙伴国平民、军人和关键基础设施的大范围生物事件，开发和验证响应能力。先进技术演示将提供生物袭击应急准备、应急响应和恢复的能力。

2015财年美国欧洲司令部经过评估后确定，项目开发的技术具有军事用途，包括在多个不同地点及时进行样品采集、多个不同实验室及时进行样品处理、处理结果及时返回联合任务部队用于决策。随后，项目开发的技术于 2015 年 3 月转化给了联合计划执行办公室，于 2015 年 9 月转化给了合作伙伴波兰。

（12）**固定设施体系概念与实物保护一体化框架先进技术演示**。2014财年联合计划执行办公室向来自固定设施保护团队、北方司令部和国民警卫队的关键利益相关者提出了固定设施体系概念与实物保护一体化框架并进行了演示验证。固定设施体系概念提供了一种精心设计的方案，开发固定设施一体化、互操作能力，改进固定设施的运行效能。实物保护一体化框架演示验证利用政府现货提升固定设施能力的可能途径。一旦利益相关者对固定设施体系概念达成共识，就可能使固定设施的发展朝着联合发展方向迈进，从而提升固定设施的保护能力。

4. 联合能力技术演示

（1）**联合医疗远程保障与撤离项目联合能力技术演示。** 2009 财年国防部长办公厅选取联合医疗远程保障与撤离项目作为 2009 财年第 4 优先项目进行联合能力技术演示，应对生物大规模杀伤性事件全球快速反应医学响应挑战。联合科技办公室特别感兴趣的是，把生物探测与取样和快速远程医学响应结合起来的军事用途评价；发展战术生物探测系统的运用与作战概念；评估国防部针对前沿作战基地、独立部队和地方公众遭受生物袭击的响应能力。联合医疗远程保障与撤离项目为此次联合能力技术演示以及在相关环境中的演示与部署进行了评估，并形成了作战概念。2011 财年演示验证了能显著提升战场医疗水平的伤亡人员综合护理能力。

（2）**联合生物战剂洗消系统联合能力技术演示。** 2014 财年完成了 3 次技术演示，启动了作战应用评估。演示验证了使用湿热空气洗消飞机内外生物污染的能力。2015 年联合能力技术演示的技术和数据将转化应用于联合生物飞机洗消系统项目。2015 财年，美国运输司令部经过评估后确定把联合生物战剂洗消系统联合能力技术演示过渡给联合计划执行办公室，随后转化应用于采办项目，技术成熟度达到 7 级。联合生物战剂洗消系统将在全球范围内部署，用于 C-130 运输机遭受生物污染后湿热条件下的恢复，使该型飞机能不受限制地再次被使用。

第 2 章　CBRN 侦察装备

2.1　发展规划

CBRN 侦察领域发展 CBRN 探测器和识别器，用于 CBRN 侦察（包括探测和识别）的就地、远程和早期报警。对于在污染环境中（包括固定场所）遂行作战任务，侦察是确保持续作战能力并完成作战任务的关键。侦察能力确保部队能保持最佳的防护态势，快速识别并在可能或需要时去除人员、装备和区域遭受的污染。单兵用传感器及相关系统能够探测多种毒剂，表征包括 CBRN 在内的有害工业物质及正在研发的新型毒剂。在 CBRN 远程探测、早期报警、小型化和互联互通等领域，正在不断取得技术进步。正在解决提高探测灵敏度、抗干扰、后勤保障和经费等方面的问题。在未来作战环境中，由于 CBRN 的致命性增强，作战节奏加快，对早期响应和报警能力提出了更高要求，以便减少由于 CBRN 污染造成的战斗力下降。CBRN 侦察能力对于作战准备工作至关重要，国防部对此予以持续不断的反复强调。早期探测和报警是规避 CBRN 危害的关键。

2.1.1　侦察技术发展规划

CBRN 侦察技术研究由沾染规避联合项目部和生物防御联合项目部共同管理。CBRN 侦察技术研究包括远程探测、就地识别和试验评价。

CBRN 侦察技术领域的研究目标是，针对所有已知或经验证的 CBRN 毒剂、有毒化学物质和非传统毒剂，提供实时探测、识别、表征、量化、定位和报警能力。

2008 财年之前，对若干传感器技术进行最优化，可替代的探测技术成熟。完成四项重要研究工作。

一是远程生物气溶胶探测技术的开发和演示验证，在白天和夜间作战条件下对至少相距 1 km 的生物战剂进行探测和甄别，并将误报率降低到每周不超过 1 次。

二是大范围空中侦察技术，演示验证当时最先进的高光谱成像技术的性能。实时数据处理用于光谱成像现象学研究，以探索在机载侦察应用中化学毒剂威胁成像的速度、空间分辨率和光谱分辨率之间的最佳平衡。

三是轻型综合化学生物探测技术，对三种竞争性技术概念进行测试，从中优选出快速气溶胶毒剂探测技术，该探测技术把多波长荧光技术和激光诱导光谱击穿技术结合起来，用于生物战剂的探测和甄别。该技术被认为是对联合生物点源探测系统中气溶胶触发器的螺旋式改进，是对该系统嵌入的新技术。

四是水中化学毒剂和生物战剂监测技术，演示验证先进的原理样机。该原理样机将转入联合水中 CBRN 危害物监测仪（增量 I），以满足该监测仪对生物探测的需求。把国防高级研究计划局开发的半导体紫外光源技术应用于生化防御计划和国土安全部合作项目，以开发出低成本的生物气溶胶探测器。开发新的试验方法，以支持生化防御计划的研发、作战和评价需求。

2013 财年之前，重点是发展提升化学毒剂和生物战剂战术探测和识别能力。开展基于毫米波的第一代生物探测原理样机研制，以及用于生物材料探测与识别的紫外共振拉曼光谱技术研究。启动用于探测去污洗消后表面残留技术的研发工作，以及被动式远程气溶胶探测技术研究工作，并根据化学毒剂和生物战剂所用材料与工艺来探测其前体。

2023 财年之前，针对 CBRN 威胁就地探测、远程探测和早期报警需求，重点是能实现多种毒剂探测的传感器。通过把化学生物就地探测模块、远程探测模块和早期报警模块集成于同一系统，来实现这一技术目标。旨在优化和平衡系统灵敏度、体积质量、研发成本、功耗、特性抑制和误报率。最终目标是把 CBRN 探测器集成为一个独立的系统，搭载于各种平台，并与 C⁴ISR 系统互联。无人地面化学侦察先进概念技术演示有利用下一代传感器技术，在现役有人侦察系统中演示改进的 CBRN 污染探测能力，同时演示 CBRN 无人地面侦察系统的军用用途。

未来的 CBRN 探测系统将提供实时探测和识别能力，以及对作战地区所有已知 CBRN 污染进行绘图、量化和跟踪的能力。使指挥员能够规避 CBRN 污染，确定并验证是否需要实施有效的作战进程重建，采取合适的保护态势，以便在最小作战能力下降和作战人员伤亡的情况下继续遂行作战任务。CBRN 探测技术在污染空气监测、密闭空间有毒烟雾监测和大城市供水系统监测等方面也具有潜在的用途。

主要技术挑战在于生物战剂的采集、探测和识别，包括远程探测与早期报警、改进毒剂甄别阈并定量化、样品处理、干扰（假阳性和阴性警报），以及环境生物本底的排除。CBRN 探测研究领域的其他技术挑战包括：探测器的体积质量和功耗降低；供电和功耗；开发 CBRN 综合探测系统，将传感器数据与绘图、图像，以及其他数据融合起来，实现 CBRN 事件的近实时显示；表面探测；远程探测；低水平 CBRN 污染的探测与量化。一项关键挑战是无线远程控制能力和从远程作战部队使用的探测器上获取近实时信息。试验评价能力发展所面临的挑战包括：在使用真实毒剂的舱室中逼真地描绘毒剂威胁环境；执行可靠、有效的毒剂-模拟剂关联；发展能全面表征战场条件下探测系统性能所需的分析方法和建模仿真技术。

生物战剂探测技术面临的两个关键挑战为：一是需要高水平的后勤保障，二是在本底条件下，远程探测系统甄别生物战剂受到限制。减少后勤保障的挑战来自对试剂的依赖和对系统体积、质量和功耗之间的权衡。一些研究工作瞄准灵敏度更高、稳定性更好，从而使所需保障试剂达到最小，在工程上则采取减小体积、减轻质量和降低功耗的策略，特别是在样品采集部件中。有几个因素直接限制了利用远程探测技术鉴别生物战剂的能力，关键因素包括：缺乏掌握生物战剂物理特性和光谱特性的基础数据，以及这些基础数据与临床和健康效应之间的相关性；大气吸收造成的探测范围限制；自然本底干扰。

CBRN 侦察技术发展的目标是，

2008 财年前开展并完成：电磁谱 THz 频段的特征及开发利用研究；改进算法和源项、增加探测范围、降低误报率；用于生物战剂探测的表面增强拉曼散射材料；利用其他政府机构在 GHz 频段的研究成果；增强对生物多样性的认知；非传统毒剂的探测；单病原核酸测序的可行性研究；验证生物远程分类的可行性；低成本固态源用于深紫外探测的可行性研究。

2013 财年前开展并完成：采用电磁谱 GHz 和 THz 频段探测化学毒剂、生物战剂的就地探测实验室样机；研究电磁谱中新的频段特征，增强本底甄别能力，减少误报率；探测饮用水中化学污染的便携式就地探测器；基于表面增强拉曼散射材料或谐振拉曼的实验室探测样机；用于验证去污洗消效果的表面污染物探测实验室样机；单分子核酸测序的实验室样机。

2023 财年前开展并完成：用于化学毒剂和生物战剂探测的纳米级探测器；用作光学探测器元件的室温材料；基于半导体材料的大功率激励源；用作高性能光学部件的可折叠材料；利用发射塔、雷达等现有辐射源获取 GHz/THz 频段的被动波谱；生物战剂的无消耗探测与识别；识别探测器接收的所有威胁。

2.1.2 侦察装备发展规划

早期探测和报警是规避 CBRN 危害的关键。因此，美国国防部一直致力于 CBRN 防御的研究、开发与采办，并持续投入经费，以便为作战人员提供针对全部 CBRN 危害的实时探测、识别、量化和报警能力。2008 财年前尚未实现生物战剂的实时探测，此阶段的研究重点是减少生物战剂探测时间。2013 财年前的研究重点是开发独立的探测器和传感器、系统小型化、改进灵敏度和特异性、掌握毒剂特性、提高探测范围、减少误报率、降低系统运行和保障费用。开展这些重点研究工作，还有利于将化学探测器集成到单兵作战装备上（如任务部队勇士计划），把 CBRN 探测器集成到各种空中、海上与地面平台上，以及把 CBRN 探测器集成到自动警报和报告网络中。

在国防部生化防御计划中，通过充分协商达成联合项目，从而满足各军种对 CBRN 侦察的需求。

1. 化学就地探测

2008 财年，改进型化学毒剂监测仪实现地面废气采样能力；M22 型化学毒剂自动探测报警仪实现神经性毒剂和糜烂性毒剂的自动就地探测；海军编配的改进型自动就地探测仪实现舰船上对神经性和糜烂性毒剂的探测；可编程毒剂就地自动探测（改进型）、便携式监测、飞机内部微型探测器、舰船空间内部探测、轮式和装甲监测车、单兵监测装备（M4 型联合化学毒剂探测仪（增量 I））。

2013 财年，提高探测灵敏度，能探测到极低水平的有毒化合物（M4A1 型联合化学毒剂探测仪（增量 II））。

2023 财年，改进地面污染监测；探测水中化学生物放射性污染物（M329 型联合水中 CBR 危害物监测仪）。

2. CBRN 侦察和化学生物远程探测

2008 财年，CBRN 侦察车改进，具有远程探测、早期报警和数据融合能力，提升战场生存能力（M93A1 型"狐式"核生化侦察系统）；化学毒剂蒸气实现被动式轻型远程探测（联合军种轻型远程化学毒剂探测仪（增量 I））；轻型侦察车（联合核生化侦察系统）；一体化 CBRN 探测（就地/远程）、识别和采样（斯特瑞克核生化侦察车）。

2013 财年，轻型侦察车增加生物探测和识别能力（联合核生化侦察系统预先计划的产品改进）；化学毒剂蒸气实现被动式轻型远程探测；联合 CBRN 下车侦察系统在"螺旋式"研发第 1 阶段具备下车侦察能力。

2023 财年，化学毒剂远程探测系统，能对化学毒剂液滴、蒸气和气溶胶进行探测、测定范围和标图；大区域探测；独立的一体化多功能核生化侦察平台，具有核生化无人地面侦察能力（斯特瑞克核生化侦察车）；在未来战斗系统上配装 CBRN 有人侦察和无人值守传感器；联合 CBRN 下车侦察系统在"螺旋式"研发第 2 阶段具有模块化、网络化和下车侦察能力。

3. 核辐射探测

2008 财年，陆军、海军陆战队继续部署 AN/PDR-75 型辐射探测指示仪和 AN/VDR-2 型辐射剂量仪；海军陆战队继续部署 IM-143 型电子个人剂量仪；陆军继续部署 AN/PDR-77 型便携式多探头辐射仪；空军继续部署 ADM-300 型多功能巡视仪；海军继续部署多功能辐射剂量仪；陆军部署 AN/UDR-13 型袖珍式辐射剂量仪、水中核辐射探测（M329 型联合水中 CBR 危害物监测仪）。

2023 财年，部署便携式辐射探测系统、放射性探测系统和联合个人剂量计。

4. 生物检测

2008 财年，机动式生物自动检测，具有生物战剂报警、检测和识别能力（联合生物点源探测系统）；海军具备舰载生物战剂自动就地检测能力（联合生物点源探测系统）；陆军列编生物识别系统（M31A1 型生物综合检测系统、联合生物点源探测系统）；联合门盾构建传感器网络系统；列编干式过滤单元；列编联合生物远程检测系统，具备生物威胁早期报警能力（联合生物远程探测系统（增量 I））；发展轻型便携式生物战剂自动检测装备，即联合生物战术检测系统，完成里程碑 A。

2013 财年，联合生物点源探测系统的螺旋式改进增加能够检测的生物战剂种类，提高灵敏度，降低误报率，提升可靠性；联合生物远程探测系统（增量 II）具备生物战剂远程自动检测和早期报警能力。

2023 财年，完成联合生物点源探测系统第 3 阶段的研发，利用分散布设传感器的互操作性的方式，实现探测即报警的功能。减小体积、减轻质量、降低功耗，使系统适于安装在各种军用平台。采用即插即用模块化设计，提高该装备内部空间的利用率；对于无人车载生物探测，通过减小体积、减轻质量、降低功耗，实现生物战剂自动远程探测和早期报警，且具有更高的生物战剂甄别能力（联合生物远程检测系统（增量 III））。

2.2 侦察装备采办

美军十分重视 CBRN 侦察装备的开发和采办，自 2008 财年至今，在核辐射监测、生物探测和化学侦察装备发展方面取得了长足进展。

1. 2008 财年

（1）沾染规避联合项目部管理的项目已满足关键性能参数要求，并继续按《联合性能集成与开发系统全寿命管理要求》不断推进。四个项目已进入低速初始生产或全速生产阶段。联合化学毒剂探测仪（增量 I）提供化学就地探测。联合水中 CBR 危害物监测仪和联合生物点源探测系统两个项目满足了作战人员对化学毒剂和（或）生物战剂就地探测的需求；联合核生化侦察系统（增量 II）项目解决了下车 CBRN 侦察能力的短板问题。联合生物点源探测系统已经满足所有关键性能参数的要求，并将按《联合性能集成与开发系统全寿命管理要求》不断推进，以便支持 2009 财年进行的全速生产决策。

（2）使用联合生物战剂识别与诊断系统，海军已具备识别和量化海上 CBRN 威胁的能力。

（3）联合化学毒剂探测仪（增量 I）在 8 000 英尺（2 438.4 m）高度使用时具有与在地面使用相同的性能。随着空军首次订购低速初始生产阶段 872 台和全速生产阶段 5 491 台，已开始全部 54 000 台联合化学毒剂探测仪（增量 I）的生产。预计联合化学毒剂探测仪将完全替代现役 M22 型化学毒剂自动探测报警仪和改进型化学毒剂监测仪。预计 2010—2012 财年开发的联合化学毒剂探测仪（增量 II）的有效探测高度可达 1.5 万英尺（4 572 m），能够探测和报警浓度较低的化学毒剂。因为联合化学毒剂探测仪（增量 II）将采用内部供电，可以直接放置在托盘上，不需要对飞机进行改造。

（4）海军作战部长办公室和海军舰队继续升级水面舰艇上的 CBRN 传感器。计划在新的朱姆沃尔特级导弹驱逐舰内部集成全套化学探测传感器，使该舰成为第一艘外部和内部均安装 CBRN 传感器的舰艇。

（5）第三舰队指挥员是大规模杀伤性武器空中采集系统先进技术演示的作战演示管理者。作为生物空中采集系统先进技术演示的延续，大规模杀伤性武器空中采集系统正在研究在大规模杀伤性武器现场使用搭载 CBRN 探测器的无人机进行战斗损伤评估的可行性。其目标是确定是否由于袭击导致发生 CBRN 危害物释放。

（6）本财年美军 CBRN 侦察装备列编情况如下：AN/VDR-2 型辐射剂量仪陆军编 2 260 台；AN/UDR-13 型袖珍式辐射剂量仪陆军编 2 142 台；AN/PDR-75 型辐射探测指示仪陆军编 549 台；AN/PDR-77 型便携式多探头辐射仪陆军编 68 台；M98 型联合生物点源探测系统海军编 21 台；M31A2 型生物综合探测系统陆军编 77 台；联合化学毒剂探测仪陆军编 49 台；化学毒剂自动探测报警仪陆军编 924 台；改进型化学毒剂监测仪陆军编 1 204 台。

2. 2009 财年

（1）生物防御联合项目部为陆军预备役部队和国民警卫队部署了 35 套联合生物点源探测系统，在 10 艘海军水面舰艇上安装了 10 套联合生物点源探测系统。联合生物点源探测系统为联合互操作性和保障性提供了一种通用探测与识别能力。

（2）联合生物远程探测系统（增量 I）完成了多军种作战试验与评价，系统评价报告指出该系统是有效的、适用的，但有局限性。联合生物远程探测系统提供生物气溶胶云团的远距离探测能力，可用于预警、报告和保护。

（3）联合生物战术探测系统（增量 I）和联合生物远程探测系统（增量 II）成功通过装备研发决策。在成功完成联合需求办公室预案分析后，这两个项目计划于 2010 财年进入里程碑 A。这两种装备将缩短联合军种生物识别能力差距，并使美军具备应对未来不对称威胁的能力，在生物防御方面保持世界领先优势。

（4）联合核生化侦察系统（增量 II）：为响应《联合紧急行动需求声明》，沾染规避联合项目部向美国陆军提供了 14 套用于遂行下车（徒步）CBRN 侦察任务的专用套装。具体来说，这种新能力包括事件或事故危害物质表征、大规模杀伤性武器探测或拒止行动。根据《联合紧急行动需求声明》开发的产品属于联合核生化侦察系统（增量 II）的第一阶段，预计 2010 财年第 2 季度进入里程碑 C。

（5）截至 2009 年 9 月 30 日，沾染规避联合项目部向包括美国陆军预备役部队在内的各军种交付了 7 831 台 M4 型联合化学毒剂探测仪。海军和陆军特种作战部队是第一批接收和使用国防部库存中最先进手持化学毒剂探测仪的部队。联合化学毒剂探测仪通过替代 M8A1 型化学毒剂自动报警仪和 M22 型化学毒剂自动探测报警仪这两种不同的系统，使作战效能达到最大化。

（6）生物防御联合项目部启动了生物探测路线图规划，针对最关键战斗人员能力差距和最有潜力研究成果，调整项目目标和转化节点。生物防御联合项目部将使用路线图与其他政府机构合作开发前沿产品，如生物分析通用鉴别仪，在医学诊断和环境取样领域填补生物探测初级分析存在的能力差距。生物探测的最终确定仍需要验证性分析。

（7）CBRN 传感器综合集成工作组确保把传感器组件集成于新型核生化侦察车的工作处于正轨，并得到协调。该工作组要使每个供应传感器的单位都了解适用于核生化侦察车项目的传感器的成本、进度、性能状态和风险。本计划涉及旅战斗队项目管理办公室、生物防御联合项目部、"信息系统联合项目部"和"集体防护联合项目部"。

（8）化学生物分布式预警策略项目集成了来自无人机系统项目管理部门、国防威胁降低局、埃奇伍德化学生物中心、陆军研究实验室及其他众多生化防御计划内外组织开发的技术，在达格韦靶场进行的两次演示验证中，演示了化学生物污染探测、跟踪和报警能力。通过演示，证明了一体化态势感知对战斗人员的重要性，为下一代化学生物远程探测和预警系统打下了基础。

（9）生物防御联合项目部启动了联合生物点源探测系统二期建设（改进型产品，Build II）的可行性研究和采办计划。联合生物点源探测系统二期建设改进或替代当前联合生物点源探测系统（增量 I）中使用的某些技术。生物防御联合项目部经业务事例分析后支持升级联合生物点源探测系统的探测与识别能力。有一些新技术可能对更多生物战剂提供更好的探测与识别能力，而且使用维护成本更低。

（10）生物防御联合项目部完成了联合生物远程探测系统（增量 II）技术的演示验证。来自行业界和政府部门的三种候选技术在不同的野战环境中演示了技术性能。目前正在对这三种技术进行分析，确定是否能满足未来战斗人员对先进生物远程探测能力的需求。候选技术提供了白天和夜间的远程探测能力，以及用于改进战剂识别和误报率的强大算法。

（11）核生化侦察车虚拟乘员训练器为乘员提供了虚拟战场训练系统。该系统使用陆军博弈系统，并集成了导航和指挥计算机的 21 世纪旅及旅以下部队指挥克隆系统。此外，可创建新的场景，向正在进行的模拟中添加科目，并具有事后评审、回放功能。

核生化侦察车虚拟乘员训练器还有模拟远程武器系统、支持侦察和目标攻击能力。核生化侦察车虚拟乘员训练器已部署部队，正融入联合 CBRN 学校的机构训练基地。该系统也对核生化侦察车乘员进行训练。

（12）沾染规避联合项目部正在对 M256A1 型化学毒剂检测工具包进行工程升级，使低挥发性毒剂检测方法标准化，并增强野战可用性。M256 型化学毒剂检测工具包不是报警装备，它是在战斗人员收到其他可能存在的化学毒剂警报之后使用的装备。新的 M256A2 型化学毒剂检测工具包规范了固相和液相毒剂样品的检测方法，并向下兼容 M256A1 型。M256A2 型化学毒剂检测工具包是模块化的轻型设备，预计 2010 财年第 1 季度开始采办，逐步替代 M256A1 型化学毒剂检测工具包。

（13）本财年美军 CBRN 侦察装备列编情况如下：联合生物点源探测系统陆军编 407 台、海军编 35 台；联合化学毒剂探测仪陆军编 2 274 台、空军编 1 335 台、海军编 1 879 台、海军陆战队编 1 703 台；M22 型化学毒剂自动探测报警仪陆军编 47 台；改进型化学毒剂监测仪陆军编 1 155 台；联合核生化侦察系统（增量 II）陆军编 18 辆；联合水中 CBR 危害物监测仪陆军编 53 台、海军编 100 台。

3. 2010 财年

（1）签署了联合生物点源探测系统的全速生产合同，并启动用于联合生物点源探测系统的第 2 阶段全系统活性毒剂试验（利用新的密封舱室）。

（2）为联合生物点源探测系统老化的系统部件设计了系统更新方法。

（3）为 CBRN 下车侦察器材项目成功实施了装备开发决策，并在 2011 财年初启动了保障里程碑 B 决策的相关活动。

（4）本财年美军 CBRN 侦察装备列编情况如下：M98 型联合生物点源探测系统海军编 9 台；M31A2 型生物综合探测系统陆军编 21 台；联合化学毒剂探测仪陆军编 11 589 台、空军编 4 988 台、海军编 200 台、海军陆战队编 8 643 台；改进型化学毒剂监测仪陆军编 34 台；联合核生化侦察系统（增量 II）陆军编 4 辆；M93A1P2 型"狐式"核生化侦察系统陆军编 13 辆；联合水中 CBR 危害物监测仪陆军编 181 台、海军编 645 台。

4. 2011 财年

（1）批准联合生物战术探测系统进入国防采办系统技术开发阶段，并签署了开发竞争性原理样机系统的合同。

（2）批准 CBRN 下车侦察器材项目进入国防采办系统工程与制造开发阶段。CBRN 下车侦察器材提供识别潜在大规模杀伤性武器及其前体的能力。

（3）成功实施了快速进入生产的决策评审，将联合化学毒剂探测仪的生产从 M4 型转到 M4A1 型，后者具有全新的用户界面，提高了可维护性。

（4）本财年美军 CBRN 侦察装备列编情况如下：M98 型联合生物点源探测系统海军编 9 台；M31A2 型生物综合探测系统陆军编 56 台；联合化学毒剂探测仪陆军编 15 901 台、海军编 312 台；联合核生化侦察系统（增量 II）陆军编 11 辆；"狐式"核生化侦察系统陆军编 6 辆；联合水中 CBR 危害物监测仪陆军编 476 台；

5. 2012 财年

（1）联合计划执行办公室在达格韦靶场制作安装了全系统活性毒剂试验舱室。该舱室将为当前和未来生物探测项目提供重要的生物试验评价能力。

（2）为满足美国陆军中央司令部作战需求，联合计划执行办公室向驻科威特美国陆军化学部队部署了 11 套 CBRN 下车侦察器材，提高了美国陆军中央司令部 CBRN 下车侦察能力和应对大规模杀伤性武器威胁的能力。

（3）斯特瑞克核生化侦察车项目完成了 95 套传感器组件生产，扩大了斯特瑞克核生化侦察车于低速初始生产阶段的采购数量，并开始全速生产 158 套传感器组件。美国陆军化学部队报告称，随着斯特瑞克核生化侦察车的持续部署，部队侦察能力得到了大幅提升。

（4）联合计划执行办公室合同商后勤保障项目为复杂、低密度化学生物防御系统提供现场保障，同时解决操作、技术和老化问题，确保化学生物防御系统任务的可用性超过 97%。

（5）联合计划执行办公室成功评估了 19 种采用不同技术的化学传感器，为支持下一代化学探测仪项目筛选出能感知不同物相（固相、液相、气相）化合物的全谱传感器。

（6）联合计划执行办公室获得了采用改进型就地探测系统（全寿命替换）替代海军现役化学毒剂探测系统的全速生产决策，可靠性更高、维护成本更低。

（7）联合计划执行办公室部署了 56 台 M31A2 型生物综合探测系统，还部署了 13 台 M98 型联合生物点源探测系统，其中 12 台安装在海军舰艇。

（8）本财年美军 CBRN 侦察装备列编情况如下：M98 型联合生物点源探测系统陆军编 1 台、海军编 12 台；M31A2 型生物综合探测系统陆军编 56 台；M4 型联合化学毒剂探测仪陆军编 4 895 台、海军编 737 台；M4A1 型联合化学毒剂探测仪陆军编 6 056 台；斯特瑞克核生化侦察车陆军编 10 辆；联合核生化侦察系统（增量 II）陆军编 15 辆；M93A1 型"狐式"核生化侦察系统陆军编 6 辆；M329 型联合水中 CBR 危害物监测仪陆军编 211 台。

6. 2013 财年

（1）联合计划执行办公室在达格韦靶场成功安装了全系统活性毒剂试验舱室，并启动了该舱室的验证活动，为试验团队进行生物战剂就地探测系统试验的设计与建造提供了生物安全等级为 3 的生物战剂气溶胶密闭舱室。

（2）批准 CBRN 下车侦察器材项目进入低速初始生产。为支持 2014 年 3 月进行的全速生产决策审查，2013 年 9 月进行了多军种作战试验，以确定 CBRN 下车侦察器材的作战效能、适用性和生存能力。

（3）联合计划执行办公室为位于华盛顿州的美国陆军预备役化学部队部署了最后 21 台 M31A2 型生物综合探测系统，并继续为美国陆军和国民警卫队部署 M4A1 型联合化学毒剂探测仪。

（4）联合计划执行办公室成功地在美国海岸警卫队国家安全级舰艇上安装了第一套改进型就地探测系统（全寿命替换）。美国海军部署的 30 套改进型就地探测系统（全寿命替换）已于 2013 年 5 月具备初始作战能力。

（5）本财年美军 CBRN 侦察装备列编情况如下：M98 型联合生物点源探测系统海军编 8 台；M31A2 型生物综合探测系统陆军编 21 台；M4A1 型联合化学毒剂探测仪陆

军编 6 039 台；斯特瑞克核生化侦察车陆军编 5 辆；M93A1 型"狐式"核生化侦察系统陆军编 6 辆。

7. 2014 财年

（1）生化防御计划继续为美国陆军和国民警卫队部署 M4A1 型联合化学毒剂探测仪。M4A1 型和 M4 型联合化学毒剂探测仪为全军提供低成本、便携式的化学毒剂探测能力。

（2）生化防御计划完成了联合生物点源探测系统生产。联合生物点源探测系统于 2001 年开始低速初始生产，并于 2003 年作为生物综合探测系统的组成部分首次部署。陆军、陆军预备役、国民警卫队和海军共采购了 990 台联合生物点源探测系统。该项目计划于 2015 年 9 月过渡到装备维持阶段。

（3）在 2013 财年进行的多军种作战试验验证了 CBRN 下车侦察器材的作战效能、适用性和生存能力后，联合计划执行办公室批准 CBRN 下车侦察器材项目进入全速生产阶段。CBRN 下车侦察器材由商用产品和政府现货设备组成，用于对包括有害工业化学品在内的 CBRN 危害实施探测、推定识别、样品收集、标记、人员防护、洗消和即时报告。

（4）联合计划执行办公室完成了斯特瑞克核生化侦察车（传感器组件）的全速生产。传感器组件为装甲旅战斗队、斯特瑞克旅战斗队和陆军化学部队提供 CBRN 侦察能力。

（5）本财年美军 CBRN 侦察装备列编情况如下：CBRN 下车侦察器材编 11 套；M4A1 型联合化学毒剂探测仪编 3 765 台；M98 型联合生物点源探测系统编 6 台；斯特瑞克核生化侦察车编 10 辆。

8. 2015 财年

（1）美国陆军 CBRN 下车侦察器材项目已具备初始作战能力。CBRN 下车侦察器材由一系列遂行特定任务的装备组成，具有全谱 CBRN 下车侦察能力。该系列装备能探测和识别化学毒剂、生物战剂和可燃气体。CBRN 下车侦察器材项目还配备了个人防护装具、洗消装备，以及对 CBRN 威胁进行标记、采样和报告的装备。

（2）在美国陆军达格韦靶场西部沙漠试验中心，建成了全系统活性毒剂试验舱室，并通过了验证。全系统活性毒剂试验舱室可对气载生物战剂进行报警探测器试验。全系统活性毒剂试验舱室为化学生物传感器有限的野外试验提供了可控试验环境。

（3）联合生物战术探测系统项目进入里程碑 B，获准进入国防采办系统工程与制造研发阶段。随后，签署了工程与制造研发阶段研发合同，并进行了初步设计审查。联合生物战术探测系统的目标是，交付改进型就地探测与识别能力，为前线作战部队提供确定是否遭受生物战剂攻击的手段。

（4）本财年美军 CBRN 侦察装备列编情况如下：CBRN 下车侦察器材编 52 套；M4A1 型联合化学毒剂探测仪编 635 台；M98 型联合生物点源探测系统编 8 台。

9. 2016 财年

（1）生化防御计划继续为美国陆军和国民警卫队部署 M4A1 型联合化学毒剂探测仪，共部署了 527 台。M4A1 型和 M4 型联合化学毒剂探测仪为全军提供低成本、便携式的化学毒剂探测能力。

（2）生化防御计划继续为联合部队部署 CBRN 下车侦察器材。自 2014 财年开始部署以来，联合计划执行办公室共部署了 124 套 CBRN 下车侦察器材；其中，陆军部署了 74 套、海军部署了 11 套、海军陆战队部署了 8 套、国民警卫队大规模杀伤性武器民事救援队部署了 31 套，为陆军、海军、海军陆战队和国民警卫队提供了初始作战能力。CBRN 下车侦察器材的部署解决了战斗人员的关键能力短板，增强了联合部队响应 CBRN 事件的能力。

（3）联合计划执行办公室正在与陆军机器人项目经理部合作，把 CBRN 传感器集成于陆军军用作战机器人（TALON-IV）项目。为国民警卫队大规模杀伤性武器民事救援队提供远程探测 CBRN 的能力。从战区返回的现役军用作战机器人系统正由陆军机器人项目管理部进行翻新，确保 2017 财年为大规模杀伤性武器民事救援队部署翻新后的军用作战机器人。

（4）本财年美军 CBRN 侦察装备列编情况如下：CBRN 下车侦察器材编 16 套；M4A1 型联合化学毒剂探测仪编 527 台；M98 型联合生物点源探测系统编 2 台；斯特瑞克核生化侦察车编 8 辆。

2.3 核辐射探测装备

2.3.1 联合个人剂量计

联合个人剂量计属于 III 类采办项目，遂行机动支援与防护作战功能，里程碑决策者是项目主管官员。该剂量计能记录和检索作战人员从职业照射水平至战术行动水平所受辐照剂量。采办策略是采用海军战场剂量计，目的是利用其从有关作战行动中得到的互操作经验。旨在替代海军 IM-270 型电子个人剂量计和陆军 AN/PDR-75 型辐射探测指示仪。图 2-1 所示为联合个人剂量计。

联合个人剂量计的技术规范如下：

（1）质量：含电池 2 盎司（约 56.7 g）；

（2）供电：芯片锂电池，商用型号 CR2450N 和 CR1216MFR；

（3）采用精确可靠的直接离子储存技术；

（4）两用装置（主动式和被动式）；

（5）自读出功能（供有效决策）；

（6）无须手动操作；

（7）可编程显示；

图 2-1　联合个人剂量计

（8）可设置运行参数，包括剂量报警阈值；

（9）可戴在手腕上、夹在军服上或挂在颈部；

（10）可现场更换电池。

2016 财年中期，联合个人剂量计处于里程碑 C；2017 财年第 1 季度，进行了产品质量试验；2018 财年第 1 季度，进行了生产资格试验；2018 财年第 4 季度，进行全速生产决策。预计于 2019 财年第 4 季度，开展后续作战试验评价；2020 财年第 4 季度，形成初始作战能力。联合个人剂量计不向外军出售。

2.3.2 便携式辐射探测系统

便携式辐射探测系统将提供增强的核辐射探测、定位、推断性识别和现场确定性识别的能力，通过联网实现战术层面的态势感知；支持大规模杀伤性武器的拦截和消除行动，特别适用于核辐射敏感场所的评估和敏感场所的开发利用。未来，还能支持反大规模杀伤性武器作战全范围的侦察和监测，为核与辐射拦截及消除大规模杀伤性武器等作战行动提供支持，包括定位、保护、表征和禁用大规模杀伤性武器计划及相关能力。

采用手持式传感器，包括手柄和锗探测器端盖在内，体积为 15.5" × 6.25" × 8.25"（39.5 cm × 16 cm × 21 cm）；质量为 15.4 磅（6.98 kg，仅含 γ 探测器）或 16.8 磅（7.62 kg，同时含 γ 和中子探测器）；内置 2 块可充电锂离子电池，每块电池的标称功率均为 98 Wh，当高纯锗探测器处于制冷时，在环境温度 25℃下电池的续航时间超过 8 h，充电时间小于 4 h，内置电池易于更换；使用可选的外接电池组可能会无限期延长电池寿命。外接军用电池（型号 2590）的质量小于 3.25 磅（约 1.47 kg），使用寿命超过 16 h；12～17 V 电池或直流电源输入电源；工作温度为−20～50℃，相对湿度为 95%（无冷凝）；IP65 级密封，防止灰尘和水进入，所有空隙均采用橡胶塞密封（连接器、存储卡等）；采用 IEEE 802.11a/b/g/e/i/h/j 接口标准和 IEEE 802.11n 无线和蓝牙。图 2-2 所示为便携式辐射探测系统。

2017 财年第 4 季度签署了能力生产文件；2018 财年，便携式辐射探测系统处于生产部署阶段；2018 财年第 3 季度，被批准进入里程碑 C。预计于 2019 财年第 2 季度交付试验产品；2020 财年第 4 季度开始全速生产。

图 2-2 便携式辐射探测系统

2.3.3 放射性探测系统

放射性探测系统属于 III 类采办项目，遂行机动支援与防护作战功能，其里程碑决策者是项目主管官员。该系统将为作战人员提供测量 α、β、γ、中子和低能 X 射线的能力，提高了测量能力，降低了寿命周期成本，并吸取了有关作战行动中的作战经验教训，解决了装备通用性和互操作性问题，具有足够的灵敏度。与现役核辐射探测、射线指示和剂量测量装备相比，该系统还具有网络接入、接收 GPS 数据能力，可使用专用计量单位，也可采用国际标准计量单位。旨在替代国防部现役核辐射探测、射线指示和剂量测量装备（包括 AN/PDR-77 型便携式多探头辐射仪、AN/PDQ-1 型多功能辐射探测套装和 ADM-300 型多功能巡测仪）。

放射性探测系统的功能远超 AN/PDR-77 型便携式多探头辐射仪，比 AN/PDR-77

型增加了 3 个探测器，即扁平型 β 探测器、高灵敏 γ 探测器和中子探测器。由于采用了温度补偿，因此比 AN/PDR-77 型测量更精确。此外，AN/PDR-77 型是一个独立的系统，没有无线通信接口或 GPS 接口，也没有数据记录功能。因此，AN/PDR-77 型的使用者必须手动记下所有内容，然后通过语音传输。而放射性探测系统则可通过无线通信和军用 GPS 接口进行联网。图 2-3 所示为放射性探测系统。

放射性探测系统的基本需求满足 2015 年 1 月发布的《能力开发文件》，性能规格于 2017 年 3 月 16 日完成了第 3 次修订。2016—2018 财年，放射性探测系统（增量 I）完成全速生产决策（仅限陆军），其中，2016 财年第 4 季度签署合同，

图 2-3　放射性探测系统

2017 财年第 4 季度完成关键设计审查，2018 财年第 1 季度完成试验产品交付，2019 财年第 1 季度开始放射性探测系统（增量 I）的全速生产（仅限陆军）。放射性探测系统不向外军出售。

2.3.4　AN/VDR–2 型辐射剂量仪

AN/VDR-2 型辐射剂量仪实施放射性落下灰和放射性核素的辐射水平的测量。

AN/VDR-2 型辐射剂量仪由 IM-243 辐射剂量计、DT-616 探头等组成，主要用于地面核辐射巡测和人员、装备、物资等在去污前后的放射性水平测量。实施地面辐射巡测时，既可安装在车上实施快速辐射巡测，也可实施手持式徒步辐射巡测。

AN/VDR-2 型辐射剂量仪具有以下主要性能：

（1）可方便地安装在各种军用车辆上，且与装甲车辆的核生化防护系统兼容，同时可与车载供电系统和通信系统连接；

（2）具有声、光报警功能，用户可设置剂量率和累积剂量报警阈值；

（3）内置自检功能；

（4）采用非破坏性存储器，断电后仍然保留剂量数据；

（5）采用 3 节 9 V 电池供电；

（6）可测量 γ 射线和 β 射线；

（7）γ 射线剂量率测量范围：0.01 μGy/h～100 Gy/h；

（8）β 辐射剂量率测量范围：0.01 μGy/h～5 cGy/h。

图 2-4 所示为 AN/VDR-2 型辐射剂量仪。

AN/VDR-2 型辐射剂量仪主要编配于美国陆军、海军陆战队、海军海豹突击队、预备役部队、国民警卫队、特种作战司令部和大规模杀伤性武器民事救援队。已列装的"狐式"核

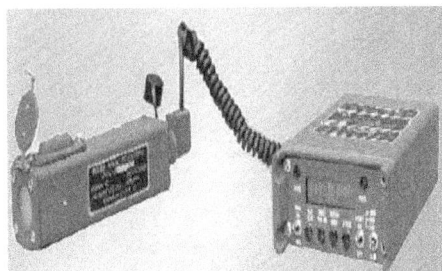

图 2-4　AN/VDR-2 型辐射剂量仪

生化侦察系统和斯特瑞克核生化侦察车均上装了 AN/VDR-2 型辐射剂量仪，替代 IM-174 型辐射剂量仪和 AN/PDR-27 型辐射剂量计。

2.3.5 AN/UDR−13 型袖珍式辐射剂量仪

AN/UDR-13 型袖珍式辐射剂量仪探测与测量核爆炸早期的核辐射 γ 与中子剂量与剩余核辐射（放射性落下灰）γ 剂量（率），测量和显示战场环境中的 γ 剂量率和 γ 与中子累积剂量。与 IM-93 型石英纤维剂量计（带 PP-1578 型剂量仪充电器）相比，AN/UDR-13 型袖珍式辐射剂量仪实现了核爆炸瞬时 γ 与中子剂量的测量。既可单兵使用，也可车载或直升机载使用（探头置于车外或机外）。图 2-5 所示为 AN/UDR-13 型袖珍式辐射剂量仪。

该剂量仪具有以下主要特点：

（1）核爆炸早期 γ 与中子剂量的测量、剩余 γ 剂量/剂量率的测量；

（2）操作简便；

（3）小型、轻便、可靠；

（4）抗电磁干扰；

（5）预置声光报警；

（6）可与 PC 通信。

该剂量仪具有以下主要性能：

图 2-5　AN/UDR-13 型袖珍式辐射剂量仪

（1）核爆炸早期核辐射中子：PIN 二极管，中子注量可达 10^{18} n/（$cm^2 \cdot s^{-1}$），能量范围从热中子至 14 MeV；

（2）核爆炸早期核辐射 γ：PMOS-FET 管，γ 剂量率可达 10^8 cGy/s，80 keV～3 MeV 范围内能量响应优于± 20%；

（3）核爆炸剩余核辐射 γ：G-M 管，剂量率范围 0.001～999 cGy/h，累积剂量范围 0.001～999 cGy；

（4）启动时间：≤1 min；

（5）报警：白天"声"，夜间"光"，可在整个动态范围内预置阈值；

（6）供电：4 节 AAA1.5 V 电池，连续工作时间 150 h，"睡眠"模式可达 1 500 h；

（7）电路防护：核电磁脉冲加固；

（8）电磁兼容：不受影响，也不会对别的设备产生影响；

（9）操作灵活性：穿戴面向任务的防护态势防护服时可方便操作；

（10）质量：270 g；

（11）尺寸：100 mm× 66 mm× 28 mm，172 cm^3；

（12）显示：液晶，白天可在 90 cm 处读数，背后照明适于夜间使用，每 2 s 刷新一次；

（13）通信：提供 IR 通信；

（14）MTBF：≥2 000 h；

（15）MTTR：≤15 min。

该剂量仪由核爆炸早期核辐射中子探测器、核爆炸早期核辐射 γ 辐射探测器、核爆炸剩余核辐射 γ 辐射探测器、LCD 显示器、IR 通信口等组成，主要编配于美国陆军、海军陆战队、海军海豹突击队和大规模杀伤性武器民事救援队，替代 IM-93 型石英纤维剂量计（带 PP-1578 型剂量仪充电器）。

2.3.6 AN/PDR–75 型辐射探测指示仪

AN/PDR-75 型辐射探测指示仪实施核爆炸早期核辐射与剩余核辐射的测量，测量并记录单兵遭受核爆炸早期核辐射中子、γ 辐射和剩余核辐射 γ 辐射的照射情况，给出其所受的累积剂量。该指示仪能计算出部（分）队受辐射照射情况，从而为医学处理和部队重建提供依据。

该指示仪由 CP-696 读出器和携行箱组成。DT-236 型腕带式个人剂量计的信息由 CP-696 读出器读出，但 DT-236 型腕带式个人剂量计不是 AN/PDR-75 型辐射探测指示仪的组成部分。图 2-6 所示为 AN/PDR-75 型辐射探测指示仪。

图 2-6 AN/PDR-75 型辐射探测指示仪

该指示仪具有以下主要性能：

（1）测量对象：核爆炸早期核辐射中子、γ 辐射和剩余核辐射 γ 辐射；

（2）最大剂量：999 cGy；

（3）供电：由 1 节 BA-5590 型锂电池供电，也可由车载电源或外接电源供电。

该指示仪主要编配于美国陆军、海军陆战队，每个连或相当于连级单位都编配 1 台。

2.3.7 AN/PDR–77 型便携式多探头辐射仪

AN/PDR-77 型便携式多探头辐射仪对核武器事故等实施辐射探测，由 α 探头、β 探头、γ 探头、X 探头、背带和储存箱等组成。图 2-7 所示为 AN/PDR-77 型便携式多探头辐射仪。

该辐射仪的主要应用场合包括：

（1）核武器事故应急响应；

（2）放射性材料环境水平级测量；

（3）化学探测器储存场所放射性监测。

便携式多探头辐射仪具有以下主要性能：

图 2-7 AN/PDR-77 型便携式多探头辐射仪

（1）可探测和测量 α、β、γ 和 X 射线；

（2）可测量环境级辐射；

（3）计数率范围：1～999 000 cpm；

（4）可设置声、光报警阈值；

（5）自动量程调整和探头识别；

（6）采用数字式 LCD 显示。

该辐射仪主要编配于美国陆军、大规模杀伤性武器民事救援队、海军陆战队化学生物事件响应力量，替代 AN/PDR-56F 型辐射探测仪和 AN/PDR-60 型辐射仪，因为后面这两种仪器对 α 粒子探测不够灵敏，且技术落后，维护困难。

2.3.8　DT–236 型腕带式个人剂量计

DT-236 型腕带式个人剂量计由测量中子的二极管和测量 γ 射线的含磷玻璃探测器组成。测量对象是核爆炸早期核辐射和剩余核辐射，测量核爆炸早期核辐射中子与 γ 辐射的剂量，以及剩余核辐射 γ 辐射剂量，其记录的信息反映了部（分）队受辐射照射的平均值，用于计算部（分）队辐照状态，并为医学处理和部队重建提供依据。测量结果由 AN/PDR-75 型辐射探测指示仪中的 CP-696 读出器读出。图 2-8 所示为 DT-236 型腕带式个人剂量计。

图 2-8　DT-236 型腕带式个人剂量计

该腕带式个人剂量计具有以下主要性能：

（1）用于永久记录士兵受辐射照射的量值；

（2）最大可记录累积剂量达 1 999 cGy；

（3）读出记录的信息是非破坏性的；

（4）是美军用于测量核爆炸早期核辐射中子、γ 辐射剂量和剩余核辐射 γ 辐射剂量的唯一个人剂量计；

（5）是陆军和海军陆战队唯一使用的个人剂量计；

（6）由于采用腕带式，不会影响士兵作战行动。

该剂量计主要编配于美国陆军、海军陆战队。在战斗部队、战斗支援部队和战斗勤务支援部队，每人都配发一支剂量计。

2.4　生物侦检装备

2.4.1　联合生物点源探测系统

联合生物点源探测系统能全自动快速探测、识别、报警和采样（样品隔离）高危生物战剂，为作战人员提供保护。该系统是美军第一代全自动生物战剂探测系统，满足美军各军种在各种作战样式下的广谱作战需求。该系统能自动探测极低水平的气载生物战剂，控制就地与远程报警系统，通过标准通信网络传输威胁信息。图 2-9 所示为基本生物组件，图 2-10 所示为便携式生物组件。

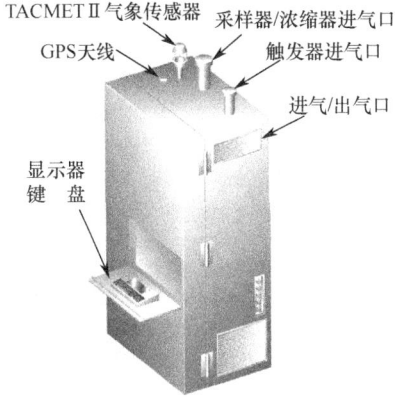

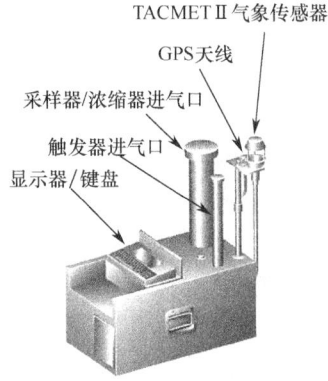

图 2-9　基本生物组件　　　　图 2-10　便携式生物组件

该系统采用激光诱导荧光技术，触发器、探测器连续不断地对大气背景中潜在的生物战剂进行测量，当系统探测到可疑物时，采样器、浓缩器就开始样品采集，每分钟采集数百升空气。采集的样品采用带有自动读出装置的免疫检定（类似于孕检条）进行生物战剂检定。如果分析检定表明出现生物战剂信号，就发出报警声响，一部分样品用于实验室金标分析检定。

联合生物点源探测系统具有以下主要性能：

（1）连续探测与识别 10 种生物战剂，识别时间不大于 15 min；

（2）漏警率小于 0.1%，误警率小于 2%；

（3）平均作业时间大于 144 h，作战可用性大于 90%；

（4）采集样品隔离；

（5）远程和就地监控；

（6）振动：满足 MIL-STD-810E 相关要求；

（7）电磁兼容：满足 MIL-STD-461/462 相关要求；

（8）淋雨：满足 MIL-STD-810 相关要求；

（9）工作温度：$-28\sim50$℃，储存温度：$-40\sim70$℃。

通用生物探测组件可集成于各军种指定平台，包括舰船、拖挂车等，为各军种提供生物战剂的探测与识别能力。图 2-11 所示为联合生物点源探测系统的应用场景。

通过操作系统前面板上的控制器，该系统可接入网络，进行远程操控。该系统完全满足其搭载平台的环境、振动、冲击要求，以及可靠性、可用性和可维修性要求。该系统由生物组件、军用或民用全球定位系统（GPS）、气象测量系统和网络接入装置等组成。其中，生物组件包括触发器、采样器、流体传输系统、探测器与识别器。该系统可与 JWARN 连接。该系统采用标准化生物组件，便于维修；采用模块化设计，可方便地集成于各军种指定的平台。图 2-12 所示为联合生物点源探测系统的生物组件。

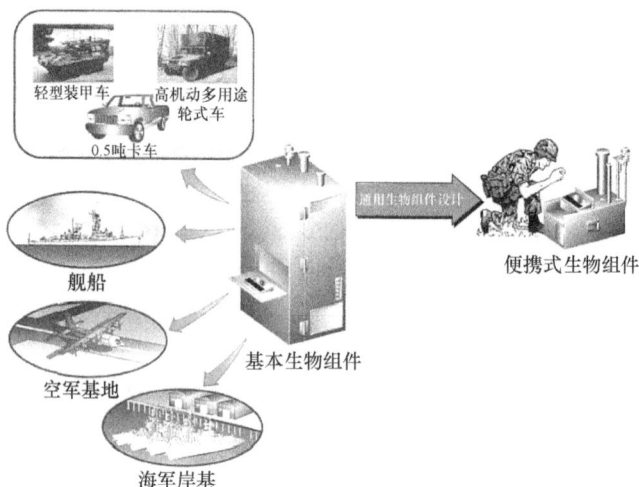

图 2-11　联合生物点源探测系统的应用场景

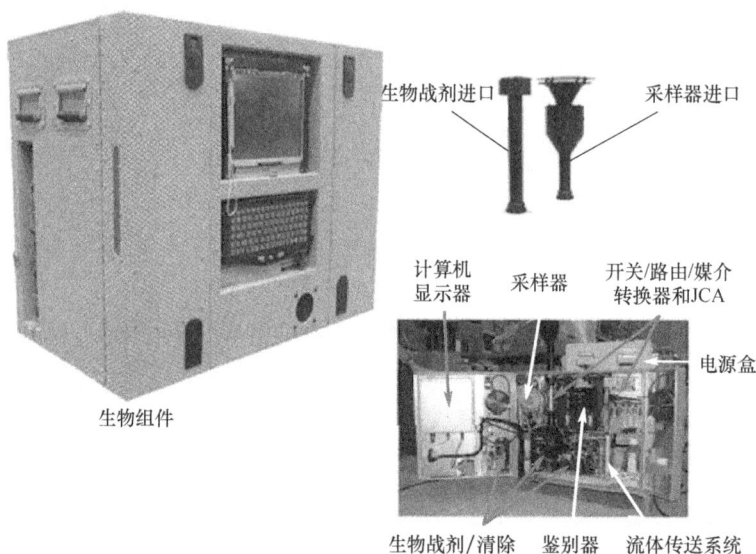

图 2-12　联合生物点源探测系统的生物组件

联合生物点源探测系统编配于美国陆军、海军、空军、海军陆战队、国民警卫队，也用于国土防御。2003 年开始正式部署部队。在此之前的 2001 年，首都华盛顿地区部署了 8 台 M103 型（拖挂式），构成称为国土防御拖挂车的生物探测网络。

2003 年 6 月，M97 型（掩蔽式）开始在陆军各化学连部署。海军也在水面舰船上安装运行 M98 型（舰载式）。至 2006 年底，各军种部署的联合生物点源探测系统超过 200 台。为支持联合军种固定设施防护计划，在美国本土 5 个关键固定场所部署了共 5 台 M97 型（掩蔽式）。在"自由伊拉克"作战行动中，也在关键位置部署了联合生物点源探测系统。

联合生物点源探测系统有 4 种改型，分别是 M96 型（便携式）、M97 型（掩蔽式）、M98 型（舰载式）和 M103 型（拖挂式）。

联合生物点源探测系统替代陆军部署的联合"门盾"生物探测系统、生物综合探测系统和海军部署的过渡型生物战剂探测系统。

图 2-13 所示为联合生物点源探测系统的 4 种改型。

图 2-13　联合生物点源探测系统的 4 种改型
（a）便携式；（b）掩蔽式；（c）拖挂式；（d）舰载式。

2.4.2　联合生物远程探测系统

联合生物远程探测系统用于远距离探测与报警生物战剂气溶胶云团，保障指挥员实施沾染规避决策，是美军首款能对生物袭击或生物危害事件实施近实时、远距离探测报警的系统。可用于固定场所（如港口、机场、后勤中心、部队集结区、指挥控制节点等）或安装在核生化侦察平台（如斯特瑞克核生化侦察车）等多种平台上。对大范围生物战剂气溶胶云团实现远距离探测、测距、跟踪、甄别（人工气溶胶或天然气溶胶）和属性探测（生物或非生物），从而对生物袭击提供先期报警、报告与防护。扩大了现役生物探测系统的性能，有效限制了生物危害对战术战役级部队的影响。具有灵活的报警性能，在探测即报警过程中，既能自动报警，也可人工干预实现报警。可通过通信网络传递探测与报警信息，指挥员把该探测系统的输出信息与情报信息、气象信息、海洋信息、雷达信息、医学监视信息、区域作战信息和来自其他资源的信息进行综合处理，增强了部队防护能力，减轻了生物危害后果，提高了部队作战效能。

联合生物远程探测系统具有以下主要性能：

（1）近实时、远距离探测生物战剂气溶胶云团；

（2）为指挥员提供早期报警，保障指挥员及时决策；

（3）探测与跟踪最远至 5 km 处的气溶胶云团；

（4）甄别 1 km 处气溶胶云团中的生物粒子与非生物粒子；

（5）"增量Ⅰ"实现了 120°扫描，能在夜间作业；

（6）"增量Ⅱ"实现了 360°扫描，能白天黑夜 24 h 作业；

（7）可安装在固定场所作业，或安装在机动平台上以静止模式作业；

（8）在操作时，操作者的皮肤与眼睛不会受到伤害。

联合生物远程探测系统分为两个"增量"进行研发。"增量Ⅰ"是为了满足《参谋长联席会议紧迫性声明》的要求而研发的，部署于陆军与空军。2003 财年，"增量Ⅰ"完成了"生产资质试验"和里程碑 B。2004 财年完成了里程碑 C。2007 财年完成了多军种作战试验与鉴定，2007 财年第 4 季度完成了首支部队列装。2011 财年完成了"增量Ⅱ"里程碑 B，与"增量Ⅰ"相比，"增量Ⅱ"提高了灵敏度、探测距离和可靠性，降低了质量，减小了体积，降低了对供电的要求。图 2-14 所示为"增量Ⅰ"的外观，图 2-15 所示为"增量Ⅱ"的扫描头。

图 2-14 "增量Ⅰ"的外观　　　　图 2-15 "增量Ⅱ"的扫描头

图 2-16 所示为联合生物远程探测系统遂行远距离生物探测、报警与报告。

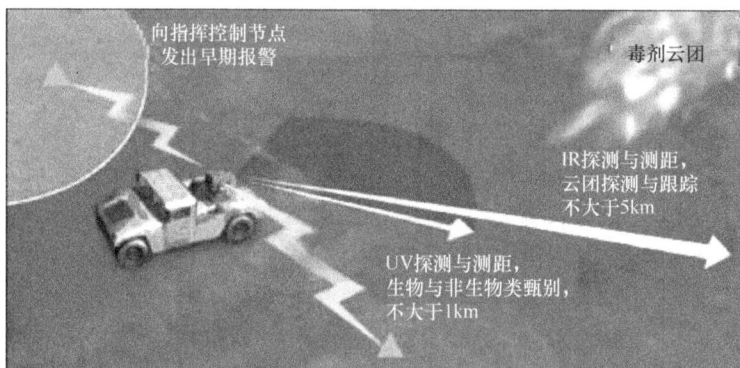

图 2-16 联合生物远程探测系统遂行远距离生物探测、报警与报告

"增量Ⅰ"编配于陆军、空军；"增量Ⅱ"编配于陆军、海军、空军和海军陆战队。

2.4.3 联合生物战术探测系统

联合生物战术探测系统遂行战术级生物战剂探测、报警与识别，采集样品供后续精确分析。该系统是一款轻型生物战剂探测系统，能探测、报警、推断性识别生物战剂，能采集生物战剂样品供后续精确分析。既可单独就地使用；也可由多个构成网络使用，降低误警率。单兵携行使用时采用电池供电。可由海军航空兵联队、陆军营和海军潜艇中队和更低级别分队的非 CBRN 人员在多种作战场所的战术环境中使用（如前方作战基地、两栖登陆场所、空军基地作战等），遂行近实时生物战剂探测，通知处于危害环境中的作战人员。该系统增强了医学响应决策支持，从而提升了部队防护能力，提高了部队作战效能。当该系统构成探测网络时，能够对战场实施无缝生物战剂的探测与报警。图 2-17 所示为联合生物战术探测系统的生物探测组件。

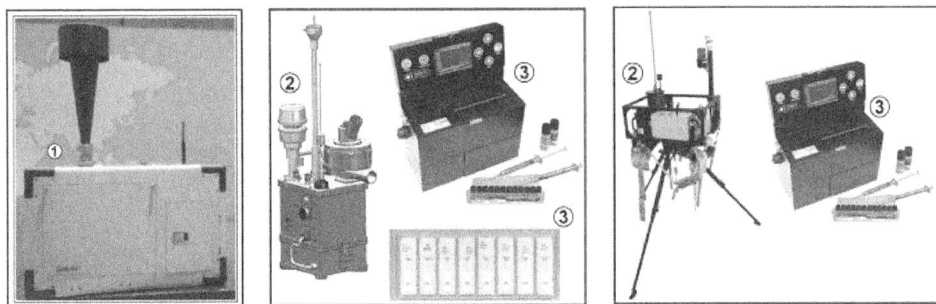

图 2-17　联合生物战术探测系统的生物探测组件

①—一体化探测器、采样器和识别器；②—一体化探测器与采样器；③—识别器。

图 2-18 所示为联合生物战术探测系统（增量 I）的设计概念图。

该系统具有以下主要性能：

（1）是一款便携式生物探测系统；

（2）由电池供电；

（3）由检测器（生物战剂威胁云团出现时发出报警）、采样器（采集空气样品）、识别器（对样品进行分析）组成；

（4）海军陆战队采用采样器和识别器，不用检测器；

（5）陆军、海军和空军采用检测器与采样器阵列，布设在作战区域，使发现生物战剂云团的概率最大；

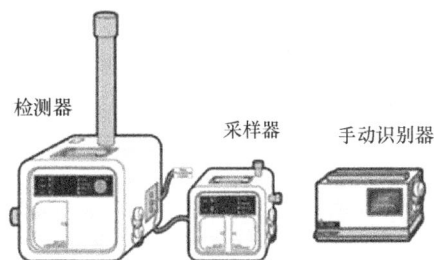

图 2-18　联合生物战术探测系统（增量 I）的设计概念图

（6）检测器具有就地报警和网络报警功能，其报警信息可连接至作战指挥中心；

（7）当系统构成探测网络时，增大了现役生物探测系统如联合生物点源探测系统的探测能力。

图 2-19 所示为联合生物战术探测系统的基本模块。

该系统于 2015 财年第 1 季度完成里程碑 B 决策，第 3 季度进行了初始设计审查；2016 财年第 2 季度进行了关键设计审查，2016 财年第 2 季度～2017 财年第 4 季度进行了研发试验和工程与制造开发，2017 财年第 4 季度进行了里程碑 B 作战评估；2018 财年第 1 季度完成了里程碑 C 决策。预计于 2020 财年第 1 季度进行里程碑 C 作战评估。

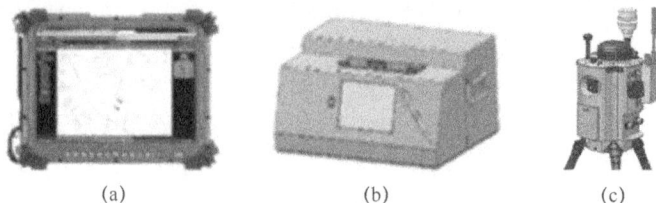

图 2-19　联合生物战术探测系统的基本模块

(a) 基站；(b) 识别器；(c) 检测器与采样器。

该系统编配于海军陆战队、陆军、海军、空军和特种作战司令部，不向外军出售。

2.4.4　生物综合探测系统

生物综合探测系统对大范围（战区级）生物袭击遂行早期报警与识别。该系统的研发计划分为 3 个阶段，第 1 阶段是非研制项目，即 M31 型生物综合探测系统，是为了满足军事急需而开发的一款过渡产品，于 2006 年退役。第 2 阶段是预先计划的产品改进，即 M31A1 型生物综合探测系统，该型装备于 2011 年 7 月退役。第 3 阶段是安装联合生物点源探测系统的陆军平台，被称为 M31A2 型生物综合探测系统（即联合生物点源探测系统），计划服役至 2025 年。图 2-20 所示为 M31 型生物综合探测系统。

M31A1 型的生物探测组件包括大流量采样器、紫外荧光粒子分离器/计数器、流量计数器、化学生物质谱仪、基于抗体的识别器。生物探测组件安放在 S-788 型轻型多用途屏蔽箱内，该屏蔽箱可安装在固定场所使用，也可固定安装在 M1097 型高机动多用途轮式车上。由现货商品集成而成，是一种手动生物探测系统，能够在 45 min 内同时探测与推断性识别 4 种生物战剂。

M31A1 型采用了互补技术的生物探测技术，用于探测大范围生物袭击。其他组件包括集体防护设备、环境控制设备、采样储存设备、GPS 定位导航设备、气象设备、无线通信设备和 PU-801 型发电机等，是一种半自动生物探测系统，能够在 30 min 内同时探测与推断性识别 8 种生物战剂。图 2-21 所示为 M31A1 型生物综合探测系统。

图 2-20　M31 型生物综合探测系统

图 2-21　M31A1 型生物综合探测系统

M31A2 型实际上是联合生物点源探测系统的 Block I。编配于陆军化学连、陆军训练连、陆军化学兵学校。1996 财年，38 台 M31 型部署于陆军预备役第 310 化学连；3 台 M31 型部署于陆军预备役第 100 训练连。1999 年 10 月，驻扎在路易斯安那州 Ft. Polk 的陆军第 7 化学连完成了 38 台 M31A1 型的部署。2002 财年，在陆军化学兵学校部署了 7 台 M31A1 型。2003 财年第 4 季度，驻扎在得克萨斯州 Ft. Hood 的陆军第 13 化学连开始部署 M31A1 型，并于 2004 财年第 3 季度完成部署。2003 年 6 月至 2003 年 11 月，第 375 化学连部署了 35 台 M31A2 型。自 2006 年始，在各化学连已部署 150 台以上 M31A2 型。至 2006 年 10 月，有 5 支化学连部署了 M31A2 型。

2.4.5 联合"门盾"生物探测系统

联合"门盾"生物探测系统用于探测并推断性识别固定场所生物战剂，是一种专门用于固定场所的自动生物探测与识别系统。该系统安装在满足国际标准化组织要求的箱体内，箱体配有不间断电源和空调系统。传感器组件自动探测、采样、识别生物战剂，并把探测信息上报中央指挥控制站。该系统采用创新性的传感器网络技术，既增加了探测生物战剂的概率，又降低了误警率，也减少了耗材的使用。由数量可变的生物传感器组成网络，这些生物传感器均由中央指挥控制站的计算机进行控制。中央指挥控制站的计算机可与每只传感器进行通信，并监控传感器的工作。图 2-22 所示为联合"门盾"生物探测系统。

2003—2004 财年，该系统被纳入联合军种固定设施防护计划。2003 财年，该系统采用联合生物点源探测系统的采样器、生物气溶胶报警传感器紫外触发器和新的识别器进行了升级，并完成了独立研发与作战试验。联合计划执行办公室

图 2-22　联合"门盾"生物探测系统

对该系统实施全寿命管理。2003 财年，系统所用耗材交付伊利诺伊州罗克岛陆军兵工厂。性能的不断升级使该系统具有类似于联合生物点源探测系统的性能。该系统具有以下主要性能：

（1）传感器采用模块化设计，便于维修；

（2）能够在 25 min 内同时探测与推断性识别 10 种生物战剂；

（3）具有化学和核辐射传感器接口，可接入 M22 型化学毒剂自动探测报警仪和 AN/VDR-2 型辐射剂量仪，从而使联合"门盾"生物探测系统成为综合型 CBRN 探测网络。

该系统编配于美国陆军、海军、空军。最初在东北亚 10 个固定场所和中东 12 个固定场所部署了联合"门盾"生物探测系统。2003 年 6 月，中央司令部空军对已部署联合"门盾"生物探测系统的 22 个场所进行了整合，关闭 4 个，保留 18 个。

2.4.6 干式过滤装置

干式过滤装置用于收集周围环境空气中的生物粒子，用于随后的分析，确定是否存在生物战剂，增强部队作战的生存能力。干式过滤装置有两种型号，分别为 DFU-1000

和 DFU-2000。这两种型号均用于收集周围环境空气中的生物粒子，收集的样品用手持式免疫层析监测条、聚合酶链式反应或其他微生物检定技术进行分析。图 2-23 所示为 DFU-1000 型干式过滤装置。

DFU-1000 由单兵携带，装在防风防雨箱中，由直流或交流供电。DFU-2000 由 DFU-1000 采样器、鼓风机和包装箱组成，过滤器前端有空气进气口，外部有防护屏蔽箱，有一个伸缩杆（最长可达 2.74 m），预分离器阻止大粒子（粒径 100～150 μm）、雨水和昆虫进入。

图 2-23　DFU-1000 型干式过滤装置

两型装置均可连续工作 40 000 h 以上，基本上不用进行训练就能操作使用，且保障维护要求很低。干式过滤装置具有以下主要性能：

（1）用 1 μm 过滤器采集空气样品；

（2）采用手持式分析检定仪分析样品时，能同时识别 10 种生物战剂。

该装置编配于陆军、海军、空军和海军陆战队。

2.4.7　其他生物侦检装备

过渡型生物战剂探测系统是舰载型生物战剂探测系统，由粒子分离器/计数器、粒子采集器和手持式免疫层析监测条组成，对疑似生物气溶胶粒子进行推断性识别。能在 15 min 内探测出本底水平的变化，并用手持式免疫层析监测条在 30 min 内识别出生物战剂。是美国海军在 1996 财年启动的过渡性生物探测装备，共部署了 12 套系统。现已被联合生物点源探测系统（舰载型）所替代。

手持式免疫层析监测条是一种简易的、基于抗体试验的生物识别仪器，能对环境样品中的生物战剂进行快速推断性识别。监测条的价格便宜、易于使用，能在 15 min 内给出可靠结果。每一监测条都能推断性识别出一种生物战剂，共能识别 10 种不同的生物战剂和 4 种模拟剂。既可人工读取，也可自动读取（如联合"门盾"生物探测系统、联合生物点源探测系统等）。不能用于分析固态样品，也不能用作诊断。储存温度是 4℃，不能冷冻。在冰箱（4℃）中可储存两年。属于一次性使用的消耗品，不能重复使用。

国防部生物采样工具包能对环境样品进行推断性生物战剂识别，可用于对战场上弹片等疑似携带生物战剂的物品的检测，对含有可疑液体、粉末或悬浮物的信封或包裹的检测，对可能与制造或私运生物战剂有关的疑似恐怖分子实验室或武器材料的检测，对疑似发生生物战剂释放的室内区域的污染识别。工具包内装 8 包手持式免疫层析监测条、内装缓冲溶液的带帽蓝色小瓶、棉签擦和指示卡。需在 4℃环境下储存，是一次性使用的消耗品，不可用于诊断。

图 2-24 所示为过渡型生物战剂探测系统，图 2-25 所示为手持式免疫层析监测条，图 2-26 所示为生物采样工具包。

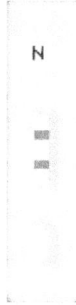

图 2-24　过渡型生物战剂探测系统　　图 2-25　手持式免疫层析监测条　　图 2-26　生物采样工具包

2.5　化学侦察装备

2.5.1　联合化学毒剂探测仪

联合化学毒剂探测仪属于 Ⅲ 类采办项目，遂行机动支援与防护作战功能，其里程碑决策者是项目主管官员。该探测仪是一款小型手持式现场化学毒剂探测仪器，能同时自动探测、识别、量化、报警与报告化学毒剂（神经性、糜烂性和血液性）和有害工业化学品。项目采用"增量"采办策略开发，"增量 I"开发的探测仪型号是 M4 型，"增量 II"开发的探测仪型号是 M4A1 型。与 M4 型相比，M4A1 型改进了用户接口和网络接口，降低了维护保障费用。2008 年 9 月，M4 型开始全速生产，并延续至 2010 财年。2011 财年，M4A1 型开始生产。可用于机动平台、固定场所或由单兵使用，可在常见化学污染环境中使用，污染后的仪器可进行洗消。图 2-27 所示为联合化学毒剂探测仪。

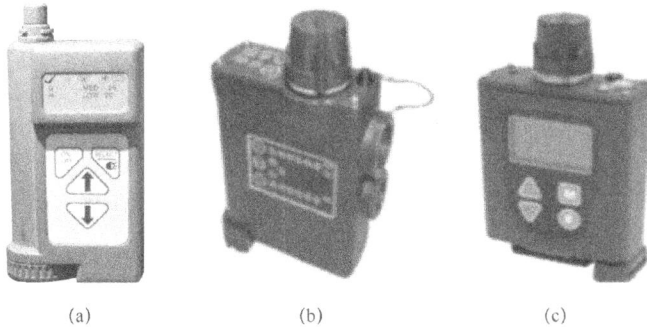

(a)　　　　　　　　(b)　　　　　　　　(c)

图 2-27　联合化学毒剂探测仪

(a) 设计概念图；(b) M4 型；(c) M4A1 型。

该探测仪具有以下主要性能：

（1）实时探测神经性、糜烂性和血液性化学毒剂。神经性化学毒剂包括塔崩、沙林、索曼、环沙林和 VX，糜烂性化学毒剂包括芥子气、氮芥子气和路易氏剂，血液性化学毒剂包括氢氰酸和氯化氰；

（2）及时发送危害信息，作为采取面具防护或完全面向任务的防护态势的依据；

（3）可存储 72 h 的探测数据；

（4）M4A1 型带有通信适配器，与通用 CBRN 传感器接口完全兼容；

（5）系统可用性不小于 98%；

（6）监测模式任务失效时间不小于 385 h，巡测模式任务失效时间不小于 135 h；

（7）具有声光报警功能，能显示化学毒剂类别与浓度水平；

（8）可独立使用，也可构成网络使用。

该探测仪编配于陆军、海军、空军、海军陆战队、国土安全部、预备役部队、国民警卫队、民防支援队、海岸警卫队、特种作战司令部。其中，陆军编配至班级，海军陆战队编配至排级，空军编配至基地侦察人员与地面勤务人员，海军编配至岸基设施和基于内河与陆地的分队。该探测仪不向外军销售。

M4 型替代 M8A1 型化学毒剂自动报警仪、M22 型化学毒剂自动探测报警仪。M4A1 型替代 M8A1 型化学毒剂自动报警仪、M22 型化学毒剂自动探测报警仪、化学毒剂监测仪/改进型化学毒剂监测仪、M90 型自动化学毒剂探测仪。

2.5.2　下一代化学探测仪

下一代化学探测仪属于Ⅱ类采办项目，遂行机动支援与防护作战功能，其里程碑决策者是项目主管官员。能探测与识别处于空中和地面的非传统毒剂、化学毒剂、有害工业化学品和其他危害物。改进多种环境条件下针对化学毒剂、有害工业化学品的选择性和灵敏度。对气态、液态、固态和气溶胶态的传统和非传统的化学毒剂和有害工业化学品危害物实施采样、探测、识别和量化。作战人员能够对空气中、水中、陆地上，以及人员、装备和设施上的 CBRN 危害环境进行特征描述。可集成于有人或无人平台，并伴随大规模杀伤性武器作战军事行动，包括 CBRN 被动防御，大规模杀伤性武器的拦截、消除和后果管理。提供 4 类功能或者 4 型系统：第一类功能是气溶胶蒸气化学毒剂探测，实施气溶胶与蒸气探测报警，是手持式或便携式仪器，采用电池供电；第二类功能是近距离化学毒剂探测，实施化学毒剂巡测，是手持式或便携式仪器，采用电池供电，对液体或固体的表面进行探测；第三类功能是多相化学毒剂探测，实施样品采集和分析，可由两人携带，采用外部供电或电池供电，具有极低的探测限；第四种功能是紧凑型化学毒剂蒸气探测，采用比色法纳米电化学电阻传感金属有机骨架，既可佩戴在作战人员身上使用（由电池供电），也可集成于地面或空中无人设备。该探测仪为作战人员提供改进的探测功能、后果管理功能、侦察功能和大规模杀伤性武器拦截功能。图 2-28 所示为"气溶胶与蒸气探测报警，图 2-29 所示为近距离化学毒剂探测，图 2-30 所示为多相化学毒剂探测。

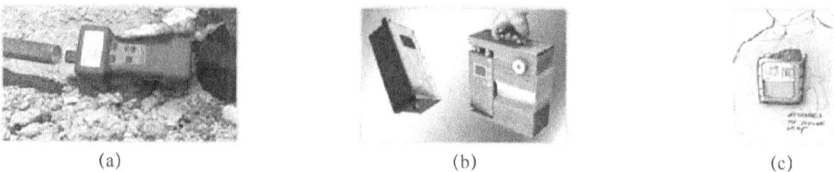

(a)	(b)	(c)

图 2-28　气溶胶与蒸气探测报警

（a）微分迁移光谱仪；（b）快速热调制离子光谱仪；（c）紧凑型离子阱质谱仪。

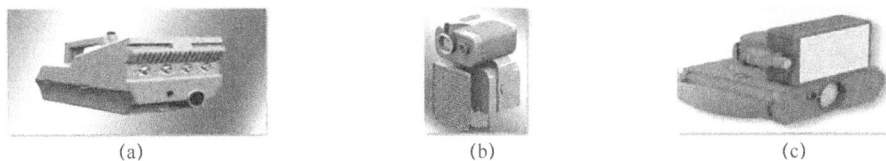

(a)   (b)   (c)

图 2-29　近距离化学毒剂探测

（a）短波红外高光谱成像；（b）长波红外高光谱成像和拉曼光谱（785 nm）；（c）长波红外高光谱成像、拉曼光谱（1064 nm）
和量子级联激光红外。

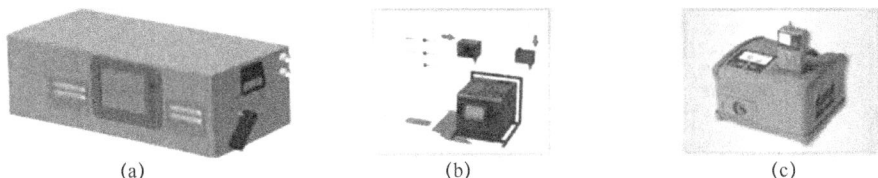

(a)   (b)   (c)

图 2-30　多相化学毒剂探测

（a）离子阱质谱仪；（b）三重四极质谱仪；（c）气相色谱-质谱联用仪和拉曼光谱仪（1064 nm）。

2016—2018 财年，气溶胶与蒸气探测报警处于工程与制造开发阶段，近距离化学毒剂探测处于技术成熟与风险降低阶段，多相化学毒剂探测处于技术成熟与风险降低阶段后期，紧凑型化学毒剂蒸气探测处于器材方案分析阶段；2018 财年第 1 季度，批准气溶胶与蒸气探测报警进入里程碑 B，要求于 2023 财年具备初始作战能力；2018 财年第 4 季度，批准多相化学毒剂探测进入里程碑 B，要求于 2023 财年具备初始作战能力。预计于 2021 财年，紧凑型化学毒剂蒸气探测进入里程碑 A，并于 2026 财年具备初始作战能力；2025 财年，近距离化学毒剂探测进入里程碑 B，并于 2028 财年具备初始作战能力。该探测仪不向外军出售。

2.5.3　联合军种轻型远程化学毒剂探测仪

联合军种轻型远程化学毒剂探测仪对神经性、糜烂性和血液性化学毒剂蒸气云团遂行远距离探测与报警，采用被动红外技术，是一款轻型远距离化学毒剂探测仪。通过增强化学污染早期报警能力，提高了作战人员防护能力和机动部队作战能力。具有在运动中对神经性、糜烂性与血液性毒剂蒸气遂行探测、识别、标图和报警的能力。可在任何战术平台或侦察平台上在距离化学毒剂蒸气云团不小于 500 m 的范围内实施运动中 360°全覆盖扫描。该探测仪是第二代远距离化学毒剂探测系统，比第一代远距离化学毒剂探测系统——M21 型远程感知化学毒剂报警仪在性能上有极大改进。由于增强了化学毒剂早期报警能力，使作战人员免于进入化学毒剂污染空间，如果不能实施沾染规避，也会给作战人员留出足够的时间，以采取适当的面向任务的防护态势。图 2-31 所示为联合军种轻型远程化学毒剂探测仪的使用方式。

该探测仪主要应用于各种地面车辆、空中平台、舰船和固定平台，包括联合核生化侦察系统、斯特瑞克核生化侦察车以及舰船、固定设施等。该探测仪"增量 I"所采用的探测器与操作显示单元质量约 30 kg。用于舰船上和固定设施时其电源适配器质量约为 4.5 kg。探测器体积约 1 立方英尺（约 28 316.8 cm³），探测器、电源适配器和操作显示单元加起来共约 1.5 立方英尺（42 475.2 cm³）。2007 财年，由于对候选技术的演示验证与评估表明并不能提升"增量I"的技术性能，因此项目管理者终止了联合军种轻型远程化学毒剂探测仪新的"增量"阶段的研制。

(a)   (b)

图 2-31　联合军种轻型远程化学毒剂探测仪的使用方式

(a) 安装在斯特瑞克核生化侦察车上；(b) 在地面的布设。

该探测仪具有以下主要功能：

（1）能对神经性毒剂（塔崩、沙林、索曼、环沙林和 VX ）、糜烂性毒剂（芥子气、氮芥子气和路易氏剂）和血液性毒剂蒸气云团进行探测、识别和报告；

（2）可安装在地面、空中和海上平台；

（3）可提供 360°×60°运动中覆盖扫描；

（4）全自动操作，无须操作者干预；

（5）自动接入 JWARN，实现报警与报告。

该探测仪具有以下主要性能：

（1）体积：传感器电子学模块/360°扫描模块，838 mm × 203 mm；显示单元，330 mm × 256 mm × 112mm；电源适配器，279 mm × 330 mm × 127mm；

（2）质量：传感器电子学模块/360°扫描模块，18.6 kg；显示单元，5 kg；电源适配器，6.8 kg；

（3）供电：传感器电子学模块/360°扫描模块，外部 115/220 VAC，内部 20～32 VDC；显示单元，20～32 VDC；

（4）工作温度：传感器电子学模块/360°扫描模块，−32～49 ℃；显示单元，−20～49 ℃；

（5）视场角：水平角，360°；俯仰角，−10～+50°；

（6）光谱范围：7～14 μm；

（7）电磁兼容：满足 MIL-STD 461/462 要求；

（8）Windows XP 图形用户接口，主控为 JWARN；

（9）通信：协议 SNMP、TCP、UDP 和 PPP，以太网口和 RS-232/RS-422 串行口。

该探测仪编配于陆军、海军、空军和海军陆战队。图 2-32 所示为联合军种轻型远程化学毒剂探测仪的主要组件和主要应用场合。

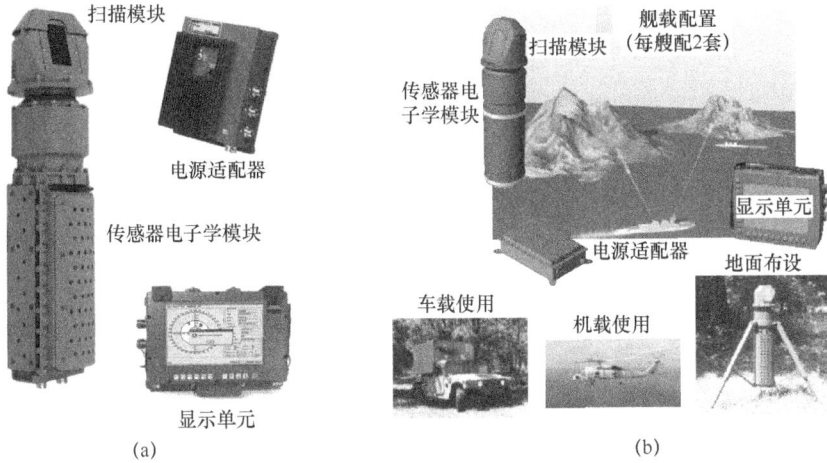

图 2-32 联合军种轻型远程化学毒剂探测仪的主要组件和主要应用场合

(a) 主要组件；(b) 主要应用场合。

2.5.4 M22 型化学毒剂自动探测报警仪

M22 型化学毒剂自动探测报警仪对神经性毒剂与糜烂性毒剂实施探测与报警。该报警仪是便携式装备，实现现场采样报警，改进了 M8A1 型化学毒剂自动报警仪（采用 M43A1 型化学毒剂自动报警探测单元）的性能。能探测神经性毒剂（塔崩、沙林、索曼和 VX）与糜烂性毒剂（芥子气和路易氏剂）。采用离子迁移谱技术，能同时探测神经性毒剂与糜烂性毒剂，提高了灵敏度，加快了响应时间，改善了毒剂识别能力，并能通过编程实现对新型毒剂的探测。作为现场探测仪器，替代 M8A1 型化学毒剂自动报警仪；作为巡测仪器，比化学毒剂监测仪性能更优。图 2-33 所示为 M22 型化学毒剂自动探测报警仪。

该报警仪的主要部件是商用现货 GID-3 化学毒剂报警仪。2004 财年，对 M22 型进行了优化，减少了维修所需时间，提高了连续工作时间，使其满足连续工作要求。改进后的 M22 型被纳入联合军种固定设施防护计划。随后，对上述改进后的 M22 型进行了进一步的优化，使其能探测与识别有害工业物质，并纳入设施防卫联合项目部，提高了国防部固定设施应对化学威胁的能力。

M22 型具有以下主要性能：

（1）具有区域报警功能；

（2）能监测集体防护设备；

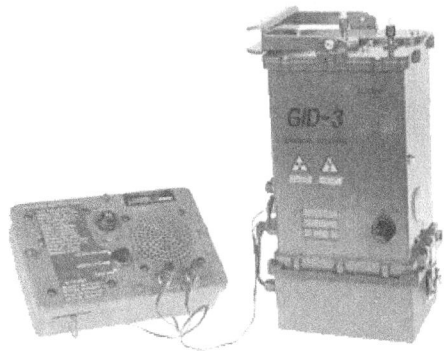

图 2-33 M22 型化学毒剂自动探测报警仪

（3）与 M27 型多用途综合化学毒剂探测仪兼容；

（4）同时探测与报警神经性毒剂与糜烂性毒剂；

（5）比 M8A1 型化学毒剂自动报警仪灵敏度更高；

（6）可在集体防护环境下作业；

（7）抗干扰能力强；

（8）可在车内或车上进行作业。

该报警仪编配于陆军、海军、空军、海军陆战队，替代 M8A1 型化学毒剂自动报警仪；用作巡测仪时，可替代化学毒剂监测仪和改进型化学毒剂监测仪。

2.5.5　改进型化学毒剂监测仪

改进型化学毒剂监测仪是一款手持式仪器，用于识别人员与装备等沾染的神经性毒剂与糜烂性毒剂，能给出 G 类、V 类神经性化学毒剂和 H 类糜烂性化学毒剂浓度的相对指示。采用离子迁移谱技术，能在 1 min 内探测与识别化学毒剂。内置放射源使进入仪器的空气产生电离，然后根据化学毒剂特征离子在监测仪漂移管中的迁移识别出化学毒剂。改进型化学毒剂监测仪的监测能力与其前身化学毒剂监测仪相同，但可靠性提高了 300%、启动速度提高 10 倍；而且由于采用了模块化设计，使得维修费用大大降低；增加了一个 RS-232 通信接口。质量为 4 磅（约 1.81 kg）、长 15″（约 38.1 cm），可由内置电源供电，也可外接电源供电，外接电源口与故障诊断和 RS-232 共用一个接口。可用于区域侦察、区域监视、去污作业监测和医疗分类作业。与化学毒剂监测仪相比，在不降低性能的条件下，降低了维修频度与维修等级，操作与维修费用也大为降低。改进型化学毒剂监测仪分子筛的容量是化学毒剂监测仪分子筛容量的 2 倍，因此其工作寿命也比化学毒剂监测仪延长 2 倍以上。图 2-34 所示为改进型化学毒剂监测仪。

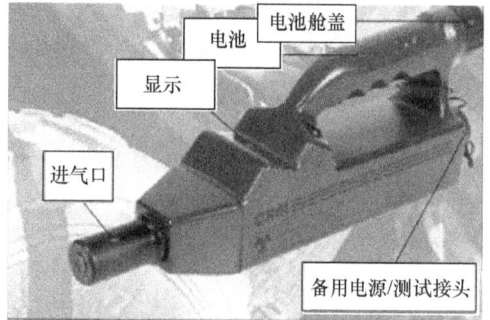

图 2-34　改进型化学毒剂监测仪

改进型化学毒剂监测仪由漂移管、信号处理器、分子筛、隔膜、置信检验器、尘埃过滤器、蜂鸣器和电池盒组成。具有以下主要性能：

（1）瞬间反应出化学危害程度；

（2）迅速确定人员与装备是否遭受污染；

（3）减轻对去污作业的需求；

（4）实时探测神经性与糜烂性毒剂；

（5）能日夜工作；

（6）能在 CBRN 污染环境中工作；

（7）改进型化学毒剂监测仪的可靠性比化学毒剂监测仪提高 300%；

（8）改进型化学毒剂监测仪启动速度比化学毒剂监测仪提高 10 倍；

（9）模块化设计，降低了维修费用。

该监测仪编配于美国陆军、海军、空军、海军陆战队、国民警卫队和陆军预备役部队。其中，陆军每个化学侦察小队编配 2 台、每个化学侦察班编配 3 台，陆军每个营急救站编配 2 台、每个医疗连编配 3 台、每个医疗连卫生队编配 4 台、每个防疫连编配 1 台。除此之外，陆军每个连级分队编配 2 台、每个排级派遣队编配 2 台、战区核生化学校编配 5 台、陆军勤务学校编配 10 台、化学事故/事件控制队编配 4 台、爆炸物处理队编配 4 台、技术护航队编配 4 台。海军医疗船编配 6 台。

2.5.6 M21 型远程感知化学毒剂报警仪

M21 型远程感知化学毒剂报警仪用于远距离（小于等于 5 km）识别神经性与糜烂性毒剂蒸气。是美军首型远距离化学毒剂探测仪器，被动红外传感器自动扫描，根据扫描云团红外谱的变化识别出神经性与糜烂性毒剂蒸气云团。由探测器、三脚架、携行箱和标准电源组成。探测器按 60°半径渐进式扫描，可发现视距范围 5 km 处的化学毒剂云团。图 2-35 所示为 M21 型远程感知化学毒剂报警仪的使用方式。

(a)　　　　　　　　　　(b)

图 2-35　M21 型远程感知化学毒剂报警仪的使用方式

（a）安装在三脚架上地面布设；（b）集成于"狐式"核生化侦察系统。

M21 型具有以下主要性能：

（1）使指挥员能识别出污染区域并实施机动；

（2）探测距离最大达 5 km；

（3）采用被动红外技术；

（4）提高了"狐式"核生化侦察系统的作战效能。

该报警仪编配于美国陆军和海军陆战队，于 2007 年后停产。

2.5.7 M8 型和 M9 型化学毒剂检测试纸

M8 型和 M9 型化学毒剂检测试纸用于检测液态化学毒剂污染。

M8 型做成一本书的样子，内含 25 张经化学处理、通过渗透着色的黄褐色的纸，穿孔后装订在一起，便于取下。颜色对比条线图打印在书本封面的内部，经聚乙烯封皮塑封。从书本上取下一张检测试纸，在试纸表面滴上疑似液态化学毒剂，如果出现颜色点，说明确实存在化学毒剂。使用时要佩戴防毒面具。把出现的颜色点的颜色与颜色比对条线图比较，确定化学毒剂类别。把检测试纸直接放在疑似污染表面，检测试纸还可用于探测液态化学毒剂污染。

M9 型是一种便携式设备，试纸作为耗材做成滚轴形，后衬迈拉黏合带。试纸长 1.9 m，宽 5.1 cm。试纸包在带有锯齿状边缘的卡纸盒里。试纸经过了化学毒剂敏感性着色，呈现出淡绿色。当试纸与液态化学毒剂接触时，会出现红色点。试纸可附着在防护服和大多数物体表面。

M8 型和 M9 型具有以下主要性能：

（1）在 M8 型和 M9 型表面滴上液态或气溶胶态化学毒剂后，试纸的颜色发生改变；

（2）M8 型能检测 G 类神经性毒剂（塔崩、沙林、索曼和环沙林）、V 类神经性毒剂和 H 类糜烂性毒剂（芥子气），G 类化学毒剂呈现出黄色—橙色，V 类化学毒剂呈现出蓝色—绿色，H 类化学毒剂是红色。

（3）M9 型能检测 G 类和 V 类神经性毒剂、H 类和 L 类毒剂，不能区分和识别毒剂，M9 型与液态神经性毒剂和糜烂性毒剂接触后，会变成粉红色或产生红色阴影。

该试纸编配于美国陆军、海军、空军和海军陆战队。图 2-36 所示为化学毒剂检测试纸。

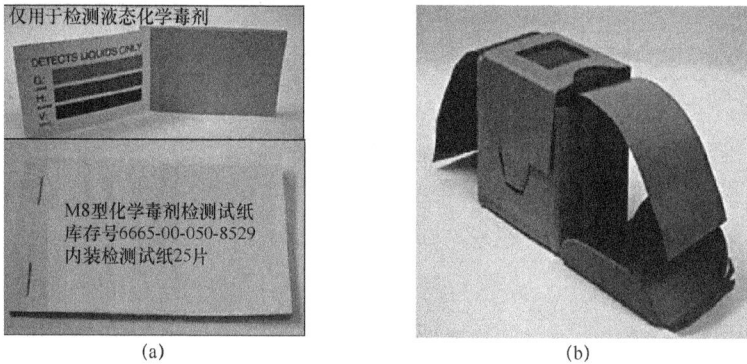

图 2-36　化学毒剂检测试纸

（a）M8 型；（b）M9 型。

2.5.8　M8A1 型化学毒剂自动报警仪

M8A1 型化学毒剂自动报警仪用于探测与识别神经性化学毒剂蒸气或可吸入气溶胶，采用离子迁移谱技术，工作时连续采集空气样品，对采集的样品进行自动探测，确定 G 类和 V 类神经性毒剂蒸气浓度。从 2007 年开始，M8A1 型逐渐被 M22 型化学毒剂自动探测报警仪所替代。M8A1 型由 M43A1 型化学毒剂自动报警探测单元和 M42 型化学毒剂自动报警单元组成。在不同的使用场合（如安装在地面或车上），M8A1 型的安装方式与供电方式也不同。M43A1 型化学毒剂自动报警探测单元的尺寸为 19.05 cm × 13.97 cm × 27.94 cm。地面安装使用时，采用电池供电，高度要增加 19.69 cm。探测到化学毒剂后，M43A1 型化学毒剂自动报警探测单元在 1～2 min 内发出报警。M42 型化学毒剂自动报警单元是远程声光报警仪，尺寸为 17.78 cm × 10.16 cm × 5.93 cm，最远可与 M43A1 型化学毒剂自动报警探测单元相距 400 m（通过电缆线连接）。图 2-37

所示为 M8A1 型化学毒剂自动报警仪。

M8A1 型具有以下主要性能：

（1）当发现化学毒剂时，自动发出声光报警；

（2）使用方式：固定安装、手持式、搭载在车上；

（3）M43A1 型化学毒剂自动报警探测单元可通过无线方式接入 5 台 M42 型化学毒剂自动报警探测单元，M43A1 型化学毒剂自动报警探测单元与 M42 型化学毒剂自动报警探测单元之间的距离最远可达 400 m。

图 2-37　M8A1 型化学毒剂自动报警仪

该报警仪编配于美国陆军、海军、空军和海军陆战队。

2.5.9　M256A1 型化学毒剂检测工具包

M256A1 型化学毒剂检测工具包用于探测与识别神经性、糜烂性与血液性化学毒剂，能在 15～20 min 内探测战场上蒸气和液态神经性毒剂（沙林、塔崩、索曼、环沙林和 VX）、糜烂性毒剂（芥子气、光气肟、路易氏剂）与血液性毒剂（氰化氢、氯化氢）。由一只携行箱、一盒 M8 型化学毒剂检测试纸和一套说明书组成，携行箱装有 12 条密封在塑料层压薄片内的独立的样品检测卡片。每一条检测卡片都有经过预先处理的测试点和内装化学试剂的小玻璃管。使用时，操作者把小玻璃管打碎，管内试剂沿预先形成的通道流向合适的测试点。测试点发生的特殊颜色变化就指示是否存在化学毒剂。M256A1 型化学毒剂检测工具包用于确定不佩戴防毒面具是否安全（防护）、定位与识别化学毒剂（侦察）和监测去污效果（洗消）。图 2-38 所示为 M256A1 型化学毒剂检测工具包。

2005 财年，对 M256A1 型进行了三项重大改进，一是改进了加热器，使得在各种环境条件下都能得到一致的、可靠的测试结果；二是找到了一种新的测试糜烂性毒剂试纸的商业来源，拓宽了 M256A1 型生产的工业基础；三是增加了低挥发性危害检测工具，扩展了 M256A1 型的检测能力，使其具备了检测低挥发性液体和颗粒状固体的能力。低挥发性危害检测满足

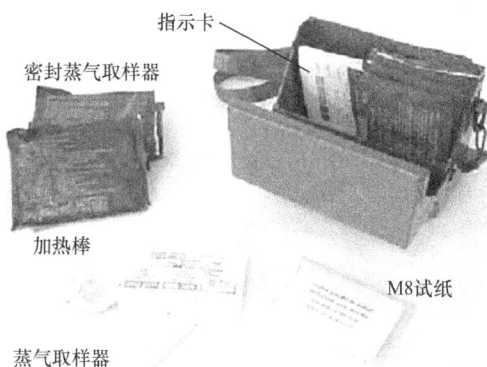

图 2-38　M256A1 型化学毒剂检测工具包

了作战急需，经开发与试验后作为标准配件被纳入 M256A1 型。

M256A1 型的主要性能包括：

（1）用标准实验室过滤试纸检测并识别神经性、糜烂性与血液性毒剂在空气中的浓度；

（2）确定是否需要佩戴防毒面具或所需采取的防护态势等级；

（3）便携式设备；

（4）消耗性设备。

该工具包编配于美国陆军、海军、空军和海军陆战队。

2.5.10 联合化学污染地面探测仪

联合化学污染地面探测仪能探测地面液态化学毒剂，为标示作业定位与识别化学污染，为核生化报告提供输入信息。采用紫外激光技术，沿着地面对化学毒剂、有害工业化学品和非传统毒剂实施近实时、非接触式探测。提高了诸如斯特瑞克核生化侦察车和联合核生化侦察系统等侦察平台的作业速度，实现了对地面化学毒剂污染的快速探测与识别。

联合化学污染地面探测仪具有以下性能：

（1）对化学毒剂污染实施快速探测、识别与标图；

（2）非接触式探测，在运动中几乎同时探测与识别；

（3）不会对战场作战节奏产生制约；

（4）能探测传统化学毒剂、非传统毒剂和有害工业化学品；

（5）全自动操作，几乎无须人工干预。

该探测仪编配于美国陆军、空军和海军陆战队。

图 2-39 所示为联合化学污染地面探测仪。

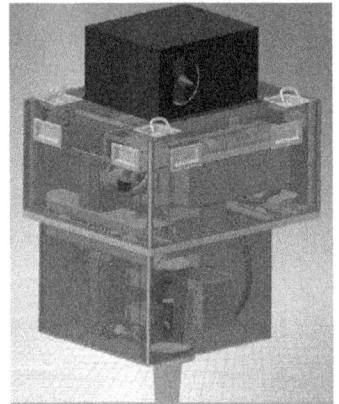

图 2-39　联合化学污染地面探测仪

2.6　综合侦察装备

2.6.1　斯特瑞克核生化侦察车及传感器组件

斯特瑞克核生化侦察车遂行侦察与监视任务，采用搜索、巡测、监视与采样等 CBRN 侦察技术，确定 CBRN 污染情况与程度。编配斯特瑞克核生化侦察车的 CBRN 侦察部队是最早进入 CBRN 污染区遂行作战任务的部队，因此具有有限的独立作战能力。

斯特瑞克核生化侦察车是一款采用斯特瑞克旅战斗队步兵运兵车配置的 CBRN 侦察系统，其传感器组件是一套专门的核化探测与报警设备和生物采样设备。使用斯特瑞克核生化侦察车上装的化学生物质谱仪、联合生物点源探测系统和联合军种轻型远程化学毒剂探测仪，能够在运动中探测其所处环境的化学生物污染，并采集样品。能自动综合来自探测器的信息和车载定位导航与气象信息，形成核生化威胁信息产品后，经车载指挥控制设备自动向后续部队发出报警信息。

2003 财年，美国陆军与海军陆战队提出了研发斯特瑞克核生化侦察车的军事需求。2003 财年至 2007 财年，处于研究、开发、试验与评价阶段。当时的设想是：上装联合军种轻型远程化学毒剂探测仪，实现"动中"化学毒剂遥测；上装化学生物质谱仪，实现生物战剂探测、识别与采样，性能不低于联合生物点源探测系统，同时实现液态化学生物战剂的探测与识别；集成通用核生化技术体系结构，有利于车载计算机的升级；编配陆军未来旅战斗队；初样机于 2006 年开始部署陆军旅战斗队，进行试验与评价。具体研发情况概述如下。

2005 财年，合同商根据 2003 财年与 2004 财年装备试验情况进行工程设计变更，以满足性能指标要求；并计划于 2006 财年初，启动生产检验测试，于 2006 财年开始初始作战试验与鉴定，于 2007 财年开始全额生产决策；设计完成初始作战试验与评价和实装试验与评价，以保障 2007 财年进行全速生产决策审查。

2006 财年第 1 季度进行的研发试验表明，在该装备列装前，还要提高其性能、安全性和可靠性；在 2006 年 9 月至 10 月进行的性能初始作战试验为 2007 年 7 月进行全速生产决策提供了更多基础数据支撑；2006 年 12 月前进行实装试验与评价。

2006 年至 2007 年进行的初始作战试验演示表明，斯特瑞克旅战斗队所属斯特瑞克核生化侦察排能有效遂行化学监视与路线侦察任务，1 个排中编 3 辆斯特瑞克核生化侦察车遂行化学监视与路线侦察任务具有一定的冗余，但斯特瑞克核生化侦察排不能满足遂行区域侦察任务的要求，由于斯特瑞克核生化侦察车任务装备的可靠性不能满足作战要求，需要在性能、安全性和可靠性方面进行改进，并在可靠性增长试验中进行评估，为此，项目管理部门进行了可靠性验证试验与评价；实装试验与评价发现，斯特瑞克核生化侦察车同样存在与其他斯特瑞克改型车相同的生存能力差的问题，而且相比其他斯特瑞克改型车，其任务设备更易遭受损坏；陆军修改了部署计划，从保障斯特瑞克旅战斗队的 39 辆斯特瑞克核生化侦察车增加到包括保障重型旅战斗队与化学连在内的 355 辆斯特瑞克核生化侦察车；在此基础上，陆军将进行低速初始生产或在 2008 财年第 2 季度进行全速生产决策。

2007 年 12 月，国防采办局局长做出决策，扩大低速初始生产规模，授权在低速初始生产期间增加生产 95 辆斯特瑞克核生化侦察车；陆军于 2009 财年第 2 季度开始可靠性增长试验，持续至 2010 财年，并于 2010 财年第 4 季度开始初始作战试验与鉴定。

从初始作战试验与鉴定第Ⅰ阶段开始，陆军一直在对斯特瑞克底盘进行可靠性增长试验，以验证其可靠性。计划于 2010 财年进行实装试验，以验证威胁增加条件下装备的生存能力，同时陆军决定斯特瑞克核生化侦察车也编配至重型旅战斗队，并为该系统研发反应型防弹装甲。在初始作战试验与鉴定第Ⅰ阶段发现的基型车可靠性差的问题，计划管理部门经过解决失效模式而取得了进展。在可靠性增长试验过程中，将对车内配置问题进行持续改进。CBRN 传感器组件与通信系统试验仍然不成功。发现的传感器失效模式将影响作战效能，这一问题将在初始作战试验与评价第Ⅱ阶段初解决。计划于 2010 财年第 4 季度开始初始作战试验与鉴定第Ⅱ阶段。

2010 年 9 月至 10 月进行的可靠性验证试验结果较好。基型车作战任务失败的平均里程点估计从 2006 年的 243 英里（约 391 km）增加到 2010 年的 902 英里（约 1451.6 km）；任务设备作战任务失败的平均时间点估计从 2006 年的 79 h 增加到 2010 年的 158 h。2010 年作战试验采用的是固定式前缘缝翼防弹装甲。第Ⅱ代斯特瑞克反应型防弹装甲的质量，在试验期间发现会引起主动轴和半轴失效，从而影响作战效能、适应性和生存性。

斯特瑞克核生化侦察车能在Ⅰ级道路和Ⅱ级道路上有效遂行化学侦察，采用固定式前缘缝翼防弹装甲，对作战来说也是合适的，但不能有效遂行越野侦察、化学生物监视任务。斯特瑞克核生化侦察车具有有限的生物探测与运动中化学遥测的能力，报告速度优于它将替代的M93系列"狐式"核生化侦察系统。安装第Ⅱ代斯特瑞克反应型防弹装甲的斯特瑞克核生化侦察车的初始试验表明，由于增加了防弹装甲的质量，对其机动性产生了负面影响，特别是在阿富汗这样陡峭的山地。陆军需要对机动性产生负面影响的因素与条件进行附加试验。

斯特瑞克核生化侦察车的主要性能如下。

（1）是斯特瑞克系列车中8种步兵运兵车的改型车之一。CBR传感器和通信系统集成于斯特瑞克车上，遂行CBRN危害探测、识别、标识、采样和报告。

（2）乘员4人，具有对小型武器、炮弹碎片、地雷和火箭推进式枪榴弹的防护能力，其中对火箭推进式枪榴弹的防护是通过采用固定式前缘缝翼防弹装甲（按空间整列排列的高强度钢板）实现的，第Ⅱ代斯特瑞克反应型防弹装甲旨在增加防护能力。

（3）安装了过滤装置与超压系统，为乘员提供防护核生化威胁的能力。

（4）实现了运动中对化学毒剂蒸气的现场和远程探测，具有生物探测与采样能力，实现了运动中测量气象参数。

（5）通过车载指挥控制系统发送数字化核生化报警信息。

斯特瑞克核生化侦察车替代M93A1型"狐式"核生化侦察系统。图2-40所示为2011年正式列编的斯特瑞克核生化侦察车。

斯特瑞克核生化侦察车的核心是车载CBRN传感器组件。乘员使用车载CBRN传感器遂行核生化侦察任务。使

图2-40　2011年正式列编的斯特瑞克核生化侦察车

用方式有两种，一是独立使用各型装备，二是通过车载核生化传感器处理组统一使用。

图2-41所示为斯特瑞克核生化侦察车的主要传感器组件。

斯特瑞克核生化侦察车的主要传感器组件包括：

（1）联合军种轻型远程化学毒剂探测仪（图中JSLSCAD）。采用被动红外技术，可以在静止状态或运动中自动探测与识别神经性、糜烂性和血液性化学毒剂蒸气，参见2.5.3节。

（2）联合生物点源探测系统（图中JBPDS）。能在静止状态现场探测生物气溶胶，连续监测周边环境空气中生物战剂变化情况，自动探测与推断性识别生物战剂，采集并保存样品用于随后的精确分析，参见2.4.1节。

（3）化学生物质谱仪（Block Ⅱ）（图中化生质谱仪）。能探测地面作用持久的神经性与糜烂性化学毒剂和有毒工业化学品，参见2.6.5节。

图 2-41　斯特瑞克核生化侦察车的主要传感器组件

（4）M22 型化学毒剂自动探测报警仪（图中 ACADA）。能现场探测与识别化学毒剂蒸气，参见 2.5.4 节。

（5）AN/VDR-2 型辐射剂量仪（图中 AN/VDR-2）。能探测 β 与 γ 辐射，既可安装在车上由车载核生化传感器处理组控制使用，也可作为手持式设备下车使用（电池供电），参见 2.3.4 节。

（6）AN/UDR-13 型袖珍式辐射剂量仪（图中 AN/UDR-13）。能探测与测量核爆炸早期核辐射 γ、中子剂量与剩余核辐射（放射性落下灰）γ 剂量（率），既可安装在车上由车载核生化传感器处理组控制使用，也可作为手持式设备下车使用（电池供电），参见 2.3.5 节。

（7）化学蒸气采样系统。采集与储存化学毒剂与有害工业化学品蒸气样品，用于实验室精确分析。

（8）双轮采样系统。把化学毒剂从地面传送至加热的探头。由双臂和双轮组成，从车的后部伸出，交替上升与下降，采集地面样品用于化学生物质谱仪（Block Ⅱ）分析。

（9）气象传感器。采用 METSMAN 型气象传感器，能测量地面温度、相对湿度、大气压、风速和风向信息。

（10）改进型化学毒剂监测仪（图中未示出）。用于探测与识别神经性与糜烂性化学毒剂，参见 2.5.5 节。

除了上述主要设备，车上还配有样品小瓶盒子、CBRN 标识小旗等。

斯特瑞克核生化侦察车编配于美国陆军。斯特瑞克旅战斗队编 1 个排，3 个斯特瑞克核生化侦察车小队；重型旅战斗队编 1 个班，2 个斯特瑞克核生化侦察车小队；师或军化学连编 6 个斯特瑞克核生化侦察车小队。每个斯特瑞克核生化侦察车小队都由 1 辆斯特瑞克核生化侦察车和 4 名乘员组成。

对斯特瑞克核生化侦察车的能力评估如下。

（1）由于双轮采样系统必须保持轮子与地面接触，才能有效进行样品采集，因此，当侦察车在 I 级道路与 II 级道路上行驶时，路面条件使得其双轮采样系统能正常采样，即能在 I 级道路与 II 级道路上有效遂行化学侦察；当在野外地形条件下行驶时，地面的高低不平使得其双轮采样系统不能正常采样，即不能在野外地形条件下有效遂行化学侦察。

（2）由于探测化学毒剂的性能很差，因此不能有效遂行化学侦察监视任务。

（3）编配 2 辆斯特瑞克核生化侦察车的班与编配 3 辆斯特瑞克核生化侦察车的排由于其生物现场传感器的覆盖范围有限，因此不能有效遂行生物监视。当斯特瑞克核生化侦察车构成较大范围的生物传感器阵列时，具有有限的生物探测与识别能力。

（4）当采用固定式前缘缝翼防弹装甲时能满足作战需求。在作战试验过程中，演示验证表明基型车的可靠性得到了改进，超出了陆军在装备研发试验中提出的可靠性性能要求。

（5）安装了第 II 代斯特瑞克反应型防弹装甲的斯特瑞克核生化侦察车初始试验表明，由于增加了装甲质量，对车辆的机动性能产生了负面影响，特别是在陡峭地形。在 3 090 英里（约 4 973 km）的可靠性试验中，安装了第 II 代斯特瑞克反应型防弹装甲的斯特瑞克核生化侦察车出现了多次动力传动系统失效的问题。动力传动系统失效对机动性产生了负面影响，限制了车速，降低了穿越陡峭地形时车辆的稳定性。

（6）能对临界值威胁提供防护。实战试验表明，采用第 II 代斯特瑞克反应型防弹装甲的斯特瑞克核生化侦察车在防护性能方面存在不足。

（7）提供有限的生物探测和运动中化学遥测的能力，并且比它将替代的 M93 系列"狐式"核生化侦察系统有更快的报告能力。

2013—2015 财年，进行全速生产并开始部署；2016—2017 财年，继续实施部署；2018 财年第 1 季度，斯特瑞克核生化侦察车具备全部作战能力，并启动了传感器组件增强计划。预计于 2019 财年化学地面探测器进入里程碑 B，化学地面探测器和传感器组件增强预计于 2023 财年进入里程碑 C。替代 M93 系列"狐式"核生化侦察系统，不向外军出售。

2.6.2 联合核生化侦察系统及 CBRN 下车侦察器材

联合核生化侦察系统遂行核生化侦察，探测并识别 CBRN 危害物与有害工业化学品，采集样品，关联相关信息并通过 JWARN 自动发送。为作战部队、作战保障部队和作战勤务保障部队提供运动中侦察与监视的能力。通过探测、采样、识别、标示和报告 CBRN 与有害工业物质危害，使作战部队能快速准确地获得相关情报。

基型车上装有手持式、便携式、车载式探测与识别设备，这些设备来自政府提供、非研发项目和平行产品开发。基型车还有集体防护设备、环境控制系统、辅助供电系统、导航系统、气象数据处理系统、内部/外部通信系统和地面采样器。基型车有两种改型：M1113 型高机动多用途轮式车和第二代轻型装甲车，都可实施空中运输。两种改型车都为乘员提供了集体防护系统，能对野战浓度级别的所有已知化学毒剂与生物战剂提供防护。能自动对各种类型的数字化数据进行综合处理（这些数字化数据包括污染信息、气象信息和定位信息），自动生成核生化报警信息，发送给战术指挥员。在前方作战区域，以第二代轻型装甲车为底盘的改型车作为整个侦察与监视力量的一部分，与其他侦察监视力量一起，对作战区域核生化污染情况进行实时侦察，为区域作战部队提供保障。在后方，以高机动多用途轮式车为底盘的改型车，主要用于监测后勤供应路线、后勤基地、机场、港口和关键指挥控制中心的核生化危害情况。

1997 财年，陆军与海军陆战队提出了研发联合军种核生化侦察系统的军事需求，目的是改进重型侦察车或轻型侦察车的核生化侦察能力。

提出的核心能力需求包括：

（1）具有超压集体防护和宏观制冷的装甲车；

（2）化学毒剂遥测与现场监测；

（3）核辐射监测；

（4）能对来自所有探测器和监测仪的数据进行综合处理的一体化中央数据处理器，导航与通信系统，抗堵塞通信系统，气象感知系统；

（5）把适于海军陆战队空降任务部队操作的先进核生化探测与分析设备集成于轻型核生化侦察系统；

（6）标准海军陆战队主车（轻型核生化侦察系统）可用 C130 运输机、CH-53E 直升机和 LCAV-30 运输。

1998 年 9 月，TRW 公司战术系统部签署了四阶段合同，包括概念探索、计划定义风险降低、工程与制造开发及其后高机动多用途轮式车基型车的建造与集成，以及研发试验保障。此外，翻新检修了两辆轻型装甲车，并在工程与制造开发期间开始轻型装甲车的建造与集成。

在计划定义风险降低期间，进行了可替换方案分析与定制执行方案分析，包括车辆平台、核生化传感器、集体防护、表面采样器和计算机的权衡分析。1997 年 10 月 14 日，海军陆战队助理指挥官批准了联合军种轻型核生化侦察系统的《联合作战需求文件》。

2000 财年，项目的核心能力需求调整如下：

（1）车载或下车实施遥测和现场探测；

（2）化学遥测；

（3）实现运动中探测，速度最大达 45 km/h；

（4）现场生物探测与识别；

（5）下车、手持式、独立的现场化学探测能力；

（6）放射性探测能力（车载或下车作业）；

（7）集体防护；

（8）环境调节单元，能为乘员与设备提供气候调节；

（9）对所有已知毒剂实施超压防护。

2000 年 1 月 18 日，联合军种轻型核生化侦察系统纳入作战试验与鉴定局局长监管，此时正处于研发的计划定义风险降低阶段。在被指定为作战试验与鉴定局局长监管项目后，此项目的牵头军种——海军陆战队，对试验鉴定大纲进行了广泛的复审与修订。2001 年初，计划进入项目里程碑 B 阶段。

在计划定义风险降低期间，为研发试验（第 I 阶段）翻新检修了三辆高机动多用途轮式车系统。这 3 辆高机动多用途轮式车系统将装上指挥控制硬件、软件和核生化组件，包括用作研发版本的联合军种轻型远程化学毒剂探测仪、化学生物质谱仪、联合生物点源探测系统。对于化学毒剂遥测，除了每辆车都配有联合军种轻型远程化学毒剂探测仪，还配备了机动式化学毒剂探测仪和远程空气污染识别探测仪，这三种化学毒剂遥测设备都将进行测试。还将测试指挥控制与传感器、采样功能。研发试验（第 I 阶段）还将测试集体防护、机动性、气候控制和人因工程等的性能。2002 财年 1 月至 3 月，计划进行第二代轻型装甲车工程设计试验。

2001 年 4 月至 8 月，将进行高机动多用途轮式车的研发试验（第 II 阶段）。这一阶段的关键是技术综合集成和化学生物传感器代表性产品的改进，特别是联合军种轻型远程化学毒剂探测仪、化学生物质谱仪和联合生物点源探测系统。有限用户试验将对 2001 年 10 月的低速初始生产决策提供支持。

2001 年 6 月 26 日，采办阶段决策管理者和海军陆战队系统司令部司令批准联合军种轻型核生化侦察系统进入系统研发与演示阶段。

联合军种轻型核生化侦察系统（高机动多用途轮式车底盘）计划于 2002 财年第 4季度进入里程碑 C。按照计划低速初始生产 14 套系统，以便用于产品资质试验、后勤供应演示、互操作/信息保证试验、可靠性与可维修性试验，以及初始作战试验与鉴定。图 2-42 所示为处于有限用户试验阶段的联合军种轻型核生化侦察系统。

(a)   (b)

图 2-42　处于有限用户试验阶段的联合军种轻型核生化侦察系统

（a）轻型装甲车底盘；（b）高机动多用途轮式车底盘。

2001 年 6 月，作战试验与鉴定局批准了联合军种轻型核生化侦察系统试验评价大纲。2002 年 5 月至 8 月，进行了联合军种轻型核生化侦察系统（高机动多用途轮式车底盘）的第 II 阶段研发试验。随后于 2002 年 9 月至 11 月进行了有限用户试验，旨在对 2003 年 1 月至 2 月要做出的低速初始生产决策提供支持。针对海军陆战队地面作战情景和空军基地情景，联合军种轻型核生化侦察系统（高机动多用途轮式车底盘）有限用户试验对系统遂行侦察任务与安保任务时的作战效能和适用性进行了试验。在初始作战试验与鉴定之前，紧随有限用户试验进行了低速初始生产的部队第 III 阶段研发试验，以解决在作战试验中发现的问题。图 2-43 所示为处于研发试验（第 I 阶段）的联合军种轻型核生化侦察系统。

(a)   (b)

图 2-43　处于研发试验（第 I 阶段）的联合军种轻型核生化侦察系统

(a) 轻型装甲车底盘；(b) 高机动多用途轮式车底盘。

两辆轻型装甲车代表性产品在经过翻新检修后，于 2002 年 10 月至 2003 年 4 月，与联合军种轻型核生化侦察系统常规任务组件进行综合集成。计划于 2003 年 6 月至 7 月进行联合军种轻型核生化侦察系统（轻型装甲车底盘）研发试验（第 I 阶段）。

2004 财年，陆军、海军陆战队与空军将参与进行基于高机动多用途轮式车和轻型装甲车的联合军种轻型核生化侦察系统的常规初始作战试验与鉴定。

陆军试验评价司令部于 2002 年 9 月 23 日至 10 月 11 日在犹他州达格韦靶场进行了联合军种轻型核生化侦察系统的作战评估与有限用户试验，共对 3 套联合军种轻型核生化侦察系统进行了试验。试验科目包括线路侦察与监视、区域侦察与监视，试验环境包括空军基地、海军陆战队基地和野外环境。由给作物喷洒农药的飞机、地面农作物喷雾器和直升机释放出化学毒剂模拟剂与生物战剂模拟剂，勾画出野外威胁环境，由联合军种轻型核生化侦察系统实施野外侦察监视任务。

作战试验与鉴定局局长于 2004 年 1 月 8 日批准了经修改的试验评价大纲。2004 年 8 月至 10 月，合同商在内华达汽车检测中心进行了轻型装甲车改型车的初始工程设计试验。

合同商进行了首装性能试验，旨在解决于 2002 财年进行的作战试验所发现的有关综合集成、供电、质量和超压等方面存在的性能问题。

在 2005 年初进行软件综合集成试验。轻型装甲车与高机动多用途轮式车的行车安全与机动性试验在内华达汽车检测中心进行。

在 2005 年 9 月至 2006 年 1 月，计划进行政府产品资质试验。多军种作战试验与鉴定计划于 2006 财年进行。

陆军开展了拟上装的联合军种轻型远程化学毒剂探测仪在战场背景与干扰源条件下探测性能表征的建模与仿真。

政府产品资质试验于 2006 财年完成，用以评估系统性能与实施多军种作战试验与鉴定的准备情况。2006 年 4 月，在达格韦靶场完成了多军种作战试验，海军陆战队与空军的联合军种轻型核生化侦察系统小队，在实际野外条件下，采用模拟剂遂行核生化侦察任务。陆军继续进行联合军种轻型远程化学毒剂探测仪在战场背景与干扰源条件下探测性能表征的建模与仿真。

联合军种轻型核生化侦察系统（增量 I）完成了首装试验和政府产品资质试验，用于评估 2006 财年开始的多军种作战试验与鉴定的准备情况。联合计划执行办公室为了匹配修订后的性能资料，将项目名称由联合军种轻型核生化侦察系统改为联合核生化侦察系统。2006 年 4 月，陆军、海军陆战队与空军的作战试验机构进行了联合核生化侦察系统（增量 I）多军种作战试验与鉴定。按照作战试验与鉴定局局长批准的试验计划实施多军种作战试验与鉴定。唯一未按照作战试验与鉴定局局长批准的试验计划进行的，是在进行联合军种轻型远程化学毒剂探测仪试验时，释放的模拟剂的量大于试验计划批准的量。在建模仿真的辅助下，评估了不同作战环境下联合军种轻型远程化学毒剂探测仪对化学毒剂的探测性能。由于空军基地威胁环境发生了变化，所以空军于 2007 年 3 月退出了联合核生化侦察系统（增量 I）计划。空军希望具有空中和地面无人侦察能力。2007 年 9 月，海军陆战队请求不要把联合军种轻型远程化学毒剂探测仪集成于以轻型装甲车为底盘的联合核生化侦察系统（增量 I），因为联合军种轻型远程化学毒剂探测仪虽然对一些能产生蒸气云团的化学毒剂具有远距离监视能力，但不能探测与识别其他化学毒剂。联合需求监督委员会拟在 2007 年 11 月复审联合军种轻型远程化学毒剂探测仪的需求。海军陆战队还请求在 2008 财年对联合核生化侦察系统（增量 I）进行附加作战试验。联合计划执行办公室计划于 2009 财年第一季度做出联合核生化侦察系统（增量 I） 全速生产决策。基于联合化学下车侦察系统有限目标实验、化学无人地面侦察先期概念技术演示两个国防技术目标项目取得的进展，联合项目管理部门着手制定联合核生化侦察系统（增量 II）计划。联合项目管理部门增加了后视相机，为化学生物质谱仪修改了双轮采样系统。

联合核生化侦察系统由以下三大部分组成，分别是基型车、指挥控制和核生化设备组件。基型车由车底座、生命支持分系统和供电分系统组成。核生化设备组件进行至关重要的对核生化危害和有害工业化学品的探测、识别、采样和标示。这些功能分为 10 个领域，分别是：核辐射探测、生物战剂探测与识别、化学蒸气探测与识别、远程化学毒剂探测与识别、地面化学毒剂探测与识别、地面污染采样、样品收集与保存、手持式化学毒剂探测与识别、污染区域标示、气象数据收集。指挥控制由导航、内部/外部通信接口控制和中央数据处理单元组成。整车配置集体防护设备、超压系统、环境控制系统和辅助供电系统。

CBRN 任务设备包括：联合生物点源探测系统；化学生物质谱仪，用于分析双轮采样系统采集的地面液态样品；北约标准标识器与部署系统；化学毒剂自动报警仪，用于探测现场化学毒剂蒸气；核辐射探测器；在联合核生化侦察系统（增量 I）的配置中，去掉了联合军种轻型远程化学毒剂探测仪。

联合核生化侦察系统具有以下主要性能：

（1）运动中近实时远程探测化学毒剂；

（2）车载式或手持式探测与识别化学毒剂；

（3）探测生物战剂，采集样品；

（4）车载式或手持式测量核辐射（中子、β 和 γ）；

（5）运动中探测气象信息；

（6）对所有已知化学生物战剂为乘员提供集体防护；

（7）自动生成核生化报警信息，可接入 JWARN。

联合核生化侦察系统编配于美国陆军、海军、空军和海军陆战队。图 2-44 所示为定型后的联合核生化侦察系统。

图 2-44　定型后的联合核生化侦察系统

CBRN 下车侦察器材是联合项目管理部门实施的联合核生化侦察系统（增量 II）计划。CBRN 下车侦察器材的作战使命是对传统车载式 CBRN 侦察方式难以进入的空间或场地实施 CBRN 侦察。图 2-45 所示为 CBRN 下车侦察器材的设计概念图，图中：（1）模块化仪器柜；（2）个人辐射监测仪；（3）个人防护装备；（4）CBRN 和有毒工业化学品探测与鉴别；（5）生物战剂检测；（6）数字化决策支持设备；（7）个人核辐射累积剂量监测；（8）折叠式小推车；（9）双向无线通话设备；（10）氧气浓度监测仪；（11）CBRN 和有毒工业化学品探测与鉴别；（12）手持式爆炸物探测仪；（13）个人防护装备；（14）个人防护装备；（15）发电机；（16）气象仪；（17）手持式辐射探测仪。

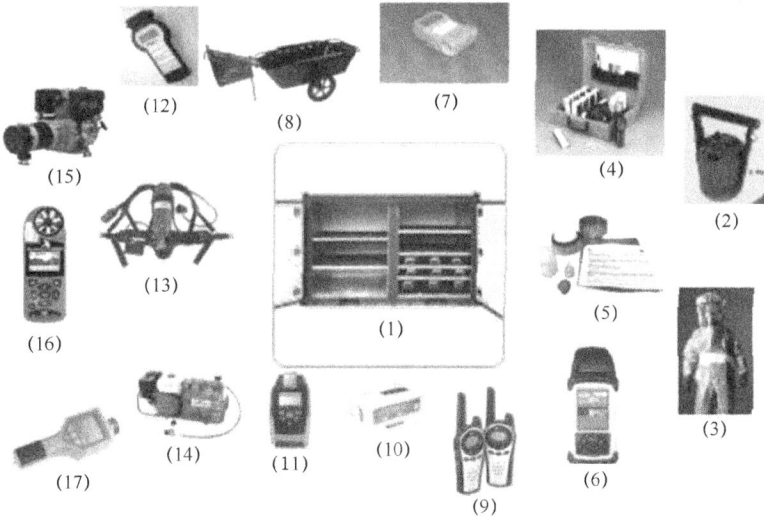

图 2-45　CBRN 下车侦察器材的设计概念图

CBRN 下车侦察器材由商用现货设备和政府可提供的现货设备构成，对 CBRN 威胁实施探测、识别、样品采集、洗消、标示与报告，并针对 CBRN 危害采取个人防护措施。2008—2012 年，共部署了 46 套 CBRN 下车侦察器材，以满足中央司令部和现役陆军部队联合应急作战需求。图 2-46 所示为定型后的 CBRN 下车侦察器材所包含的器材，图中：（1）Fido XT 爆炸物检测器；（2）IdentiFinder U 能谱仪；（3）AN/PDR-77 型便携式多探头辐射仪；（4）Draeger 气体检测管；（5）Scott C420 呼吸道防护面具；（6）QSA 102 取样分析包；（7）M328 CBRN 标记工具箱；（8）折叠式小推车；（9）CF31 信息支持工具箱；（10）远征作战洗消包；（11）正压式呼吸器；（12）2 类防护套装；（13）A 级防护套装；（14）3 类防护套装；（15）M329 型联合水中 CBR 危害物监测仪；（16）AN/UDR-14 型手持式高灵敏军用辐射仪；（17）MultiRAE Pro 六合一射线/气体检测仪；（18）XTS-5000 无线通话设备；（19）M4A1 型联合化学毒剂探测仪；（20）TruDefender FT 手持式化学物质鉴定仪；（21）FirstDefender RMX 手持式拉曼化学物质鉴定仪；（22）数字成像设备；（23）Kestral 4500NV 气象仪；（24）Bauer 压缩机与 PIM 站；（25）MEP 95-531A 型电源；（26）蒸气取样罐；（27）环境控制单元与样品冷藏箱。

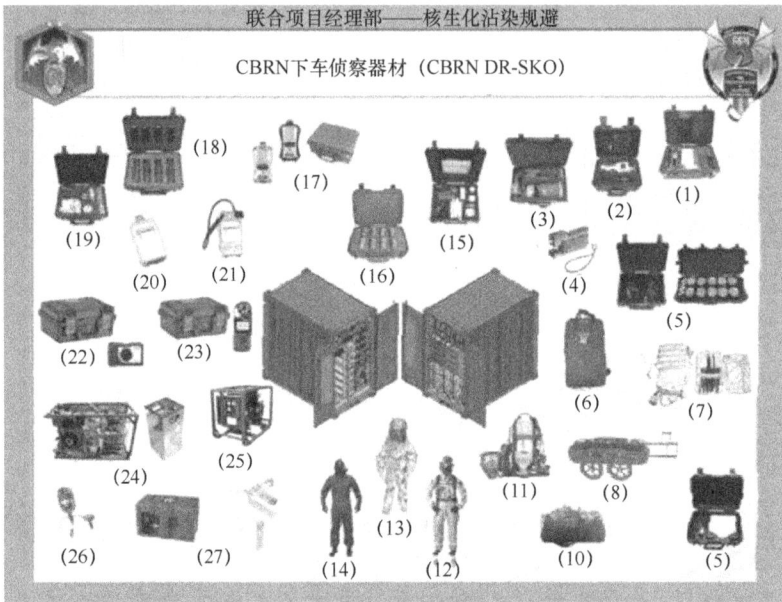

图 2-46　定型后的 CBRN 下车侦察器材所包含的器材

图 2-47 所示为 CBRN 下车侦察器材的模块化仪器柜。

CBRN 下车侦察器材由手持式和便携式设备组成，用于探测与识别可能存在的大规模杀伤性武器及其前体，确定敏感场所防护等级。支持设备卸下来实施下车侦察、监视与 CBRN 场所评估等任务，使指挥员能得到更详细的 CBRN 信息报告。这些场所可能是封闭的或者是有所限制的，使得传统的 CBRN 车载侦察平台不能进入这些场所。对 CBRN 场所进行评估，有助于计划制订者确定是否需要进行更为全面的分析以减轻危险，也有助于计划制订者收集敌方化学毒剂、生物战剂与有害工业物质的情报。

图 2-47　CBRN 下车侦察器材的模块化仪器柜

2.6.3 "狐式"核生化侦察系统

"狐式"核生化侦察系统遂行核生化侦察、发现、识别、图示、标识和报告战场核生化污染。

美军 20 世纪即编配了"狐式"核生化侦察系统，最初的型号为 XM93。现编有 4 种型号，依次为 M93 型、M93A1 型、M93A1P1 型和 M93A1P2 型。

M93 型"狐式"核生化侦察系统属于非研发项目，是美国陆军采购的德国产 TPZ1 型轮式装甲侦察车的改进型。车上集成了核化探测系统，具有报警与通信能力，能够采集土壤、水和蔬菜样品供后续分析，能标识核化污染区域，实时将核化信息发送至作战区域部队指挥员。通过提供正超压使该车具有核生化集体防护能力，从而使乘员受到的危害最小。图 2-48 所示为 M93 型"狐式"核生化侦察系统。

图 2-48　M93 型"狐式"核生化侦察系统

M93A1 型"狐式"核生化侦察系统（Block I）通过上装 M21 型远程感知化学毒剂报警仪实现了远距离化学污染探测。上装的车载 M27 型多用途综合化学毒剂探测仪能够接收来自传感器的污染信息，并与车载定位导航与气象系统提供的信息自动综合，形成综合污染信息后，快速发送至机动作战系统。M93A1 型的乘员数从 M93 型的 4 名减为 3 名。M93A1 型"狐式"核生化侦察系统（Block II）新上装了增强型化学生物探测系统和化学生物质谱仪，实现了运动中化学毒剂远程探测和对液态化学毒剂的探测与识别，并使该侦察平台首次具备了生物战剂探测能力。同样的侦察路线所需时间比 M93 型减少 32%～57%，提高了作业效率。由于集成了军、师数字化核生化技术体系结构，降低了车载计算机后续扩容与升级的费用。图 2-49 所示为 M93A1 型"狐式"核生化侦察系统（Block II）。

M93A1 型主要由 M21 型远程感知化学毒剂报警仪、MM1 型机动式化学生物质谱仪、化学毒剂监测仪或改进型化学毒剂监测仪、AN/VDR-2 型辐射剂量仪、M22 型化学毒剂自动探测报警仪、M27 型多用途综合化学毒剂探测仪、全球定位系统与气象系统等设备组成。

图 2-49　M93A1 型"狐式"核生化侦察系统（Block II）

M93A1P1 型"狐式"核生化侦察系统在装甲车顶部增加了改进的武器系统和固定式前缘缝翼，提高了乘员的战场生存能力。

"狐式"核生化侦察系统具有以下主要性能：

（1）采用高速高机动六轮装甲车，具有越野能力，车速达 65 英里/小时（约 104.6 km/h），水中速度达 6 英里/小时（约 9.65 km/h）；

（2）实现了核生化污染的就地探测与远距离遥测；

（3）实现了液态化生污染物的探测与识别；

（4）实现了环境样品（土壤、水、蔬菜）的采集；

（5）实现了数字化通信；

（6）具有车载微尺度气象系统、全球定位系统和单信道地空无线电通信系统；

（7）实现了自动报警报告（M27 型多用途综合化学毒剂探测仪）。

M93A1 型编配于美国陆军和海军陆战队。

在过去的 20 年中，"狐式"核生化侦察系统经历了不断的技术改造，性能不断提升，改进的方面涉及传感器、车用装甲等诸多方面。

（1）M93 型。M93 型在 20 世纪 90 年代的"沙漠风暴"作战行动中首次亮相。遂行实时机动核生化侦察任务。其上装的 MM1 型机动式化学生物质谱仪与双轮采样系统配合，能对战场上的化学污染进行探测。坚固的正压式集体防护核生化过滤系统能确保士兵侦察行动中的安全。

（2）M93A1 型。20 世纪 90 年代，对 M93 型进行了升级，改称为 M93A1 型。主要增加了远程化学毒剂探测（上装 M21 型远程感知化学毒剂报警仪）、地面温度探头、气象传感器、全球定位系统和 M27 型多用途综合化学毒剂探测仪。同时改进了通信能力，包括车辆内部通信和单信道地面与空中无线通信，后者用于提供短距离与长距离通信。

（3）M93A1P1 型。在"自由伊拉克"作战期间，为了提高 M93A1 型对简易爆炸装置和火箭推进榴弹的防护能力，对 20 辆 M93A1 型进行了改进，包括防护简易爆炸装置的钢板装甲、抗冲击玻璃（用于观察窗）等。改进后的型号被称为 M93A1P1 型。

（4）M93A1P2 型。为了满足美军在西南亚应急作战需求，对 14 辆"狐式"核生化侦察系统进行了改进，改进后的型号被称为 M93A1P2 型。改进内容包括：用 CBRN 处理组替换 M27 型多用途综合化学毒剂探测仪、改进后部狭门、用通用远程作战武器平台 II 替换通用远程作战武器平台。

2.6.4　M329 型联合水中 CBR 危害物监测仪

M329 型联合水中 CBR 危害物监测仪通过探测、识别水中存在的化学毒剂、生物战剂和放射性物质的污染物，为作战部队提供 CBRN 防护。该监测仪具有对经水传播的生物战剂与放射性物质的探测能力，可由 1 人携带，能对饮用水实施两种生物毒素和 α、β 粒子的探测；在遂行 3 类水监测任务时，能对生物污染与放射性污染实施探测与识别。这 3 类水监测任务是：水源位置选择与侦察、存储与分发成品水的处理验证和质量保证。M329 型采用免疫检定条探测与识别生物病原体，采用现役 AN/PDR-77 型便携式多探头辐射仪探测放射性物质。

M329 型利用商用技术和现役装备，是对现役装备 M272 型水样测试工具箱的有效补充，但不是替代。

图 2-50 所示为 M329 型联合水中 CBR 危害物监测仪。

1999 财年，陆军、空军与海军陆战队提出了研发联合军种化学生物战剂水样监测仪的军事需求，海军对该装备也感兴趣。1999—2007 财年，该项目处于研究、开发、试验与评价阶段，提出的核心能力需求是：

（1）能探测与识别水中化学毒剂与生物病原体；

图 2-50　M329 型联合水中 CBR 危害物监测仪

（2）能自动连续监测和分批次采集样品；

（3）能在前线严酷环境下，方便操作、易于保障，有一定的照明功能。

当时的设想是：联合军种化学生物战剂水样监测仪将改进当时的水体监测与净化能力；能自动探测水中不高于危害水平的化学毒剂与生物战剂，对常见干扰物不产生误报警；是一种紧致、便携式仪器，操作方便。

2005 财年，修改了核心能力需求，在第（1）条中增加了"量化"水中化学毒剂与生物病原体的能力需求。同时，在研制设想中增加了探测放射性的要求。2006 财年，项目名称改为联合军种水中 CBR 危害物监测仪。2007 财年，项目名称正式定为联合水中 CBR 危害物监测仪，并继续开展研究、开发、试验与评价。2008 财年进入全速生产阶段，并开始部署，至 2011 财年编配完成。

为了解决项目在研究、开发、试验与评价期间的关键技术，在项目研制的同时，启动了"国防技术目标"研究项目——BTO CB.37 联合化学生物水监测仪。

M329 型具有以下主要性能：

（1）采集 CBR 水样，现场实施探测；

（2）便携式设备；

（3）无误报警。

M329型编配于美国陆军和海军。

2.6.5 化学生物质谱仪（Block Ⅱ）

化学生物质谱仪（Block Ⅱ）作为斯特瑞克核生化侦察车、联合核生化侦察系统和"狐式"核生化侦察系统等的上装设备，用于探测和识别化学毒剂与生物战剂。

化学生物质谱仪（Block Ⅱ）是一款小型、轻量级质谱仪，采用离子阱技术，可安装在移动平台上对化学毒剂和生物战剂进行探测与识别。

化学生物质谱仪（Block Ⅱ）由质谱仪模块、样品进入模块、生物采样器模块和显示单元组成。

化学生物质谱仪（Block Ⅱ）具有以下主要功能：

（1）能实时探测与识别化学毒剂与生物战剂；

（2）地面探头用于化学侦察；

（3）气溶胶采样器、热解器用于生物探测与识别；

（4）与化学生物质谱仪（Block Ⅰ）相比，灵敏度更高，且改进了可靠性、可维修性和可升级性；

（5）用户友好的操作界面；

（6）减小了体积，降低了质量，减少了功耗；

（7）完全内置性能测试；

（8）与JWARN兼容。

图2-51所示为化学生物质谱仪（Block Ⅱ）及主要模块。

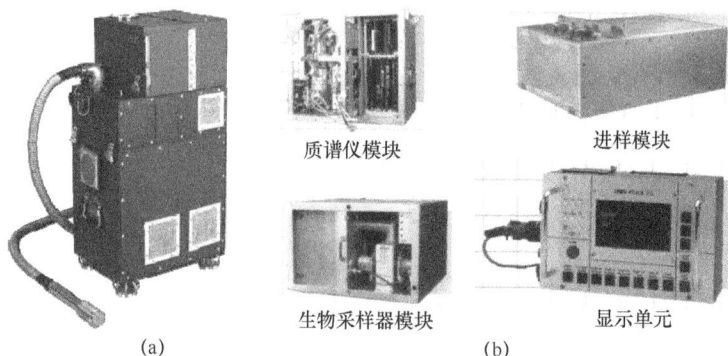

质谱仪模块　　进样模块

生物采样器模块　　显示单元

(a)　　　　　　　　(b)

图2-51　化学生物质谱仪（Block Ⅱ）及主要模块

（a）Block Ⅱ；（b）主要模块。

化学生物质谱仪（Block Ⅱ）的主要性能指标如下。

（1）探测性能。

● 灵敏度：神经性、糜烂性、血液性和窒息性毒剂表面浓度 0.4 mg/m^2，细菌、毒素与病毒每升空气中含有 25 个生物粒子；

- 探测与识别时间：生物<4 min，化学<45 s。

（2）体积与质量。

- 体积：91.44 cm×50.8 cm×35.56 cm；
- 总质量（含生物采样器）：77 kg。

（3）供电。

- 系统功率：峰值功率<1 kW，工作功率<0.5 kW；
- 输入电压：20～31 V。

（4）工作温度与湿度。

- 工作温度：−25～120 ℉（−32～49℃）；
- 工作湿度：5%～95%RH。

（5）冲击与振动：MIL-STD-810E。

（6）电磁兼容：MIL-STD-461。

（7）MTTR：<30 min。

化学生物质谱仪（Block II）编配于美国陆军、空军和海军陆战队。

第3章 CBRN防护装备

3.1 发展规划

CBRN防护为在CBRN污染环境中遂行作战任务提供维持生命和持续作战能力。CBRN防护能力领域通过防止或减少个人和集体暴露在CBRN危害环境中，以及对关键装备实施防护，从而使部队免遭CBRN危害。CBRN防护领域包括三个子领域，即个人防护、集体防护和试验方法。由于许多CBRN防护技术具有相似性，因此联合科技办公室把防护领域的科学技术研究项目作为一个整体来实施管理。联合计划执行办公室对个人防护系统和集体防护系统实施分别管理。

个人防护项目发展供单兵穿戴的防CBRN毒剂的新型装具。个人防护根据CBRN毒剂与人接触的途径分类，分为呼吸道防护、眼睛防护和皮肤防护。一旦技术成熟，就被移交给个人防护联合项目部，并纳入采办计划。个人防护的重点是解决呼吸道防护、眼睛防护和皮肤保护中存在的能力差距问题。防护面具和防护服是个人防护的两个子领域。防护面具的要求是降低呼吸阻力、增强防护性能、提高与武器观瞄系统的兼容性、减轻质量。呼吸道防护技术的重点是发展空气净化技术，以及用于面具镜片和面罩拼接的材料技术。防护手套发展的重点是更好的耐用性、感触性和灵活性，并且能阻燃。防护靴套发展的重点是耐用性更好，质量更轻。皮肤防护技术主要侧重于材料发展，如包括半渗透膜在内的工程化渗透材料、掺入吸附剂的半渗透膜、纳米载体材料、活性材料等。

集体防护项目可为掩蔽所、建筑物和各种平台（如车辆、舰船和飞机）提供无毒环境的系统，保障作战任务的连续性且不影响作战进程。一旦技术成熟，就被移交给集体防护联合项目部，并纳入采办计划。发展集体防护项目的驱动力始于远程作战集体防护能力存在不足。集体防护有两个子领域，即空气净化系统和掩蔽所系统。空气净化技术为机动应用和固定场所应用寻求临时性和永久性的空气净化解决方案。为了提高单向和可再生空气净化系统的性能，研究了先进蒸气分离技术、先进气溶胶/颗粒物分离技术和过滤器剩余寿命标识。掩蔽所技术主要集中于材料开发，如工程化渗透材料、不渗透材料、材料处理方法等。还研究有关保障技术，如先进环境控制单元、电机鼓风机装置、结构部件和试验方法。为了应对当前和未来的CBRN危害，技术改进在于减少电力需求和提高过滤能力。对于空气净化系统和掩蔽所，还进行减轻质量、减小体积、降低费用和提高部署能力方面的技术研究。

试验方法的发展用于为移交的新技术提供保障，新的试验方法发展和验证后被移交到试验靶场。一旦试验方法成熟，就从联合科技办公室移交到联合计划执行办公室下属试验设备对策与保障项目主任，作为靶场验证能力的组成部分。

3.1.1 防护技术发展规划

在 CBRN 防护领域，用户关注的问题涉及各种因素，如穿戴负担、经费成本、性能持续时间、所有 CBRN 毒剂的防护有效性等。从科学技术的角度来看，这些对 CBRN 防护产生影响的因素可理解为，在不增加材料质量和经费投入的条件下，能更有效地吸收、阻挡和消除 CBRN 毒剂，从而减轻后勤负担、减少对作战能力的影响，CBRN 防护科学技术研究还解决空气净化、材料科学、人体机能和系统科学等技术领域的问题。

作为向作战人员提供技术的手段，防护研究项目为联合采办项目提供支持。防护科学技术项目的时间和目标与采办项目是一致的。联合远征作战集体防护在 2008 财年前后会大力推动大部分目标的实现。暂时定名为联合化学防护装具的个人防护装具，在 2013 财年之前会推动大部分技术进行转化。其他技术驱动来自 CBRN 防御以外对重点国防采办项目的支持，包括作为陆军未来战斗系统组成部分的、由车辆乘员下车时使用的地面士兵系统，以及具有特定集体防护要求的、作为重点国防采办项目的车辆和平台。

有效且适用的方法对于支持技术转化，为装备部署提供资质审核手段是必不可少的。针对单独的部件、子系统和完整系统的试验方法是与适用的技术同步开发的。

2008 财年之前，重点是转化用于支持联合远征作战集体防护项目和重点国防采办项目有关车辆与平台的专用技术。目标是弥补联合远征作战集体防护和固定场所集体防护存在的能力差距。特定目标包括：集体防护系统减轻质量、减小体积和降低电力需求；减轻后勤负担，如集体防护过滤器的维护；针对当前和未来的 CBRN 威胁（包括有害工业物质），提升防护性能；提升机动式掩蔽所系统展开和撤收等部署能力。

为了实现上述目标，研究改进系统部件，提升蒸气和颗粒物过滤介质的性能。为了消除过滤器更换的需求、提升针对战场上各种 CBRN 危害的防护性能，研究可再生蒸气与颗粒物过滤材料及其工艺。

在可再生性和活性空气净化方面，完成可再生性和活性空气净化技术的开发和验证，以取代活性炭单向过滤技术。包括评估电致热漂移吸附技术，并制造出高精度原理样机。对压力、温度漂移吸附可再生空气净化技术和催化氧化技术研究，加大资金投入。

在改进单向过滤方面，开发剩余寿命标识系统，检查化学蒸气脉冲探头，评估化学毒剂的剩余量。该技术为集体防护过滤系统提供在线评估能力。此外，制造并试验高精度过滤器原理样机。发展该项技术使得吸附剂技术研究达到最高水平，该项技术包括新型、优化的颗粒物与吸附介质，与已部署的装备相比，这种新型介质具有后勤负担小、防护对象广（包括化学毒剂和有害工业物质）的特点。上述技术都是现役系统改造的候选技术。

在掩蔽所材料、涂层与处理方面，完成一种新的轻型屏障材料，适合于作为帐篷的外层材料。这种材料把 n 型氯胺掺入织物的内表面，并用形成孢子的生物战剂、硫芥子气和选定的非传统毒剂对这种材料进行了评估。此外，还将完成对涂层的评估，以便为现役集体防护掩蔽所结构改进做好准备。先进空气净化模型方面，完成用于先进空气净化系统规模大小、最优化、灵敏度和评估等研究工具的工作。初始建模能力将用于单向、催化氧化、压力或温度漂移吸附和电致热漂移吸附等技术的改进。

在试验评价方法方面，完成部件试验和系统试验方法的开发，用于保障联合远征作战集体防护系统的研发。开展的工作包括：综合样品试验方法与实时样品试验方法；空气净化部件、子系统与全系统试验方法；全系统舱室试验方法与野外试验方法。试验方法和评价设备的开发将移交给试验设备对策与保障项目主任。

2013 财年之前，技术转化的重点是支持综合套装项目的启动，满足用户对发展新型个人防护途径的渴求。个人防护的主要目标是解决呼吸道防护、眼睛防护和皮肤保护中存在的能力差距问题。对于现役个人防护系统来说，作战人员面临的主要问题是穿戴防护装具后增加了遂行任务时的负担，并导致作战能力下降。此外，个人防护系统必须解决气溶胶态毒剂、非传统毒剂和新兴毒剂经呼吸道、眼睛和皮肤对作战人员产生的威胁。对此问题的物理解决方法是侧重于新型材料的开发，这种新型材料能为作战人员提供更好的防护，同时减少长期使用个人防护装具给作战人员带来的生理负担和后勤负担。开发的材料包括：坚固、轻量和触觉屏障的材料；抗毒剂和选择性渗透材料；抗气溶胶和抗蒸气透气材料。还研究在材料中加入自解毒组分，以强化防护材料（减轻防护材料）、增加使用寿命，并减少在脱下防护装具的过程中产生的毒剂次级转移和再次气溶胶化造成的威胁。单兵用空气净化物理解决方法的重点是，为先进吸附剂和气溶胶、颗粒物过滤开发新型材料，其目的是减小过滤器尺寸、减轻过滤器质量、减小过滤器剖面、降低呼吸阻力，同时提高对包括有害工业物质在内的广谱 CBRN 威胁的防护性能。旨在减轻作战人员的负担并提高遂行任务能力的个人防护综合套装，将成为上述新技术使用的平台。作战人员负担和遂行任务能力的下降是基于广泛的认知和人员生理影响的。掌握这些影响因素是形成设计思路和早期评估技术的基础。此外，在集体防护方面，通过提供全系统方法而不是部件方法，实现了技术转化的根本性进步。国防高级研究计划局进行了免疫构建项目研究，通过一种名为免疫构建工具包的计算机模型，对备选系统和技术方法进行分析。这些研究将用于 2013 财年之前集体防护备选技术的开发。

2023 财年之前，随着作战人员越来越多地与网络连接，防护技术也应该与网络技术相结合。通过综合信息链路和自动信息链路，作战人员能够随着威胁的变化而变更防护态势，当威胁迫在眉睫时，作战人员可提升防护等级；当威胁减轻或结束时，作战人员可降低防护等级或解除防护，因此，总体上减轻了作战人员的防护负担。此外，智能材料能对遭受 CBRN 污染的作战人员及时发出报警报告，并据此启动洗消或治疗等应对措施。集体防护领域的研究，旨在寻求新颖、低成本和可按比例伸缩的方法，从而使其能无缝嵌入所有建筑和车辆设计中，并支持固定设施的快速改造。开发出尽量不依赖超压技术而更多地依赖网络集成和快速响应的集体防护系统方法。开发出包括可剥离涂层、自解毒表面和响应性（可切换）表面等技术，用于支持集体防护系统的快速配置，快速减轻集体防护系统内部污染物因漂移产生的转移。

国防高级研究计划局在 CBRN 防护领域开展了相关技术研究，目的是在病原体和毒素进入人体前将其消除或中和。开展的自解毒表面项目研究工作，旨在探索、鉴别和发展具有创造性的新材料，最终目标是提供一种具有生物杀菌和自我清洁、更新行为的表面处理技术。初步研究成果将演示验证该技术用于军用车辆外表面及作为与敏感电子设备兼容的涂层的适用性。

对于现役 CBRN 防护系统，用户关注的问题涉及多种因素，如防护负担、经费投入、防护性能的持久性、广谱防护的有效性等。从科学技术的角度来看，这些对 CBRN 防护产生影响的因素可理解为，在不增加材料质量和经费投入的条件下，能更有效地吸收、阻挡和消除 CBRN 毒剂，从而减轻后勤负担，减少对作战性能的影响。具体的技术挑战可细分为空气净化技术、材料科学、人体机能和系统工程。

在空气净化研究领域：

一是开展低分子量有害化学蒸气的去除技术研究。化学浸渍活性炭对酸性气体毒剂和低分子量有害工业物质的使用寿命和有效性都有限。需要发展能提高吸附效率和去除效率、延长使用寿命、减小体积质量的新技术。基于新型材料（如纳米技术）的新型吸附剂显示出能显著提高吸附效率和毒剂吸收速率的能力，且降低压降、减小过滤器剖面，有可能适用于低分子量化合物的吸附与去除。

二是开展节能非吸附工艺研究。化学毒剂的催化氧化或生物战剂的热破坏等活性工艺，由于需要太多的电力供给，在能源供应不足的情况下是不适用的。因此，为了显著减少能源消耗，实现对毒剂的破坏，需要革新技术或创新应用。

三是开展高效低阻亚微米粒子去除技术研究。目前的高效颗粒物去除技术对气流造成巨大的压力屏障（压降），对直径 0.3 μm 以下的粒子去除性能很差。通过打褶增加表面积来降低压降的技术会增加滤床的尺寸。需要发展能显著降低单位面积压降、提高亚微米粒子去除效率的技术。此外，可再生和（或）无介质粒子去除技术需要对尺寸、质量和功率等都有效的技术。

四是开展剩余寿命标识技术研究。过滤器和防护服等 CBRN 防护系统在产品标签或技术手册中规定的使用寿命都是有限的。然而，装备的使用寿命往往严重依赖环境因素，如温度、相对湿度和环境污染物附着。这些因素可能导致装备和材料在服役寿命期内就不得不被丢弃，也可能导致装备和材料在作战性能不满足要求的情况下仍然继续服役。因此，需要发展能持续向用户通报装备和材料剩余寿命的技术。剩余寿命标识技术必须具有广谱性，能与装备和材料的剩余服役寿命直接相关，而不是仅针对某些特定污染物或毒剂。

在材料科学研究领域：

一是开展活性可选的稳定自解毒材料研究。自解毒材料被视为一种提高使用寿命和性能，同时减少热负荷的手段。自解毒材料的其他优点还包括减少在脱下防护装具过程中产生的二次接触危害和再次气溶胶化的危害。这种自解毒材料对广谱毒剂必须安全可靠、稳定有效。

二是开展选择性高效渗透材料和透气性高效气溶胶、颗粒物隔离材料的研究。选择性渗透材料能把液态、气溶胶态和蒸气态毒剂隔绝在外部，但能把水汽排出，从而减少热负荷。目前已有限部署的基于选择性高效渗透材料的防护装备，对于空气可渗透吸附防护装具来说虽然热负荷相当，但包装体积和质量均得以减小，且增加了对精细气溶胶态毒剂的防护能力。为了减轻用户的热负荷，新型选择性渗透材料需增加水汽渗透性能并增加对液态毒剂的隔离性能。此外，还对弹性体选择性渗透材料进行了研究，这是一类新的隔离材料，可用于贴身隔离或替代不透水隔离材料。透气性高效气溶胶、颗粒物隔离材料可与吸附技术或自解毒技术相结合，用于捕集气溶胶毒剂。其他可能的技术途径，如使用纳米纤维网状物，有可能满足高效性和透气性，但在实用之前必须解决所选材料在强度与可制造性等方面存在的问题。

三是开展高强度超薄柔性、触觉隔离材料研究。经典化学毒剂和非传统毒剂都能穿透许多高分子隔离材料。为了达到所需的防护水平，现役防护手套、靴套和掩蔽所系统等所用的材料通常是又厚又硬的，导致触觉降低，细微运动性能下降，并增加了热负荷。因此，为了研发轻型掩蔽所、薄且有触觉的防护手套和靴套，需要发展能构建又薄又坚固的 CBRN 新型隔离材料。

四是开展轻量低功耗或被动式微气候冷却研究。防护装具显著增加了作战人员的热负荷。需要研发出能降低热负荷的材料，并把其用于防护装具中，使防护装具能增加水汽透过率与空气透过率、降低热阻或者能利用其他自然冷却过程。如果着重于无源冷却过程、能在不高于 30 W 的功率下工作并提供不低于 150 W 的冷却效果，则需要发展有源供电技术。

五是开展智能、可控、可切换、选择性渗透材料的研究。随着作战人员越来越多地接入网络，防护技术也应该与这种新兴能力相结合。一体化自动信息链接通过自动响应 CBRN 危害，使作战人员在危害来临时能提高防护水平、在危害过去后能降低防护水平，从而减轻了作战人员的总体负担。此外，智能材料能报告遭受 CBRN 危害的人员情况，并启动洗消作业和医学治疗。

六是开展人体机能研究。这里人体机能指与"舒适"有关的人员认知参数和生理参数。对于作战人员来说，现役 CBRN 防护装备导致作战人员作战负担增加和遂行作战任务能力下降是主要问题。而作战人员作战负担增加和遂行作战任务能力下降是基于多种认知因素和生理因素的。有些因素是可以量化的，如作战人员热负荷；但有些因素却是不能量化的，如作战人员对防护装具密闭效果的认知。因此，为了对个人防护装具的价格、性能和负担等进行最佳设计，需要通过多变量分析来进行综合权衡并提出模型。

七是开展系统工程研究。系统工程对防护装备的替代方案进行研究。现役和正在研发的个人与集体防护装备设计使用的仍然是第一次世界大战后不久发展起来的基本设计的改型。为了确定新技术的价值，需要进行全系统分析，以便采用这些新技术使个人防护和集体保护装备产生革命性的变化。

3.1.2 防护装备发展规划

作战部队并非总能规避 CBRN 危害。因此，必须向作战人员和作战部队提供能免遭致命性毒剂影响的相关器材。CBRN 防护装备必须对所有已知的威胁都有效，且对作战人员和作战装备的影响最小。CBRN 防护措施使美军能在 CBRN 污染环境中保持作战优势。

CBRN 集体防护研究、开发与采办的目标是为美军提供装备，使美军作战人员保持作战能力，能够在 CBRN 污染环境下遂行作战任务；在维持或提高现有防护水平的前提下，减轻作战人员的生理负担和后勤负担。

对防护面具和过滤器进行改进，减少呼吸阻力，从而提高遂行作战任务的能力。防护面具系统需要增加 CBRN 环境下的生存能力，同时提高与作战装备或个人装备的兼容性。未来的呼吸道防护系统，如联合军种飞机乘员面具，需要提高与生命支持设备和战术系统的兼容性，且在防护传统 CBRN 毒剂的同时，能防护非传统毒剂和有害工业物质。未来的重点是一体化呼吸道防护系统，能够实现与单兵、战术系统及乘员保障系统的最佳兼容。未来防护面具系统的关键技术包括面具过滤器服役寿命指示器、先进材料、吸附剂改进、防护评估试验技术与模型的改进。

未来美军防护服套装需要在减少体积和质量的同时，保持防护性能和使用耐久性。作为一个革命性的项目，联合军种轻型综合套装技术项目通过采用革命性的技术，满足未来的需求，随着技术的成熟，防护手套改进计划（Block II）和可替换鞋袜系统、综合鞋袜系统均被纳入联合军种轻型综合套装技术项目，作为化学防护系统的解决方案。

集体防护装备的重点主要是发展乘员级、分队级和平台级的 CBRN 防护系统。新型集体防护装备具有小型、轻量、价廉、易于后勤保障等特点。对于关键性作战，如在穿戴个人防护装具会为作战人员带来不可接受的负担的场合，或为作战人员提供休息场所，需要能提供干净、清洁环境的新型集体防护系统。

CBRN 防护现代化的重点包括，一是现役蒸气和颗粒物过滤介质的改进，目的是延长过滤器的使用寿命，提高过滤器对现实威胁和潜在威胁的防护性能。二是先进空气净化技术（蒸气和颗粒物），与环境控制技术相结合，极大地减轻后勤负担，并为应对各种威胁提供极大的性能改进。三是扩大化学防护系统在联合军种各种机动平台、可移动式平台和固定设施内的应用。四是可移动式掩蔽所在一体化供电、环境控制和空气过滤等方面得到改善。五是现役集体防护系统改进，主要是减轻质量、减少体积和降低功耗。六是为满足储存和采购要求，联合军种过滤器实现标准化。

CBRN 防护装具在 2008 财年之前发展联合军种轻型综合套装技术、黑色乙烯基靴套、防护手套改进计划（Block I）、防护手套改进计划（Block II）、可替换鞋袜系统、综合鞋袜系统、战斗车辆乘员防护连裤服、联合飞机乘员防护装具。在 2013 财年之前发展联合化学防护套装。

在 2008 财年之前，呼吸道防护装备发展 M40 型系列防护面具、M42 型系列防护面具、M45 型系列防护面具、M53 型系列防护面具、联合军种通用防护面具、联合军种化学环境生存面具、空勤人员眼睛与呼吸道防护、MPU-5 型联合军种旋翼式飞机乘员面具。在 2013 财年之前，发展联合军种固定翼飞机乘员面具、联合军种攻击战斗机飞机乘员面具。

在 2008 财年之前，集体防护装备发展化学生物防护掩体、可部署式化学防护医疗系统、远征作战集体防护医疗保障、舰用集体防护系统（改进）、M20A1 型掩蔽所。在 2013 财年之前，发展联合远征作战集体防护。

3.1.3 联合军种 CBRN 防护计划

1. 个人防护

个人防护包括以下几大类：地面防护装具、空中防护装具、地面呼吸道防护、空中呼吸道防护、个人防护面具测试装备。

（1）**地面防护装具**。未来作战人员防护服套装要在不降低防护性能和使用耐久性的同时，减少体积、减轻质量。联合化学防护装具项目通过把成熟的革命性技术应用于化学防护套装技术方案，来满足上述需求。

联合军种轻型综合套装技术项目可替换经美国国会授权的政府与行业合作项目，旨在为联合军种轻型综合套装技术项目的所需材料寻找更多的来源。满足所有测试要求的可替换来源资质候选者将被考虑列入批准的材料清单。此外，测试了两种使用半渗透膜的行业初始示范产品，目的是确定这两种产品的研发可能，并在下一代套装技术中考虑其应用。

个人防护联合项目部为满足联合军种防护需求，寻求能提供通用 CBRN 防护靴套的可替换鞋袜系统。CBRN 防护靴套是一个体系，对于现役装备，有绿色乙烯基靴套或黑色乙烯基靴套、化学防护靴罩、多用途靴套、改进型船用 ACTON 轻型靴套等。可替换鞋袜系统一旦投入使用，将替代联合军种所有现役的 CBRN 防护靴套。

之前被称为多用途防护鞋的综合鞋袜系统是联合军种轻型综合套装技术项目中防护套装的一部分。综合鞋袜系统满足联合军种轻型综合套装技术和联合空勤人员防护套装对穿着在军种作战鞋里的 CBRN 防护袜可以洗涤的要求。综合鞋袜系统也是将来联合军种轻型综合套装技术项目中可替换鞋袜系统的关键组成部分，包括调研一款与防护袜一起穿着时能为作战人员提供 CBRN 防护的作战靴。在穿着乙烯基防护鞋无法遂行作战任务时，作战人员可把综合鞋袜系统穿在军种作战靴的里面。

防护手套改进计划（Block II）为作战人员手部提供针对液体、蒸气和气溶胶形态的 CBRN 毒剂的保护，实现水分的半渗透或选择性渗透，防止水分过多积聚，提高用户的佩戴舒适度。Block II 防护手套具有阻燃功能，且当暴露在石油、汽油、润滑油及战场污染物中时，该防护手套的性能不会降低。防护手套改进计划（Block II）满足各军种对 CBRN 防护手套的要求。防护手套改进计划（Block II）通过更严苛的试验使其比防护手套改进计划（Block I）的性能更好，满足用户对防护手套更广泛的需求，即满足联合军种轻型综合套装技术《作战需求文件》中地面用户和舰船用户对防护手套的需求，以及联合空勤人员防护套装《作战需求文件》中空中用户对防护手套的需求。通过精确设计，防护手套改进计划（Block II）能实现与联合军种轻型综合套装技术和联合空勤人员防护套装的袖子完全契合（防护手套与防护套装有一个一体化的接口），并与面向任务的防护态势切换、防护装备受污染后的脱下，以及防护装具的去污洗消战术、技术与规程完全兼容。

战斗车辆乘员防护连裤服是一款轻型防护服，用于化学威胁和生物威胁环境中替代战斗车辆乘员作战服，或直接穿在作战服的外面。战斗车辆乘员防护连裤服具有阻燃特性，能为紧急逃离车辆提供热防护。采用选择性渗透材料，当沾染作战环境中的石油、汽油和润滑油时，不会降低其防护性能。与防护面具及其附件、防护帽、防护手套、防护靴套和其他战斗车辆乘员辅助设备都兼容。

（2）**空中防护套装**。联合空勤人员防护套装是一款可用于 CBRN 防护和防火的防护服套装，适用于海军、海军陆战队、空军、陆军和特种作战司令部所有固定翼飞机的飞行员和机组人员，以及海军、海军陆战队、陆军和特种作战司令部所有旋翼式飞机的飞行员和机组人员。联合空勤人员防护套装采用经过验证的联合军种轻型综合套装技术，为飞行员提供现代化的防护功能，取代浸渍型防护内衣和空乘人员化学防护套装（CWU-66/77P 型）。研发联合空勤人员防护套装的目的是为空乘人员提供 CBRN 防护服，且不会使空乘人员的作战能力下降。与现役防护服相比，联合空勤人员的防护套装提高了防护性能，同时减少了热应力和质量。联合空勤人员的防护套装可与联合军种飞机乘员面具、现役防护面具、联合军种轻型综合套装技术手套、多用途靴套或 CBRN 防护靴等实现全面一体化。联合空勤人员防护套装采用 Block 改进采购方案。Block I 能对液态、颗粒状、蒸气和气溶胶态 CBRN 毒剂实施防护，防护时间长达 16 h 且具有阻燃特性。Block II 能满足旋翼清洗防护关键性能参数要求。

（3）**地面人员呼吸道防护**。国防部研发了一种用于 CBRN 保护面具过滤器的低成本使用寿命终止指示器，该指示器能提示用户防护面具过滤器已被污染，并指出剩余使用寿命的限值。

联合军种通用防护面具是一款轻型防护面具，采用最先进的技术为美军提供 CBRN 防护。其关键需求包括：CBRN 保护时间不少于 24 h、改善适应性、视界要求、降低呼吸阻力、减轻质量和体积。在面具部件设计时，最大限度地减少了对佩戴者作战能力的影响，并最大限度地提高了与军种作战装备及防护服的接口能力。

联合军种化学环境生存面具（Block I）为各级指挥官提供更多的防护选项，特别是在非战争行动中。联合军种化学环境生存面具（Block I）是一款紧凑、轻量、一次性使用的防护面具，在使用军种标准防护面具不可行的情况下，用于面临化学毒剂威胁条件下作战人员、低水平化学毒剂威胁条件下医务人员与伤病员的应急防护。可以预见，当作战人员遂行特种作战任务或承担非战争任务时，可使用联合军种化学环境生存面具（Block II），当 CBRN 威胁可能出现但不太可能使用时，作战人员可携带联合军种化学环境生存面具。这种防护面具是一款规格全军适用型面具，根据毒剂浓度水平，提供有限的防护能力，最大防护时间近 6 h。

（4）**空乘人员呼吸道保护**。联合军种飞机乘员面具为飞机乘员提供针对 CBRN 毒剂的个人头部、眼睛和呼吸道防护，对于高性能飞机，能在高加速度及可能产生的失重导致意识丧失情况下，为飞机乘员提供 CBRN 防护。联合军种飞机乘员面具与现役和计划研发的 CBRN 装备，以及生命支持系统兼容，且具有阻燃和热防护特性，减少了现役 CBRN 防护面具造成的热应力。该面具有两种型号，一种用于旋翼式飞机乘员，另一种用于固定翼飞机乘员，能替代所有现役各军种编配的空乘人员 CBRN 防护呼吸器。

陆军部署了 M48 型防护面具，替代 M43 型系列面具。M48 型是为阿帕奇飞行员设计研制的，提供了一个轻量级的电机鼓风机单元，使用标准电池，防护能力也有所增加。美国陆军还用 M45 型系列防护面具替代普通飞行员（非阿帕奇）编配的 M43 型。与 M43 型相比，M45 型质量更轻、价格更便宜，并且具有不需要强制通风即能实现 CBRN 防护的功能。

（5）**个人防护面具测试装备**。联合军种面具漏气测试仪是一款便携式装备，用于进行预防性维修检查和服务，能够确定现役和未来 CBRN 负压防护面具的可用性、适配性，且能识别有缺陷的面具部件。该系统能依据标准对防护面具的性能进行定量与定性测试，确定防护面具存在的缺陷及其适用性，从而为联合军种提供远程作战能力。

2. 集体防护

各军种现役 M20A1 型简易核生化集体防护装备能提供集体防护能力，增加了环境控制部件。M20A1 型能隔绝液态和蒸气态毒剂，并允许扩大防护面积。新的联合军种项目——野战医院集体防护装备，是为构建各军种可部署式集体防护野战医院而设立的，包括陆军展开式医疗系统、空军远征作战医疗保障和海军远征作战医疗设施。

野战医院集体防护装备把具有环境控制能力的集体防护装备集成于陆军、空军和海军现役野战医院，能在 CBRN 污染环境中维持 72 h 的医疗作业。

陆军展开式医疗系统将 M28 型集体防护装备、化学防护加热器与空调、报警装置集成于基于帐篷的现役展开式模块化医疗帐篷和掩蔽所，使后者具有化学防护能力。陆军展开式医疗系统还包括 CBRN 防护供水系统与厕所系统。

空军远征作战医疗保障把具有环境控制能力的集体防护装备嵌入用作医院的现役掩蔽所。空军远征作战医疗保障是空军战区级医院的组成部分，为整个战区部队或指定人群提供单独的床位和战区级医疗服务。采用模块化设计，通过提供灵活的住院能力，来满足战区需求。空军远征作战医疗保障能为多达 6 500 名面临危险的人群提供 24 h 不间断呼叫、25 张住院床位和紧急医疗护理；提供一个无污染环境，医务工作者能在不穿戴个人防护装备的情况下对病人进行治疗。

海军远征作战医疗设施把具有环境控制能力的集体防护装备集成于海军远征作战医疗设施舰队医院。舰队医院是海军首个也是最重要的陆基医院，开展大量的医疗服务和外科手术。舰队医院是可移动式的医院，可维持 60 天以上的医疗服务，能部署在各种作战环境中。舰队医院有两种，一种是 500 个床位的医院，另一种是 20~116 个床位的远征作战医疗设施。海军远征作战医疗设施采用了新型可部署式医疗单元，需要与 M28 型集体防护设备集成。

化学生物防护掩体是一款高度机动、快速部署的掩蔽所系统，用作师级和前沿作战地区的医疗设施。化学生物防护掩体是自持式医疗系统，与一个专用机动平台和一个轻型多用途掩蔽所永久集成在一起。车辆不仅牵引一台拖车和一套发电机组，还能运输空气束来支撑软体 CBRN 防护掩蔽所、自持式环境保障系统和供电系统、4 名乘员与各种工具、医疗设备。根据作战人员对化学生物防护掩体使用情况的反馈，为了提高系统使用可靠性，采用了更可靠的自供电环境控制系统来替代液压子系统。

3.2 防护装备研发进展

美军十分重视 CBRN 防护装备的开发和采办，自 2008 财年至今，在个人防护、集体防护装备发展方面取得了长足进展。

1. 2008 财年

（1）个人防护联合项目部和集体防护联合项目部开发了能改进现役装备与系统战斗人员防护能力的几个项目。战斗车辆乘员防护连裤服项目完成了全速生产里程碑 C，是阻燃、防石油、汽油、润滑油的半渗透性防护服，保护战斗人员免遭化学生物威胁。联合远征作战集体防护项目完成里程碑 B，为联合远征部队提供可运输的和模块化的 CBRN 防护装备。

（2）安装集体防护系统（如对进入最关键内部空间的空气进行过滤）仍然是保护舰船人员最有效的方法之一。2008 年，对 11 艘海军两栖舰实施了舰载集体防护系统的状态变更。按计划于 2009—2011 年完成另外 4 艘海军两栖舰舰载集体防护系统的状态变更。

（3）生化防御计划向海军部署了联合空勤人员防护套装，所有海军空勤人员都将部署该装备。

（4）海军为航空兵和特种作战任务部队部署了新型综合鞋袜系统。

（5）计划为海军远征司令部提供联合远征作战集体防护。

（6）本财年美军 CBRN 防护装备列编情况如下：防护手套改进计划（Block II，非阻燃型）陆军编 53 565 副、空军编 137 862 副、海军编 80 060 副、海军陆战队编 11 321 副；可替换鞋袜系统陆军编 53 098 副、空军编 49 990 副、海军编 31 425 副、海军陆战队编 16 079 副；综合鞋袜系统海军编 14 894 副；联合军种通用防护面具空军编 10 282 副、海军编 2 000 副；联合军种面具漏气测试仪陆军编 39 台、空军编 312 台、海军编 33 台；展开式医疗系统（训练工具）陆军编 1 套。

2. 2009 财年

（1）联合远征作战集体防护项目完成了初步设计评审，开始了研发试验。

（2）化学生物防护掩体项目生产了 2 套完整的原理样机系统，开始为首件产品试验生产代表性部件。

（3）野战医院集体防护装备项目完成了陆军展开式医疗系统到医疗重组计划配置的转换，还为陆军展开式医疗系统完成了一期新设备培训。

（4）在 2009 财年第三季度，开始生产战斗车辆乘员防护连裤服，首批 150 套于 2009 年秋季交付陆军和海军陆战队，随后又交付了 15 538 套。战斗车辆乘员防护连裤服是一种耐火且抗汽油、石油和润滑油的半渗透防护服，可为战斗人员提供化学生物防护。该防护服专为战斗车辆乘员设计。

（5）部署了 14 6186 具联合军种通用防护面具，替代现役 MCU-2P、M-40 和 M45 系列防毒面具。

（6）交付了下列防护服配套装备：可替换鞋袜系统共 471 282 套，综合鞋袜系统共 54 330 套，联合军种轻型综合套装技术 Block II 非阻燃手套升级版 292 185 副，联合空勤人员防护套装共 18 184 件。

（7）开始把催化氧化空气净化技术集成于 M1A1 型"艾布拉姆斯"主战坦克试验台，提供了清除化学毒剂的能力，对有害工业化学品防护能力也有显著改进。此外可减轻后勤负担。

（8）启动了把催化氧化空气净化系统集成于舰船的研究，开始把催化氧化空气净化技术用于分析实验室系统手套箱废气排放的设计、制造和评估。

（9）启动了用于海军运送潜在传染性人员的防疫与隔离装备的有限目标实验。

（10）把 F-35 联合攻击战斗机飞行员 CBR 防护面具需求纳入现有联合军种飞机乘

员面具（固定翼）项目，作为基本型的改型，采用经过验证的成熟技术，开发时间能够满足联合攻击战斗机项目里程碑决策的要求，且节约了联合攻击战斗机的研发成本。

（11）与行业界、政府机构、政府实验室等合作研究未来过滤技术，开发出能对数种高优先等级有害工业化学品威胁实施有效防护的过滤技术。试验表明，在未来 10～18 个月内，有望针对关键毒剂改进过滤能力。与政府机构和行业界展开合作是联合计划执行办公室运作的重要标志，有力推动了技术向所需状态发展。

（12）计划开发 F-35 联合攻击战斗机化学生物综合去污能力。

（13）计划在 2 艘两栖舰上固定安装经状态变更的舰载集体防护系统。

（14）启动一项计划，通过改进舰船集体防护系统，使其能耗最低，从而降低全寿期的运行与维护成本。

（15）开展固定场所集体防护试验台研究工作，用来确定不同气象条件和不同防护体系下固定设施的污染渗透水平。

（16）通过野战医院集体防护装备项目演示验证海军远征医疗设施的集体防护能力。

（17）分析确定固定场所集体防护采用当前技术和新兴技术的效费比。

（18）联合军种飞机乘员面具（旋翼式）和面具防护单元（MPU-6/P）阿帕奇攻击直升机改型完成全速生产决策。联合军种飞机乘员面具（旋翼式）项目的阿帕奇改型替代 M43 型和 M48 型现役面具。通过使用单个产品或系统替换多个现役产品和系统，可以获得相当大的效率。

（19）个人防护联合项目部正与美国国家职业安全与健康研究所合作，验证 M50 型联合军种通用防护面具在 CBRN 事件期间可作为非军事特殊情况用于国防部平民、承包商和军事应急响应人员。

（20）与后勤管理研究所合作，修改现有自动化供应链建模软件，解决与个人防护装备组合项目相关的复杂生命周期和工业基地管理问题。建模提供评估工业基地能力的一种手段，能反映需求变化、新材料与设计变化、关税调整等对工业基地的影响。

（21）个人防护联合项目部、陆军副部长助理试验评价办公室、陆军试验评价中心、达格韦靶场和埃奇伍德化学生物中心正在共同努力，快速开发和建立新的试验方法，改进针对化学毒剂的呼吸道、眼部和皮肤防护野外试验。快速试验开发项目将解决最近采办计划发现的试验能力差距，该项目预计在未来 12 个月内完成。

（22）本财年美军 CBRN 防护装备列编情况如下：防护手套改进计划（Block II，非阻燃型）陆军编 89 072 副、空军编 87 039 副、海军编 41 255 副、海军陆战队编 63 071 副；可替换鞋袜系统陆军编 140 953 副、空军编 231 745 副、海军编 50 280 副、海军陆战队编 118 840 副；综合鞋袜系统海军编 36 036 副、特种作战司令部编 30 182 副；联合军种通用防护面具空军编 99 976 副、海军陆战队编 50 000 副；联合空勤人员防护套装陆军编 14 111 套、海军编 20 486 套；联合军种面具漏气测试仪空军编 65 台、海军编 15 台。

3. 2010 财年

（1）启动了系统级联合远征作战集体防护项目原理样机的研发试验与评价。

（2）启动了增强型 M98 型过滤器装置试验，评价新型活性炭配方对化学毒剂和有害工业物质的防护性能。

（3）继续部署联合军种通用防护面具，美军各军种最终都将使用联合军种通用防护面具。

（4）本财年美军 CBRN 防护装备列编情况如下：防护手套改进计划（Block II，非阻燃型）陆军编 208 197 副、空军编 98 188 副、海军编 89 199 副、海军陆战队编 89 452 副；可替换鞋袜系统陆军编 166 020 副、空军编 94 060 副、海军编 65 648 副、海军陆战队编 59 677 副；战斗车辆乘员防护连裤服陆军编 3 146 套、海军陆战队编 2 904 套；联合军种通用防护面具空军编 129 588 副、海军陆战队编 4 000 副；舰载集体防护系统海军编 2 套。

4. 2011 财年

发布了 CBRN 一体化综合防护套装（增量 I）建议书，来源选择评估委员会完成了对行业建议来源的审查。CBRN 一体化综合防护套装将降低穿戴者的热负荷。

本财年美军 CBRN 防护装备列编情况如下：防护手套改进计划（Block II，非阻燃型）陆军编 13 605 副、空军编 1 416 副、海军陆战队编 8 988 副；可替换鞋袜系统陆军编 557 副、海军陆战队编 7 260 副；战斗车辆乘员防护连裤服陆军编 3 132 套、海军陆战队编 853 套；联合军种通用防护面具空军编 52 186 副、海军陆战队编 30 500 副。

5. 2012 财年

（1）CBRN 一体化综合防护套装项目（增量 I）获批准进入国防采办系统工程与制造开发阶段，签署了三份合同。该防护套装通过减轻装备质量、减小装备体积和降低装备热应力，提高个人防护能力。

（2）截至 2012 财年，联合计划执行办公室总共部署了超过 50 万具联合军种通用防护面具。完成了美国空军地勤人员 CBRN 呼吸道和眼部防护现代化，继续为美国陆军和海军生产并部署联合军种通用防护面具。2012 年 1 月，陆军合同司令部阿伯丁靶场与第二家合同商签署了用于联合军种通用防护面具的 M61 型过滤器的合同。

（3）联合远征作战集体防护项目于 2012 年 8 月成功进行了一次作战评估，为 2013 年 2 月的里程碑 C 决策提供了使用信息反馈。里程碑 C 授权该项目进入国防采办系统生产部署阶段。联合远征作战集体防护将为联合远征部队提供轻便、紧凑、模块化、价廉的集体防护能力。联合远征作战集体防护系列包括帐篷组件、结构组件和独立掩蔽所。

（4）联合军种飞机乘员面具项目完成了满足全军总需求的 2 381 具阿帕奇改型（MPU-6/P）面具的生产。阿帕奇改型（MPU-6/P）面具也为陆军 AH-64 直升机空乘人员提供头部、眼睛和呼吸道防护。

（5）本财年美军 CBRN 防护装备列编情况如下：防护手套改进计划（Block II，非阻燃型）陆军编 109 000 副、空军编 39 240 副、海军编 42 516 副、海军陆战队编 30 520 副；"可替换鞋袜系统"陆军编 50 000 副、空军编 18 000 副、海军编 18 000 副、海军陆战队编 19 000 副；战斗车辆乘员防护连裤服陆军编 4 344 套；联合军种通用防护面具空军编 52 527 副、海军编 106 000 副、海军陆战队编 10 000 副；联合军种阿帕奇攻击直升机乘员面具（MPU-6 型）陆军编 1 129 副；舰载集体防护系统海军编 1 套。

6. 2013 财年

（1）CBRN 一体化综合防护套装项目（增量 I）进入国防采办系统生产部署阶段，

有几个业界候选者参与。

（2）联合计划执行办公室为美国海军部署完成 M50 型联合军种通用防护面具，并开始为美国陆军部署。

（3）联合远征作战集体防护项目进入国防采办系统生产与部署阶段。

（4）野战医院集体防护装备项目对美国海军化学加固远征作战医疗设施进行了成功的后续作战试验。美国陆军医学部委员会评估了海军化学加固远征作战医疗设施在作战上的有效性和适用性，并建议陆军部署该系统。

（5）本财年美军 CBRN 防护装备列编情况如下：防护手套改进计划（Block I，阻燃型）海军编 2 501 副；联合军种通用防护面具陆军编 187 090 副、海军编 164 002 副；联合军种阿帕奇攻击直升机乘员面具（MPU-6 型）陆军编 324 副。

7. 2014 财年

（1）生化防御计划继续部署联合军种通用防护面具，该面具针对化学毒剂、生物战剂、有毒有害物质、放射性颗粒物，以及特定有害工业物质，改善了脸部、眼部和呼吸道防护。

（2）CBRN 一体化综合防护套装（增量 I）通过减少防护服质量、体积和热负荷，为战斗人员提供改进型个人防护能力，2014 年 3 月批准了全速生产决策，并开始向特种作战司令部部署该型装备。

（3）本财年美军 CBRN 防护装备列编情况如下：联合军种通用防护面具编 117 005 副；CBRN 一体化综合防护套装（增量 I）编 7 634 套。

8. 2015 财年

（1）为特种作战部队部署 CBRN 一体化综合防护套装（增量 I），能根据预期威胁水平为战斗人员定制防护服配置，扩展了部队防护选项，同时使穿戴防护服的负担最小化。与现役化学生物防护套装相比，CBRN 一体化综合防护套装（增量 I）提供了更好的作战适应性，减少了热负荷，在接触石油、汽油和润滑油和其他环境污染物后，能继续防护化学毒剂和生物战剂。

（2）联合军种飞机乘员面具（旋翼式）项目里程碑 C 获批准，进入国防采办系统生产部署阶段，提供专用于旋翼式飞机乘员的核心化学生物防护能力，对战场化学毒剂和生物战剂提供面部、眼睛和呼吸道防护，替代三种现役防护面具（M45 型、MBU-19和 A/P22-14（V）），提高了舒适性，减少了热应力，并提供了一个可拆卸的面板，可以在飞行中进行更换，而无须拆卸或调整空乘人员的其他飞行设备。

（3）本财年美军 CBRN 防护装备列编情况如下：联合军种通用防护面具编 114 581副；CBRN 一体化综合防护套装（增量 I）编 22 789 套；运输隔离系统编 25 套。

9. 2016 财年

（1）CBRN 一体化综合防护套装（增量 I）实现初始作战能力，使特种作战人员能灵活主动地将轻型化学生物防护服集成于现役作战服或与遂行任务有关的服装（民用服装），允许在需要具有特定属性或需要低能见度的情况下执行核心活动。

（2）联合军种通用防护面具项目获得国家职业安全与卫生研究所 M53E1 C420 有源空气净化呼吸器系统认证，使军方能够在国内和海外作战行动中使用联合军种通用防护面具，并使战斗人员在遂行更大范围作战任务时有更多防护面具可供选择。

（3）签署了联合军种攻击战斗机飞机乘员面具生产合同，计划于2017财年完成初始交付。为 F-35 飞行员提供眼部、呼吸道和颈部以上皮肤的化学生物防护，是 F-35 飞行员化学生物防护飞行套装中的关键设备，必须满足联合攻击战斗机项目部队防护关键性能参数。

（4）本财年美军 CBRN 防护装备列编情况如下：联合军种通用防护面具编 109 047 副；CBRN 一体化综合防护套装（增量 I）编 34 264 套。

3.3 个人防护装备

3.3.1 联合军种轻型综合套装技术

联合军种轻型综合套装技术为各类作战人员（地面作战人员、舰船作战人员、空勤人员、海军陆战队远征作战人员、特种作战人员等）提供防护服、防护手套、防护靴套等系列套装，使他们能在 CBRN 威胁环境下有效遂行作战任务。联合军种轻型综合套装技术是包括防护服、防护手套和防护靴套等研发的综合项目。包括防护手套改进计划（Block I）、防护手套改进计划（Block II）、可替换鞋袜系统/综合鞋袜系统、分体式防护服、战斗车辆乘员防护连裤服和多用途靴套。

1. 防护手套改进计划 Block I

防护手套改进计划（Block I）项目是作为一个临时性项目启动的，有两个目标，一是满足美军特种作战司令部对化学与生物防护手套的紧迫需求，要求进一步改进防护手套的触感和使用的灵活性；二是尽可能满足联合军种轻型综合套装技术项目《作战需求文件》的要求。防护手套改进计划（Block I）达到了上述目标，研发部署了两种型号，一种是阻燃型防护手套，另一种是非阻燃型防护手套。

防护手套改进计划（Block I）具有以下主要性能：

（1）为作战人员手部提供对液态、气态和气溶胶态化学与生物危害物的防护；

（2）与现役丁基橡胶类防护手套相比，耐用性更好，触感更灵敏，使用更灵活；

（3）能在污染环境中实施 24 h 连续作业，可持续佩戴 14 天。

防护手套改进计划（Block I）编配对象为美国陆军、海军、空军、海军陆战队和特种作战司令部。图 3-1 所示为防护手套改进计划（Block I）。

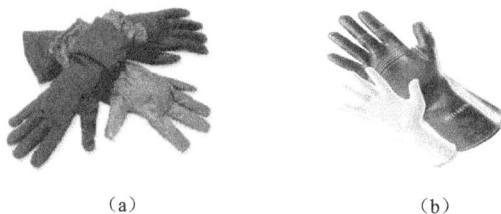

（a）   （b）

图 3-1　防护手套改进计划（Block I）

（a）阻燃型；（b）非阻燃型。

2. 防护手套改进计划 Block II

防护手套改进计划（Block II）对所有已知化学毒剂与生物战剂在战场浓度条件下提供 24 h 连续防护，可连续穿戴 30 天。该项目是联合军种轻型综合套装技术项目的组成部分，并对防护手套改进计划（Block I）的耐用性做了进一步改进，以满足地面、舰船和航空作战的广谱需求。防护手套改进计划（Block II）也有两种型号，分别是阻燃型防护手套和非阻燃型防护手套。2007 年第 1 季度开始全速生产。

防护手套改进计划（Block II）具有以下主要性能：

（1）为作战人员手部提供对液态、气态和气溶胶态化学与生物危害物的防护；

（2）与现役防护手套相比，触感更灵敏，使用更灵活，佩戴更舒适，并能在各种气候条件下使用；

（3）能在污染环境中实施 24 h 连续作业，可持续佩戴 30 天。

防护手套改进计划（Block II）编配于美国陆军、海军、空军和海军陆战队，图 3-2 所示为防护手套改进计划（Block II）。

（a）　　　　　　　　（b）

图 3-2　防护手套改进计划（Block II）

（a）阻燃型；（b）非阻燃型。

3. 可替换鞋袜系统、综合鞋袜系统

可替换鞋袜系统、综合鞋袜系统是一项对化学生物防护靴套具有创新性意义的研发项目，研发目标是根据类似作战任务对化学防护和耐用性的要求，部署一种通用型防护靴套，可替换鞋袜系统满足地面、空中和舰船作战任务的需要。

可替换鞋袜系统可持续穿戴 45 天，其特种作战型号用于特种作战部队对化学生物的防护。综合鞋袜系统提供防护袜子和防护鞋衬（相当于轻便软鞋），以满足航空作战任务与特种作战任务的需要。综合鞋袜系统于 2007 年第 1 季度开始全速生产，可替换鞋袜系统在 2007 年第 2 季度开始全速生产。

可替换鞋袜系统、综合鞋袜系统的编配对象为陆军、海军、空军、海军陆战队和特种作战司令部。图 3-3 所示为可替换鞋袜系统和综合鞋袜系统。

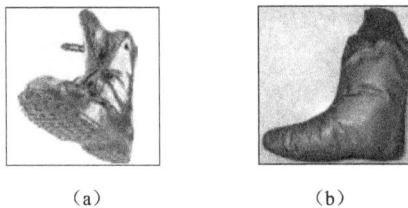

（a）　　　　　　　　（b）

图 3-3　可替换鞋袜系统和综合鞋袜系统

（a）可替换鞋袜系统；（b）综合鞋袜系统。

可替换鞋袜系统、综合鞋袜系统随联合空勤人员防护套装和特种作战司令部联合军种轻型综合套装技术一起列编，提供对作战人员脚部的防护。可替换鞋袜系统满足陆军（地面与航空）、海军（舰船）、海军陆战队（地面）和空军的作战需求。综合鞋袜系统满足海军（航空）、海军陆战队（航空）和特种作战司令部的作战需求。

4. 分体式防护服

分体式防护服是联合军种轻型综合套装技术项目的一部分，其外层采用 50%尼龙与 50%棉府绸混合材料制成，具有防水功能。衬层中加入了活性炭，用于吸收化学毒剂。分体式防护服是两片型（上衣与裤子分开），根据尺码不同，质量为 2.3~3.2 kg，比上一代分体式防护服轻约 0.45 kg。有两种型号，分别是Ⅱ型和Ⅶ型。Ⅱ型有头罩，大多数场合使用此类防护外套；Ⅶ型有竖立的衣领，用于特种作战人员，也作为战斗车辆乘员的过渡型防护外套。分体式防护服编配于美国陆军、海军、空军和海军陆战队。图 3-4 所示为分体式防护服。

分体式防护服具有以下主要性能：

（1）可持续穿戴 45 天；

（2）可洗涤 6 次；

（3）能对所有已知化学毒剂和生物战剂在战场浓度条件下提供 24 h 不间断防护；

（4）与现役防护外套相比，分体式防护服更加耐用，质量更轻，提高了穿戴舒适性，增加了穿戴的致密性，穿戴者的热应力减少了 15%。

图 3-4　分体式防护服

5. 战斗车辆乘员防护连裤服

战斗车辆乘员防护连裤服是一款轻型、阻燃防护服，由一整片材料制成，衣服裤子连在一起，可连续穿戴 30 天，为战斗车辆乘员皮肤提供对化学毒剂、生物战剂、放射性粒子、有害工业物质的防护，防护时间超过 16 h。战斗车辆乘员防护连裤服的军事需求起源于联合空勤人员防护套装的研发。战斗车辆乘员防护连裤服替代 Ⅶ 型分体式防护服。在化学生物威胁环境下，战斗车辆乘员防护连裤服可以穿在战斗车辆乘员作战服外面，也可以直接替代战斗车辆乘员的作战服。对于佩戴密封型防护面具的战斗车辆乘员，有一个用于连接面具与防护服的颈部嵌入装置。2005 年 1 月，战斗车辆乘员防护连裤服纳入联合军种轻型综合套装技术项目，2007 年第 1 季度开始全速生产。图 3-5 所示为战斗车辆乘员防护连裤服。

战斗车辆乘员防护连裤服具有以下功能：

（1）防护衣和防护裤整片材料设计制作；

（a）　　　　　　（b）

图 3-5　战斗车辆乘员防护连裤服

（2）受汽油、石油、润滑油污染后性能不会下降；

（3）具有阻燃性能（Ⅶ型分体式防护服不具备阻燃性能）；

（4）可与防护面具在颈部处紧密结合，提高了防护性能；

（5）必要时可替代车辆乘员的作战服。

战斗车辆乘员防护连裤服编配于美国陆军和海军陆战队。图 3-6 所示为车辆乘员穿戴战斗车辆乘员防护连裤服。

6. 多用途靴套

多用途靴套是由联合军种轻型综合套装技术支持的联合军种项目，用于绿色乙烯基靴套、黑色乙烯基靴套。

多用途靴套由高弹性混合物经喷射模塑法制成。可以穿在作战靴和丛林靴的外面，可持续穿戴 60 天，对化学毒剂提供不间断防护。与标准防护靴套相比，多用途靴套耐用性更好，遭汽油、石油、润滑油污染后性能不会下降，阻燃，可洗消，穿脱更加方便。图 3-7 所示为多用途靴套。

图 3-6　车辆乘员穿戴战斗车辆乘员防护连裤服

图 3-7　多用途靴套

3.3.2　联合军种通用防护面具

联合军种通用防护面具是化学生物呼吸道防护面具系列，能对战场浓度级化学毒剂、生物战剂、毒素、有害工业物质、放射性粒子实施防护。该系列防护面具包括 M50 型（地面人员使用）、M51 型（地面车辆使用）、M53 型（特种部队使用）和 M53A1 型（国内应急响应与军事行动）。M50 型和 M51 型替代陆地勇士计划中的 M40 型和 M42 型、MCU2/P 系列和 M45 型防护面具。M53 型是正压式个人防护面具，对化学毒剂、生物战剂和放射性粒子提供颈部以上、头部、眼睛和呼吸道防护。M53A1 型可用于空气净化呼吸器、供电型空气净化呼吸器或自持式呼吸设备模式，是第一型获准用于国内应急响应（国家职业安全与健康研究所认证）和军事行动的防护面具。联合军种通用防护面具能与现役无线通信系统和商用无线通信系统实现互操作。图 3-8 所示为联合军种通用防护面具的主要部件。

M50 型和 M51 型具有以下基本特点：

（1）对人员颈部以上实施 24 h 不间断化学毒剂、生物战剂和放射性粒子防护；

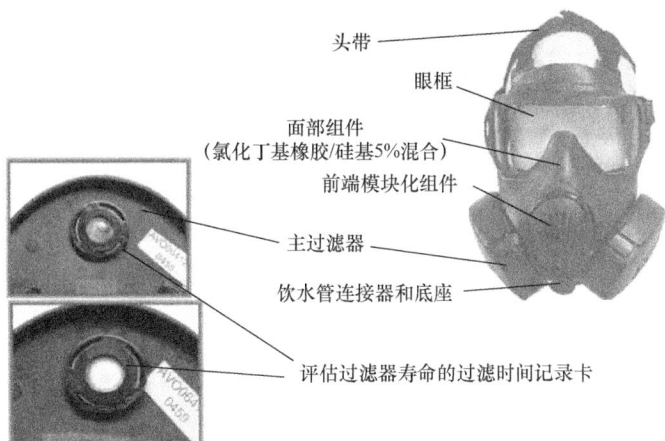

头带

眼框

面部组件
（氯化丁基橡胶/硅基5%混合）

前端模块化组件

主过滤器

饮水管连接器和底座

评估过滤器寿命的过滤时间记录卡

图 3-8　联合军种通用防护面具的主要部件

（2）对 CBRN 威胁（包括有害工业物质）提供头部–眼睛–呼吸道防护；

（3）M51 型具有阻燃性能；

（4）改进了对化学生物的防护性能；

（5）改进了与现役和未来化学生物防护服的兼容性；

（6）改进了可靠性与舒适性；

（7）增加了视野（≥80%）；

（8）降低了呼吸阻力（≤30 mmWG）；

（9）减轻了质量，减少了体积，改进了饮水系统的设计；

（10）改进了防护面具的携行系统。

M50 型和 M51 型主要性能指标如下：

（1）能阻止芥子气、沙林、索曼和 VX，防护时间不小于 36 h；在实验室用氯化钠做防护实验时，防护时间不小于 10 000 h；

（2）呼吸性能：

● CO_2 再生率：0.8%

● 仅戴面具时的呼吸阻力：30 L/min 时为 2 mm WG，95 L/min 时为 8 mm WG，160 L/min 时为 12 mm WG；

● 面具加过滤器时的呼吸阻力：30 L/min 时为 10 mm WG，95 L/min 时为 30 mm WG，160 L/min 时为 64 mm WG；

（3）视场角（按照美国国家职业安全及卫生研究院标准）：96；

（4）过滤器性能：能过滤神经性毒剂（G 类和 V 类）、糜烂性毒剂（芥子气、路易士剂）、血液性毒剂（氰化氢、氯化氰、三氯硝基甲烷）和防暴药（CS 催泪剂、CN 催泪剂和 OC 油性树脂辣椒剂）；

（5）质量：M50 型（含两个过滤器）为 860 g；

M51 型（含两个过滤器）为 860 g；

M51 型（含两个过滤器、车用软管、防护头套等）为 1 270 g。

M53 型具有以下主要性能：

（1）增强了对化学毒剂、生物战剂和放射性颗粒物的防护能力；

（2）正压式防毒面具，自持式内部可变阻力呼气单元，密封电路，供电型空气呼吸系统；

（3）扩大了视野，减少了对武器系统瞄准的干扰，与其他防护套装兼容；

（4）减少了呼吸阻力，使用户在化学生物威胁环境下压力减小，不易疲劳。

图 3-9 所示为 M50 型、M51 型和 M53 型联合军种通用防护面具。

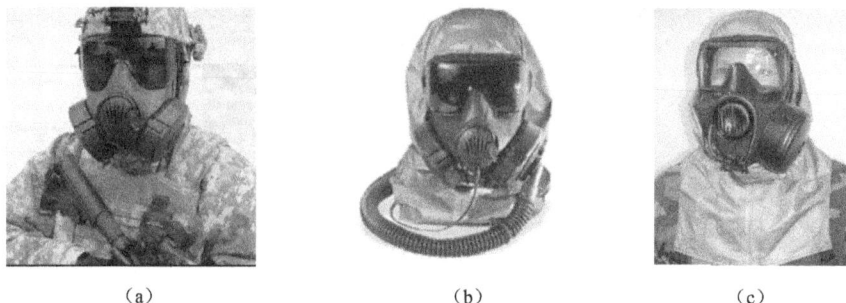

（a）　　　　　　　　　　（b）　　　　　　　　　　（c）

图 3-9　M50 型、M51 型和 M53 型联合军种通用防护面具

（a）M50 陆地勇士型；（b）M51 作战车辆型；（c）M53 特种作战型。

联合军种通用防护面具编配于美国陆军、海军、空军、海军陆战队、海岸警卫队、特种作战司令部，替代陆军与海军陆战队地面作战人员与战斗车辆乘员使用的 M40 型和 M42 型、空军和海军岸上基地与舰上人员使用的 MCU-2/P 型、M45 型等防毒面具。

M50 型和 M51 型属于 III 类采办项目，遂行机动支援与防护作战功能，2018 财年处于生产部署和作战保障采办阶段，里程碑决策者是项目主管官员。2013 财年第 1 季度～2015 财年第 4 季度，生产 M50 型和 M51 型；2014 财年第 2 季度，开始向陆军部署 M50 和 M51 型；2016 财年第 1 季度，驻欧洲和夏威夷陆军部队部署完毕；2016 财年第 2 季度，驻中东陆军部队部署完毕；开始向驻华盛顿州陆军部队部署；2016—2018 财年，为支持陆军形成全面作战能力继续生产 M50 型和 M51 型；继续向陆军部队部署 M50 型和 M51 型。预计于 2019 财年第 2 季度，M53A1 型实现初始作战能力，2019 财年第 4 季度，M50 型和 M51 型实现全面作战能力，2022 财年第 4 季度，M53A1 型实现全面作战能力。

M50 型被出售给伊拉克，M51 型被出售给澳大利亚。

3.3.3　联合军种飞机乘员面具系列

联合军种飞机乘员面具为飞机乘员头部-眼睛-呼吸道提供对化学毒剂、生物战剂、毒素、有害工业物质和放射性颗粒物的防护。该面具用于对美军大多数飞机的乘员提供头部-眼睛-呼吸道防护，替代 6 种现役空勤人员呼吸道防护面具。该系列面具分为四个"增量"进行研发，其核心的 CBRN 防护能力是相同的，但针对的是不同类型的飞机。

联合军种飞机乘员面具有三种型号，分别是联合军种固定翼飞机乘员面具、联合军种旋转翼飞机乘员面具和联合军种阿帕奇攻击直升机乘员面具。需要说明的是，阿帕奇攻击直升机也属于旋转翼飞机，但其乘员所用的防护面具是专用的，与其他非阿帕奇旋转翼飞机乘员的防护面具是不同的。

联合军种固定翼飞机乘员面具为固定翼飞机乘员的面部、眼睛和呼吸道提供对化学毒剂、生物战剂、毒素、有害工业物质和放射性粒子的防护，其"增量"阶段共研发两型面具，分别为 MBU-25 型（重力加速度情况下无压力型）和 MBU-26 型（重力加速度情况下有压力型）。

联合军种旋转翼飞机乘员面具为旋转翼飞机乘员的头部、眼睛和呼吸道提供对化学毒剂、生物战剂、毒素、有害工业物质和放射性粒子的防护，能在飞行期间穿戴或脱下，并可与陆军旋转翼飞机的便携式供氧系统接口，其型号为 MPU-5 型。

联合军种阿帕奇攻击直升机乘员面具为陆军 AH-64A/D 阿帕奇攻击直升机乘员的头部、眼睛和呼吸道提供对化学毒剂、生物战剂、毒素、有害工业物质和放射性粒子的防护，与 AH-64A/D 阿帕奇攻击直升机采用的头盔显示瞄准综合系统兼容。其型号为 MPU-6 型，替代 M48 型阿帕奇飞行员防护面具。

图 3-10 所示为联合军种飞机乘员面具。

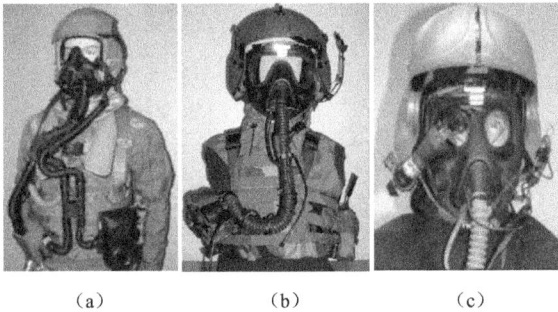

（a）　　　　　　　（b）　　　　　　　（c）

图 3-10　联合军种飞机乘员面具

（a）MBU-25 型；（b）MPU-5 型；（c）MPU-6 型。

联合军种飞机乘员面具具有以下基本性能：

（1）不需改动飞机；

（2）对化学毒剂和生物战剂实施连续防护，工作时间不小于 16 h；

（3）穿戴更舒适，生理负担小；

（4）采用碱性电池；

（5）与飞机上生命支持系统兼容；

（6）MPU-5 型采用阻燃型头套。

联合军种飞机乘员面具编配于美国陆军、海军、空军和海军陆战队。

联合军种飞机乘员面具属于 III 类采购项目，遂行机动支援与防护作战功能，2018 财年处于生产部署采购阶段。其里程碑决策者是项目主管官员。2015 财年第 2 季度，完成里程碑 C 和低速初始生产；2015 第 3 季度，完成陆军作战试验和空军作战试验；2015 第 4 季度，签订低速初始生产合同；2016 第 2 季度，进行里程碑决策审查；2016 第 4 季度，启动海军和海军陆战队作战试验；2017 财年第 1 季度，开始为陆军和空军全速生产；2017 第 2 季度，开始不定期交付与不定量签订合同；2017 第 4 季度，开始全速生产，空军实现初始作战能力；2017 财年第 2 季度～2018 财年第 3 季度，向空军部署 527 套 MPU-5 型（计划部署 1114 套）；2018 财年第 3 季度，海军和海军陆战队开始全速生产；2018 财年第 4 季度，MPU-5 型在空军形成全面作战能力，在陆军、海军和海军陆战队形成初始作战能力。预计海军和海军陆战队于 2022 财年形成全面作战能力，陆军于 2023 财年形成全面作战能力。

3.3.4 联合空勤人员防护套装

联合空勤人员防护套装为飞行员和空勤人员提供颈部以下化学生物防护。与防护手套、防护靴套和防护面具联合使用时，提供完整的皮肤、眼睛和呼吸道防护。图 3-11 所示为旋转翼飞机乘员全身防护的情形。

在图 3-11 中，JSAM-RW 表示联合军种旋转翼飞机乘员面具，JB2GU-FR 表示防护手套改进计划（Block II，阻燃型），JPACE 表示联合空勤人员防护套装，IFS 表示综合鞋袜系统。

联合空勤人员防护套装是阻燃型化学生物防护服，提供对化学毒剂、生物战剂和放射性颗粒物的防护，用于喷气式固定翼飞机、非喷气式固定翼飞机和旋转翼飞机的飞行员和空勤人员。海军、海军陆战队和海岸警卫队编配的是灰绿色（1 类），陆军编配的是通用伪装型（3 类）。外层选用带有炭衬层的材料。

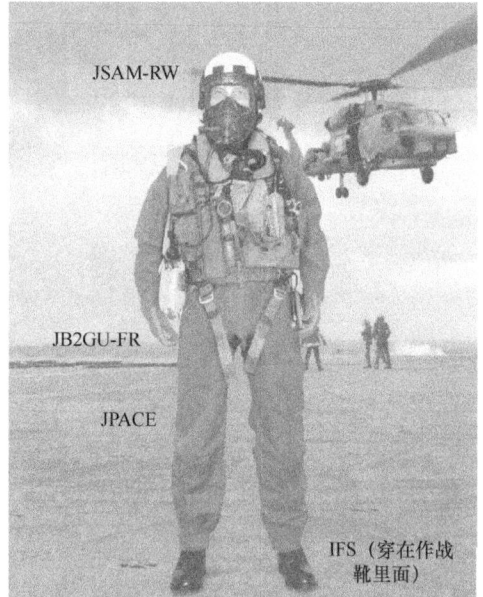

图 3-11　旋转翼飞机乘员全身防护的情形

联合空勤人员防护套装具有以下基本性能：

（1）能对液体、粒子、蒸气和气溶胶化学毒剂和生物战剂实施防护；

（2）能增加飞机乘员在化学生物环境下的作战能力；

（3）具有阻燃功能和火焰防护能力；

（4）与各航空系统和航空防护系统兼容。

联合空勤人员防护套装编配于美国陆军、海军、空军、海军陆战队、海岸警卫队、特种作战司令部，替代海军和海军陆战队编配的 MK1 型化学防护服、陆军航空作战防护服和航空作战化学防护服、空军 CWU-66/P 型空勤人员防护套装。

3.3.5 飞机乘员眼睛与呼吸道防护

MBU-19/P 型飞机乘员眼睛与呼吸道防护是飞机乘员防毒面具，为飞机乘员提供颈部以上对化学生物的防护。MBU-19/P 型是在"沙漠风暴"作战期间研发、试验与部署的。

MBU-19/P 型由头罩、MBU-12/P 面具、C-2 过滤器、与地面的通信装置和用于去雾的鼓风装置组成。MBU-19/P 型项目完成了对指定飞机的改装，包括飞机供氧装置、通信装置和电子学连接等，使得飞机可以使用 MBU-19/P 型。飞机在飞行期间，鼓风装置放在固定安装在飞机内部的一个托架上。

图 3-12　MBU-19/P 型

MBU-19/P 型具有以下主要性能：

（1）与飞机供氧系统综合集成；

（2）单元级维修；

（3）与飞机通信系统综合集成；

（4）具有佛萨瓦氏能力；

（5）具有去雾能力，采用电池供电的鼓风装置。

MBU-19/P 型编配于美空军，替代 MBU-13/P 型飞机乘员防护面具。图 3-12 所示为 MBU-19/P 型。

3.3.6　联合军种面具漏气测试仪

联合军种面具漏气测试仪是一种便携式仪器，能确定 CBRN 负压防护面具是否适用并识别出发生故障的元器件。如果发现防护面具的元器件故障或者防护面具已不满足军种专用标准，测试仪能发出声光报警。联合军种面具漏气测试仪可用于 M40 型或 M42 型防护面具系列、MCU-2/P 型防护面具、M45 型防护面具、联合军种通用防护面具、联合军种飞机乘员面具等的检测。与 M41 型防护评价测试系统相比，联合军种面具漏气测试仪性能更强，既可对防护面具实施元器件级测试，也可将防护面具作为一个整体进行系统级测试。

联合军种面具漏气测试仪采用光散射光谱法测量气溶胶粒子。基于此技术，能确定防护面具是否有效。光散射光谱系统包括：固态发光二极管光源，在散射室内产生"暗锥"的圆罩，气溶胶粒子对通过"锥"型截面的光进行散射，散射光被光电倍增管探测到（若无气溶胶则光电倍增管就探测不到信号），光电倍增管把散射光转换成电子学信号。图 3-13 所示为联合军种面具漏气测试仪。

图 3-13　联合军种面具漏气测试仪

联合军种面具漏气测试仪具有以下主要性能：

（1）能快速定位泄漏位置；

（2）有两个测试头，可测试各种规格的防护面具。

联合军种面具漏气测试仪编配于美国海军、空军、海军陆战队和海岸警卫队。

3.3.7　M40、M42 型防护面具系列

M40、M42 型防护面具系列为部队提供最佳的核生化防护，对化学毒剂、生物战剂、

毒素、放射性落下灰等提供眼睛、呼吸道与面部防护。它改进了面具的穿戴舒适性、人员合适性和防护性能。过滤器安装在外部（既可在面具右边也可在面具左边），可以方便更换。主要有大、中、小三种不同规格。图 3-14 所示为 M40、M42 型防护面具系列。

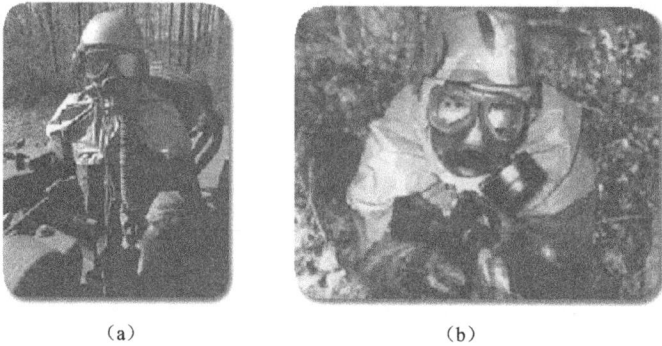

（a）　　　　　　　　　　　　　（b）

图 3-14　M40、M42 型防护面具系列

（a）M40 型；（b）M42 型。

M40、M42 型防护面具系列具有以下性能：

（1）改进了面具密封性；

（2）改进了面具的视野；

（3）延长了使用寿命；

（4）改进了穿戴舒适性；

（5）易于清洁和维修；

（6）安装在面具前端的语音放大器上。

M40、M41 型防护面具系列编配于美国陆军、海军、空军和海军陆战队。

3.3.8　M41 型防护评价测试系统

M41 型防护评价测试系统用于验证防护面具是否合适，陆军、海军和空军士兵所用防护面具的性能因子是否不低于 1 667，海军陆战队士兵所用防护面具的性能因子是否不低于 2 000。这是一款紧致轻便的测试仪器，体积约为 3 277.4 cm^3，质量约为 1.81 kg。检测原理是基于连续采样的凝结核计数器，通过比较面具内外的粒子计数，导出防护因子。图 3-15 所示为 M41 型防护评价测试系统。

M41 型防护评价测试系统具有以下主要性能：

（1）确定 M40 型、M45 型、MCU-2/P 型和联合军种通用防护面具的穿戴合适性；

（2）给出防护面具合适性指示和防护因子。

M41 型防护评价测试系统编配于美国陆军、海军、空军和海军陆战队。

图 3-15　M41 型防护评价测试系统

3.3.9　M45 型防护面具

M45 型防护面具为飞机乘员和特体人员提供对化学毒剂、生物战剂和放射性颗粒物的防护面具。图 3-16 所示为 M45 型防护面具。

M45 型防护面具用于除 AH-64 阿帕奇直升机飞行员外的陆军所有飞机乘员，对头部、眼睛和呼吸道提供化学毒剂、生物战剂、毒素和放射性落下灰的防护，使飞机乘员能在 CBRN 威胁环境中遂行航空作战任务。M45 型支持陆地勇士项目和空中乘员防护面具项目对防护面具的需要，空中乘员防护面具项目是专门为满足陆军直升机飞行员与乘员（除阿帕奇直升机外）的需求而设计的。M45 型在实施 CBRN 防护时，不需要供电，也不需要强制通气，且与直升机光学系统、显示系统和夜视设备兼容。与 M43 型相比，M45 型质量轻、保障费用低、后勤负担小，并作为不适合佩戴标准的 M40A1 型、M42A2 型或 MCU-2A/P 型的特体作战人员的防护面具。

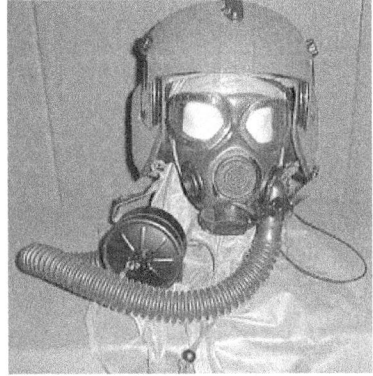

图 3-16　M45 型防护面具

M45 型替代 M43 型（Ⅱ）、M42 型飞机乘员防护面具和陆军 M49 型防护面具，且对于特体人员的适应性更强，特体人员通常在 M40 型或 MCU-2A/P 型中难以找到合适的面具。

M45 型具有以下主要性能：

（1）与飞机夜视设备与瞄准系统兼容；

（2）通过飞机通信系统用麦克风通话；

（3）可替换式鼻罩杯；

（4）可通过吸管进食营养液。

与 M42 型、M43 型（Ⅱ）和 M49 型相比，M45 型具有以下特点：

（1）不需鼓风设备，也不需电池供电；

（2）在极端温度条件下仍可灵活使用；

（3）有更大的面部密封区域；

（4）可移动式软管，可安装在面具的两边。

M45 型编配于美国陆军、海军、空军和海军陆战队。

3.3.10　M48 型阿帕奇飞行员防护面具

M48 型阿帕奇飞行员防毒面具对化学毒剂、生物战剂、毒素和放射性粒子提供面部、眼睛和呼吸道防护。M48 型是专为 AH-64 阿帕奇直升机飞行员研发的。图 3-17 所示为阿帕奇直升机飞行员佩戴 M48 型。

M48 型与阿帕奇直升机的综合头盔系统、显示瞄准系统和光学继电器感知系统兼容，配有一台电机拖动的鼓风设备，在飞机不执行作战任务时，可拆下来由飞行员保管、在飞机执行飞行任务时，可固定在飞机壁上。电机拖动的鼓风设备用于过滤空气、保持头部冷却、防止眼镜透镜受雾气影响。

M48型是第三代M43型系列防护面具，M48型替代M43型（I）。在联合军种阿帕奇攻击直升机乘员面具生产部署之前，M48型是阿帕奇飞行员唯一配置的防护面具。

M48型具有以下主要性能：

（1）与阿帕奇直升机瞄准系统兼容；

（2）对于90%以上的人员，防护因子大于10 000；

图3-17　阿帕奇直升机飞行员佩戴M48型

（3）电池供电鼓风设备，低速运行供电不小于8 h，高速运行供电5 h；

（4）在应急逃离时，可快速解开鼓风设备的安装支架。

与M43型相比，M48型有以下改进：

（1）采用陆军标准电池；

（2）改进了应急逃离能力；

（3）质量减轻69%。

M48型编配于美国陆军。

3.3.11　M52型联合军种化学环境生存面具

在低水平CBRN威胁环境下，M52型联合军种化学环境生存面具为作战人员提供颈部以上、呼吸道和眼睛防护。

M52型采用商用现货，是一种质量轻、体积小、使用时间短的防护面具，能对低水平CBRN威胁提供颈部以上、呼吸道和眼睛的防护。M52型主要对非直接接触危害物的情形进行防护，如化学气体、烟雾、气载生物危害物、气载放射性颗粒物等。通常在M40型、MCU-2/P型等标准防护面具无法得到的情况下使用M52型。图3-18所示为M52型联合军种化学环境生存面具。

M52型是联合军种通用防护面具的补充，它使得各级指挥员在采取防护措施时有更大的选择余地，特别是在非战争军事行动中。M52型是一款规格全军适用型防护面具，是一次性防护面具（用后即扔），既可作为低水平CBRN威胁条件下的逃生面具，也可用

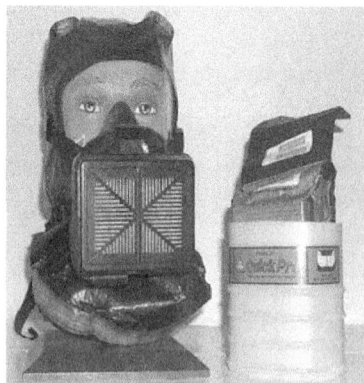

图3-18　M52型联合军种化学环境
生存面具

于医学救援人员和伤病员（假设标准防护面具无法得到）。如果集体防护掩体过滤系统

发生故障，或者由于受到污染而需应急疏散时，也可使用 M52 型。M52 型能对气溶胶提供 2 h 的防护。

M52 型具有以下主要性能：

（1）一种规格全体适用；

（2）质量不大于 0.91 kg；

（3）一次性使用，用后即扔；

（4）对低水平 CBRN 气体、气溶胶和放射性粒子提供 2 h 连续防护；

（5）工作温度：0～49℃；相对湿度：5%～100%；

（6）保存寿命 10 年。

M52 型编配于美特种作战司令部和空军。

3.3.12 CBRN 一体化综合防护套装

CBRN 一体化综合防护套装项目旨在为联合作战部队提供体系化个人防护，使作战人员在遂行各种军事行动和后果管理行动的各个阶段都能有效地应对来自传统的和非传统的 CBRN 威胁，最大限度地保证作战人员的战斗能力。作战行动包括但不限于常规作战、反恐作战、维和行动、事故响应等。CBRN 一体化综合防护套装项目通过减少生理负担、降低后勤需求、防护 CBRN 危害，来提高作战人员的作战能力。

CBRN 一体化综合防护套装项目采用能提供具有军事用途的"增量"技术，以模块化方式实现功能，通过适当改进形式来适应各类不同的系统。

2009 年 3 月，批准了该项目的《初始能力文件》，目标是把 CBRN 防护集成于一个整体，包括防护服、防护手套、防护靴套、防护面具，形成适合作战人员战斗行动的作战制服，使作战人员不再需要携带分立的防护装具（包括空气净化器），从而减轻作战人员的勤务负担。根据对当前威胁形势的判断，《初始能力文件》中定义的作战能力将适用于 2025 年之前的联合部队。2009 年 11 月，该项目被获准进入方案分析阶段。图 3-19 所示为 CBRN 一体化综合防护套装设计概念图。

CBRN 一体化综合防护套装（增量 I）项目是轻型化学生物防护套装，是根据特种作战部队的特殊要求而研发的，是作战人员短时间内穿着的防护装备，其重点是减轻质量、减小体积和降低热效应。"增量 I"与现役作战服和未来将研发的作战服兼容，也符合防护套装穿脱规程和洗消规程。

2010 年 7 月，联合计划执行办公室完成了"增量 I"的《器材开发决策》。2011 财年，增量 I 发布了研发建议请求报告，来源选择评估委员会完成了业界所提各种建议的审查。研发方案提供者降低了

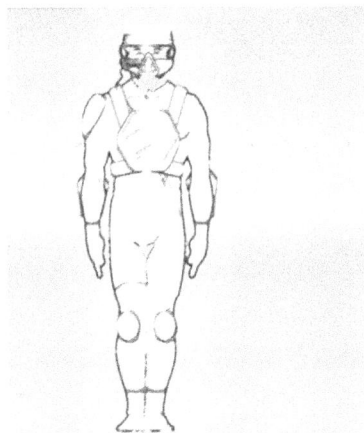

图 3-19　CBRN 一体化综合防护套装设计概念图

"增量 I"使用者的热负荷。2012 财年，联合计划执行办公室批准"增量 I"进入国防采办系统的工程与制造阶段，并把相关合同授予三个供应商。"增量 I"将提供质量轻、体积小和热应力低的个人防护能力。2012 年 12 月，完成了研发方案择优，之后进入国防采办系统的生产与部署阶段。

"增量 I"降低了作战人员生理和心理负担，减轻了质量，减小了体积，降低了热应力，也减少了由于穿戴 CBRN 防护装具造成的累赘。能对化学毒剂和生物战剂实施防护，在遭受石油、汽油、润滑油和环境污染物的污染后仍然保持防护性能。适合于各种气象条件下的陆地作战环境和海洋作战环境，对作战人员作战效能的影响降至最低。与承重设备、作战头盔、作战手套、作战靴套、身体制冷系统和各军种的防护面罩等均兼容。

CBRN 一体化综合防护套装（增量 II）项目是在"增量 I"的基础上通过增强性能而研发的，寻求满足比《初始能力文件》更广泛的能力需求，包括对传统的、非传统的和更加高级的 CBRN 威胁的防护能力。

2015 财年，向特种作战部队部署了"增量 I"。"增量 I"能根据预期威胁水平，为作战人员定制防护套装的配置，因此加大了部队防护的选择性，最大限度降低了由于穿戴防护装具给作战人员带来的负担。比现役化学毒剂与生物战剂防护套装的性能更好，包括作战适应性更好、热负荷更低，以及在受到石油、汽油、润滑油和环境污染物的污染后，能继续对化学毒剂和生物战剂进行防护。

2016 财年，"增量 I"实现了初始作战能力，使得特种作战部队必须在低能见度的环境和有特定要求的环境下，遂行作战任务更有灵活性，可以把一体化综合防护套装预先穿在作战服或遂行任务时必须穿着的服装里面。

"增量 II"与综合防护织物系统集成，利用综合防护织物系统的研发成果，完成研发设计。

3.4　集体防护装备

3.4.1　化学生物防护掩体

化学生物防护掩体为医务人员在前方作战区域提供具有集体防护功能的无毒区，能在不穿戴个人防护设备的条件下遂行医疗作业任务。

化学生物防护掩体有两种型号，分别是 M8 型和 M8E1 型。

M8 型的前身是 M1 型和 M2 型，M1 型和 M2 型均为自持式、高机动、可快速展开的集体防护系统，以 M1113 型或 M1152 型高机动多用途轮式车为搭载平台，轻型多用途掩体安装在高机动多用途轮式车后部，掩体由充气式空气束支撑，掩体上有用于人员出入的气密门和运送伤员与废弃物的气密通道，装有自持式环境支持系统，高机动拖挂车用于携带发电机。图 3-20 所示为 M1 和 M2 型化学生物防护掩体。

M1 型的自持式环境支持系统包括三个 100 CFM（约 170 $\mathrm{m^3/h}$）以下的过滤器，提供备用电源的 10 kW 发电机被安装在高机动拖挂车上。M2 型保障作业的所有电力由安装在轻型多用途掩体前部的自备电源环境保障系统提供。自备电源环境保障系统还提供加热、制冷、空气束充气、化学毒剂与生物战剂过滤和通风换气所需的电力。12.5 kW 的备用电源由高机动多用途轮式车发动机舱内的永磁发电机提供。

（a）　　　　　　　　　　　（b）

图 3-20　M1 和 M2 型化学生物防护掩体

M1 和 M2 型编配于医疗班、前方外科小队、医学连。在"自由伊拉克"作战行动期间，M1 型临时编配海军陆战队。

M1 和 M2 型具有以下相同的主要性能：

（1）半柱状充气式空气束支撑的软式掩体展开后的面积为 27.87 m²；

（2）掩体内工作人员不需穿戴个人防护设备；

（3）为医疗处理提供清洁环境；

（4）环境可控，温度维持在−32～49℃。

此外，在非污染环境中，M1 型 4 人展开系统所需时间小于 20 min，在污染环境中，4 人展开系统所需时间小于 45 min；M2 型的完全展开时间不超过 20 min；

M1 和 M2 型替代 M51 型集体防护掩体。

2006 年后，M1 和 M2 型整合为 M8 型，采用 M1113 型高机动多用途轮式车作为搭载平台，轻型多用途掩体被安装在高机动多用途轮式车的后部，掩体由充气式空气束支撑，采用 10 kW 战术静音发电机组，由液压供电环境保障系统进行环境调节，提供过滤空气、加热、空气调节和供电。图 3-21 所示为 M8 型化学生物防护掩体。

半柱状充气式空气束支撑的软式掩体展开后的面积为 27.87 m²，所有医疗设备都被放置在轻型多用途掩体或拖挂车上运输。在运输过程中，掩体可以卷起来放在轻型多用途掩体的后部。在 4 个人同时操作的情况下，M8 型的展开时间是

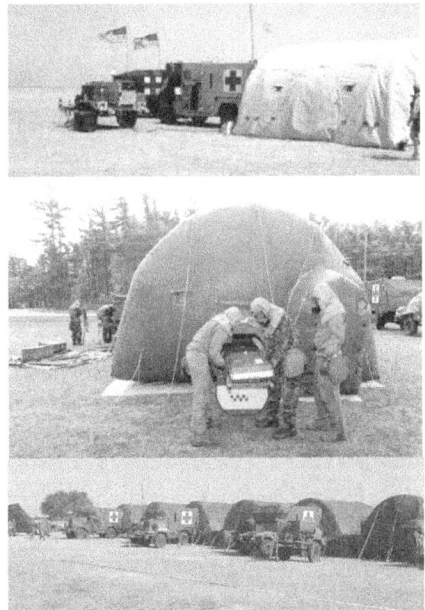

图 3-21　M8 型化学生物防护掩体

20 min。供电由高机动多用途轮式车发电机提供，或由 10 kW 发电机提供部分电力。

M8 型编配于美国陆军机动营外伤处理小队/班、前方医学连与师保障营医学连、非师属医学处理小队/班、师/军属医学连和前方外科小队，并为国土防御医学处理提供两种用途。

2007 年，审查了将化学生物防护掩体搭载平台由非装甲型高机动多用途轮式车改为装甲型中型战术车的方案。改变搭载平台后的型号为 M8E1 型，同样是机动型、自持式、可快速展开的化学生物防护掩体，为陆军医疗分队提供无污染、环境可控的医学处理场所。M8E1 型为乘员提供了有 CBR 防护的无毒区，使他们在不穿戴个人防护设备的情况下能遂行 72 h 的医疗作业。能快速展开和撤收的具有 CBR 防护功能的约 37.16 m^2 的掩体，是由纤维织物制成的，展开时由充气式空气束支撑，可进行洗消。在环境温度为 4.4～51.7℃时，内部温度维持在 15.6～32.2℃。图 3-22 所示为 M8E1 型化学生物防护掩体的主要功能模块。

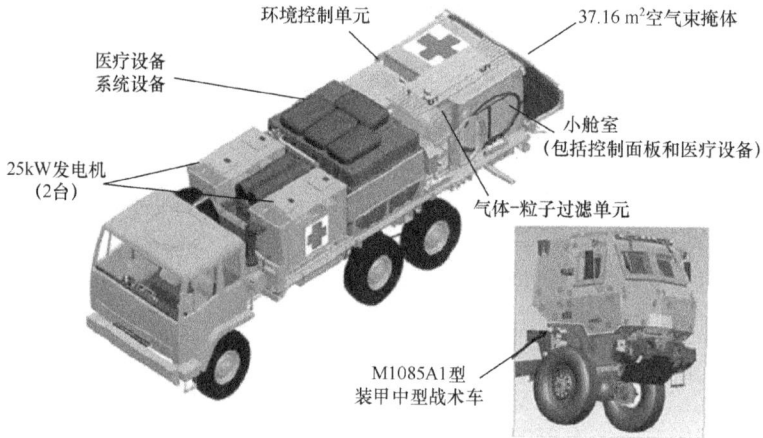

图 3-22 M8E1 型化学生物防护掩体的主要功能模块

供电系统由车载主供电系统和辅助供电系统组成，具有很大冗余度，确保医疗处理期间不会断电。在机动和运输期间，由 M1085A1R2 型装甲车的发动机提供乘员防护所需电力，提供约 11.33 m^3/min 经过滤的空气，以维持无毒区。图 3-23 所示为化学生物防护掩体展开后的内部空间。

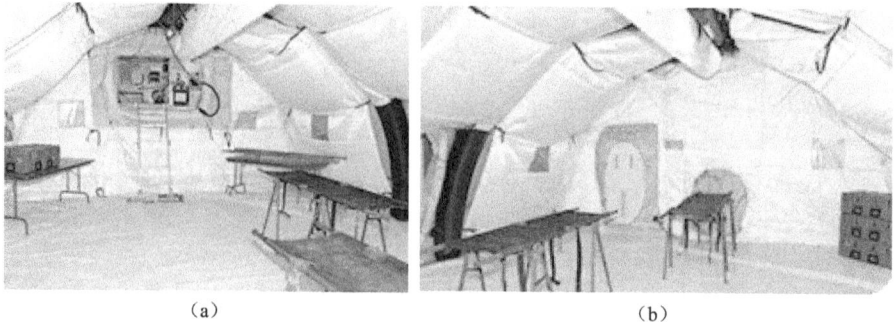

（a）　　　　　　　　　　　　　　（b）

图 3-23 化学生物防护掩体展开后的内部空间

142

M8E1 型编配于美国陆军机动营外伤处理小队/班、前方医学连与师保障营医学连、非师属医学处理小队/班、师/军属医学连和前方外科小队，并为国土防御医学处理提供两种用途。

M8E1 型具有以下主要性能：

（1）高机动，可快速展开；

（2）一体化自持式系统；

（3）环境可控—加热、制冷、空气过滤；

（4）工作温度：−32～49℃；

（5）采用毒剂不能通过的织物和正超压防护核生化危害；

（6）有两个气密通道，分别用于人员和废物的出入；

（7）3 min 内完成充气；

（8）20 min 内完全展开；

（9）一天内可用于三个不同的场所。

充气式空气束技术具有以下性能：

（1）替代金属结构，质量减少 66%，储存时占用空间减少 25%，展开时间减少 60%；

（2）非常轻便，运输时所需存储空间很少；

（3）运输时可以卷起来，放在搭载平台的后部。

M8E1 型属于 III 类采办项目，遂行机动支援与防护作战功能，里程碑决策者是项目主管官员。2015 财年第 1 季度～第 4 季度，按合同生产；2015 财年第 2 季度，陆军决定提供装甲型和非装甲型 M1085 型中型战术车辆，将生产移交给阿肯色州派恩布拉夫兵工厂；2016 财年第 2 季度，阿肯色州派恩布拉夫兵工厂获得部件生产合同；2017 财年第 1 季度完成分类/装备发布决策、派恩布拉夫兵工厂生产准备审查和首装试验；2017 财年第 2 季度开始部署；2016—2018 财年按照合同继续生产。预计于 2019—2023 财年完成生产任务，实现陆军采办目标。

3.4.2 集体防护野战医院

集体防护野战医院为各军种野战医院采购集体防护系统，为各军种野战医院提供 CBR 污染环境下遂行医疗处理的能力，使医生和护士无须穿戴个人防护装备即可遂行医疗作业，包括陆军展开式医疗系统、空军远征作战医疗保障和海军与海军陆战队远征作战医疗设施。

1. 展开式医疗系统

展开式医疗系统是集装箱化的集体防护装备，为陆军作战保障医院提供 CBRN 威胁环境下实施医疗作业的能力。把环境可控的集体防护要素集成于展开式模块化人员帐篷和陆军卫生部小型掩体。

展开式医疗系统有 16 英尺（约 4.88 m）、32 英尺（约 9.76 m）、48 英尺（约 14.63 m）和 64 英尺（约 19.51 m）四种规格。由 M28 型集体防护设备（包括模块化核生化防护分隔间，M28 型集体防护设备保障工具包），200 CFM（约 340 m³/h）气密型密封滤毒罐，再循环过滤器，加压气密防护出入口，气密型病员与废弃物通道，供电系统，CBR

防护型供水系统，低压报警，CBR 防护型病员与工作人员盥洗室等组成。图 3-24 所示为陆军展开式医疗系统。

展开式医疗系统具有以下主要性能：

（1）能在 CBRN 威胁环境下遂行医疗作业，作业时间不低于 72 h；

（2）实施 CBRN 伤员外科手术；

（3）供水系统具有集体防护能力；

（4）提供 44 个、84 个、164 个或 248 个床位的陆军作战保障医院。

图 3-24　陆军展开式医疗系统

2. 远征作战医疗保障

远征作战医疗保障把环境可控集体防护装备嵌入现役医用掩体。作为空军战区医院的一部分，远征作战医疗保障的作用是，为作战部队提供个人休息床位和战区级医疗服务，也可为作战区域的战斗人员提供休息场所。为满足小型便携式远征作战航空医学快速响应，采用模块化设计，提供各种灵活的医院配置，满足战区作战需求。能提供 24 h 病员呼叫服务，提供 25 张住院病员床位，能对 6 500 人次提供应急医疗服务。此外具有以下性能：医疗指挥控制，预防性医疗服务，外伤修复与固定，普通外科手术与矫形外科手术，关键护理、紧急护理、普通护理，航空医疗服务，牙科和有限的辅助性服务。用在 CBRN 威胁区域，允许在 CBR 威胁环境下进行手术，不会对空军战区医院作战任务产生负面影响。提供无污染环境，在此环境下无须穿戴个人防护设备即可进行医疗作业。图 3-25 所示为空军远征作战医疗保障。

远征作战医疗保障为空军战区医院提供集体防护能力，使医务人员能在 CBRN 威胁环境下遂行医疗作业。把环境可控的集体防护要素集成于空军 32 英尺（约 9.76 m）小型掩体系统。主要由改进型 M28 型集体防护设备、分隔室、展开式野战环境控制单元（或轻型环境控制单元，约 680 m^3/h）、580 CFM（986 m^3/h）气密门、200 CFM（约 340 m^3/h）M98 型气体粒子过滤装置、远征作战集体防护厕所等组成。主要性能为：展开式；有多种配置；既可以是单个掩体，也可以是有 25 个床位的医院。

3. 远征作战医疗设施

远征作战医疗设施是在现役远征作战医用掩体的基础上增加集体防护能力，能在 CBRN 污染环境下维持 72 h 的医疗作业。集体防护建立的无毒区使医务人员在作业时不用穿戴个人防护装备。远征作战医疗设施把集体防护环境控制单元集于海军远征医疗设施舰队医院配置中。舰队医院是最重要的陆地医院，在医疗和外科方面都十分密集。舰队医院可运输，专为 60 天或更长时间的持续作战而设计，可在各种作战方案中部署。舰队医院可用在两个主要编队动员 500 个床位的医院，或者 20～116 个床位的远征医疗设施。远征作战医疗设施可使用一种新型可部署的医疗单位，即基于基地的远征掩蔽所，并与 M28 型集体防护设备集成起来。可编配于海军和海军陆战队。图 3-26 所示为海军远征作战医疗设施。

图 3-25　空军远征作战医疗保障

图 3-26　海军远征作战医疗设施

3.4.3　联合远征集体防护

联合远征集体防护为联合远征部队研发和部署模块化、移动式、系列化的集体防护系统，在 CBRN 污染环境下为人员休息与换班、指挥控制、医疗作业等提供保护。采用独立的防护系统，是自持式整体防护的系统，质量轻，易于运输和展开，抗击打能力强。有四种不同的规格：便携式可容纳 2 人，小型可容纳 6~8 人，中型可容纳 12~20 人，大型可容纳超过 20 人，从而满足不同的作战任务要求。

独立大型系统具有以下主要特点：

（1）四边形的设施；

（2）所用衬层也用于帐篷组件；

（3）集成了单人入口和多人入口；

（4）集成了悬挂机构。

图 3-27 所示为独立大型系统的主要组成，图 3-28 所示为帐篷组件。

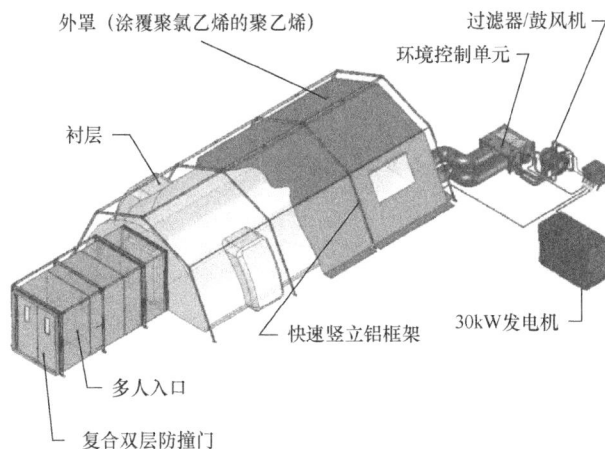

图 3-27　独立大型系统的主要组成

帐篷组件具有以下主要特点：

（1）四边形结构；

（2）集成了悬挂机构；

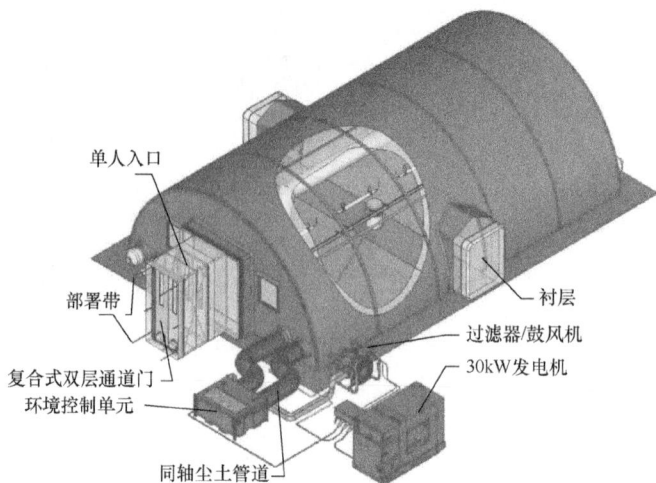

图 3-28　帐篷组件

（3）集成了单人入口和多人入口；

（4）采用 TSI LM200 衬层材料；

（5）满足化学生物隔离要求。

图 3-29 所示为中型帐篷、小型帐篷和便携式帐篷的外观。

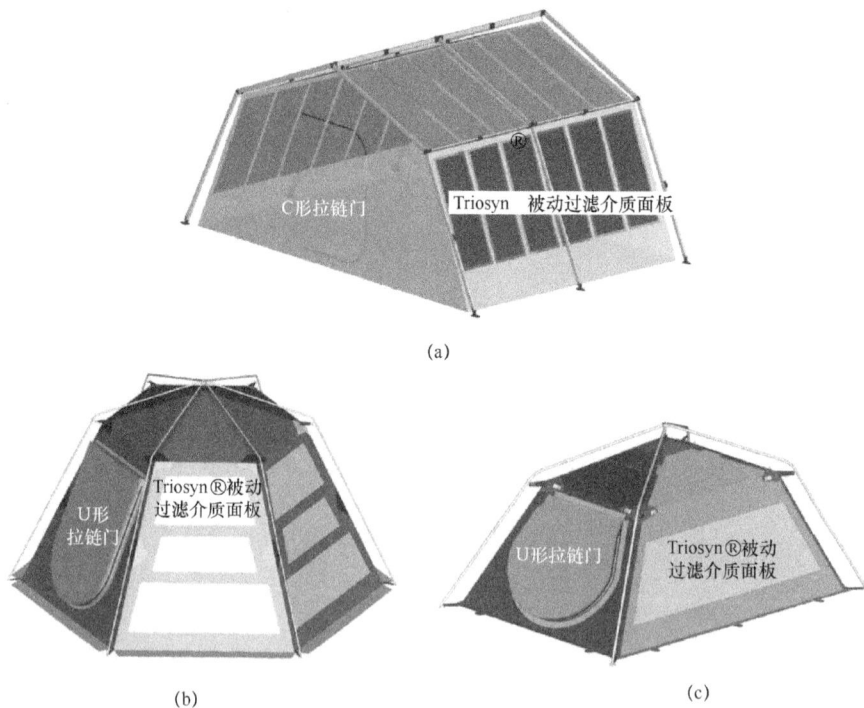

图 3-29　中型帐篷、小型帐篷和便携式帐篷的外观

(a) 中型帐篷；(b) 小型帐篷；(c) 便携式帐篷。

联合远征集体防护的主动式空气净化由 M98 型气体粒子过滤装置来实现，被动式空气净化由无压力式过滤器来实现，都编配于美国陆军、海军、空军、海军陆战队和特种作战司令部。

3.4.4 模块化通用帐篷系统

模块化通用帐篷系统展开后为在威胁区域遂行作战任务的部队提供集体防护，为掩体提供清洁空气，对化学毒剂、生物战剂和放射性落下灰实施防护。它由 M28 型集体防护设备（改进型）防护衬面和地板、200 CFM 气密型滤毒罐、M28 型集体防护设备保障工具包（含鼓风机）、再循环过滤装置、附件、气密型病员与废弃物通道、一体化气密装置等组成。图 3-30 所示为模块化通用帐篷系统。

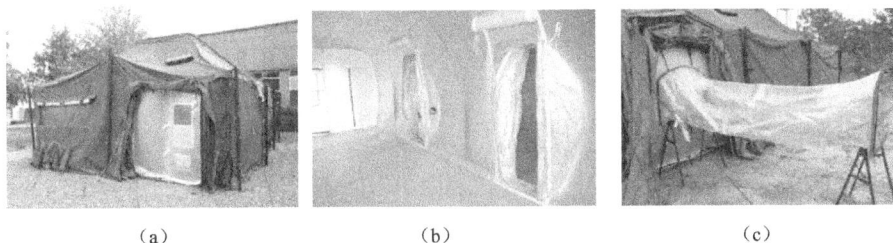

（a）　　　　　　　　　　（b）　　　　　　　　　　（c）

图 3-30　模块化通用帐篷系统

（a）外观；（b）内部；（c）气密通道。

模块化通用帐篷系统具有以下主要性能：

（1）系统配置两套衬面，可灵活配置；

（2）4 人在非污染环境下能在 30 min 内完全展开；

（3）每套衬面展开后面积约为 240 平方英尺（约 22.3 m²）；

（4）可调节外部环境的控制单元。

模块化通用帐篷系统编配于海军陆战队。

模块化通用帐篷系统的主要构成设备——M28 型集体防护设备为展开式模块化人员帐篷提供集体防护能力，为帐篷内部提供清洁空气；可应用于各种场合，包括医疗作业、指挥所等；专用于模块化展开式人员帐篷，可隔绝帐篷内部与外部环境。

M28 型由聚乙烯制成的 CBR 防护衬层（构成防护区），活动式防护入口（允许进出防护区），200 CFM 气密型滤毒罐（为衬面内部和防护入口提供过滤空气），气密型病员与废弃物通道，保障工具包（包括导管、照明、密封、维修材料和电子供电式鼓风机）等组成。M20 型简易核生化集体防护装备预先计划的产品经改进形成了 M20A1 型简易核生化集体防护装备和 M28 型，增加了阻止气态化学毒剂和液态化学毒剂的能力，改进了帐篷防护衬面和与环境控制单元的接口。改进后的型号消除了 M20 型对人员进出过程的限制，满足 24 h 内进出人员数不少于 150 人的作战需求。图 3-31 所示为 M28 型集体防护设备。

M28 型具有以下主要性能：

（1）随展开式模块化人员帐篷展开与撤收，无须增加操作人员；

图 3-31　M28 型集体防护设备

（2）可在无压模式下工作；

（3）可在无气体粒子过滤器条件下持续工作 7 h。

3.4.5　小型掩蔽所集体防护系统

小型掩蔽所集体防护系统为作战人员提供作战、维护关键设备、休息、就餐和睡觉的场所。对化学毒剂与生物战剂实施防护，构成无污染环境，使内部工作人员在工作时不需要穿戴个人防护设备。系统与 463 L 集装箱兼容，可以空运。可用于作战任务关键设施附近，为多次出动的飞机发电机的休息与恢复、关键指挥员的指挥控制等提供防护。

小型掩蔽所集体防护系统由 M28 型集体防护设备（改进型）衬面、展开式野战环境控制单元或轻型环境控制单元、400 CFM 风扇过滤器、580 CFM 风扇过滤器气密门、200 CFMM98 型气体粒子过滤装置组成。该系统打包后可放置在工具包里，与其他移动式集体防护系统相比，质量更轻。图 3-32 所示为小型掩蔽所集体防护系统。

图 3-32　小型掩蔽所集体防护系统

小型掩蔽所集体防护系统具有以下主要性能：

（1）配置气密装置，去污后的人员进入系统内部不会带入污染物；

（2）基于集体防护系统的空军小型掩体；

（3）可用 463 L 机用集装箱空运。

小型掩蔽所集体防护系统编配于美空军。

3.4.6　舰船集体防护系统

20 世纪 80 年代之前，美军舰船 CBRN 防御主要以个人防护为主，配备了大量的防护面具、防护手套和防护服，作战人员在遭受 CBRN 污染或受到 CBRN 威胁时，必须持续佩戴个人防护装具。正如前面所述，个人防护设备能对 CBRN 危害进行有效防护，但也阻碍或限制了作战人员遂行关键作战任务。佩戴个人防护装具遂行作战任务时，作战人员的视力和说话能力受到限制，敏感度会下降，会产生热应力，不能进食，饮水困难，呼吸阻力增加等。因此，需要一个无污染环境使作战人员能够有效地遂行专门的任务。舰船集体防护概念由此而生。

舰船集体防护系统由专业设备和相应的操作程序组成，用于创建一个无污染的环境，作战人员能够在不佩戴全套个人防护装具的情况下遂行关键任务。舰船集体防护系统提供了一个具有充足的经过滤的洁净空气的空间，建立了一个防护性超压环境。在这种环境中，所有的空气泄漏都将从受保护的空间或区域流出，从而防止污染物侵入。通过高压风扇、过滤设备、洗消站和进/出气锁阀，获得洁净的超压空气。图 3-33 所示为舰船集体防护系统主要部件。

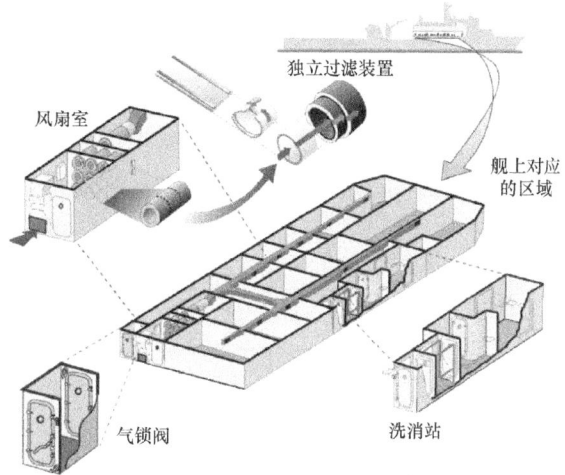

图 3-33 舰船集体防护系统主要部件

独立过滤装置采用的是 M98 型气体粒子过滤装置，能提供最多 200 CFM 的经过滤的空气。M98 型由嵌套型气体过滤器与粒子过滤器组成，粒子过滤器嵌在气体过滤器的里面。粒子过滤器内充高效阻隔颗粒介质，用于过滤固态与气溶胶态 CBRN 污染物。气体过滤器内充活性炭，用于去除气态化学毒剂。这两种过滤器一起把混合在空气中的传统 CBRN 污染物去除掉，从而供给使用者清洁的空气。M98 型可安装在陆军的各种掩体、海军/海军陆战队舰船和空军野战医院里。图 3-34 所示为 M98 型气体粒子过滤装置的外形与规格尺寸。

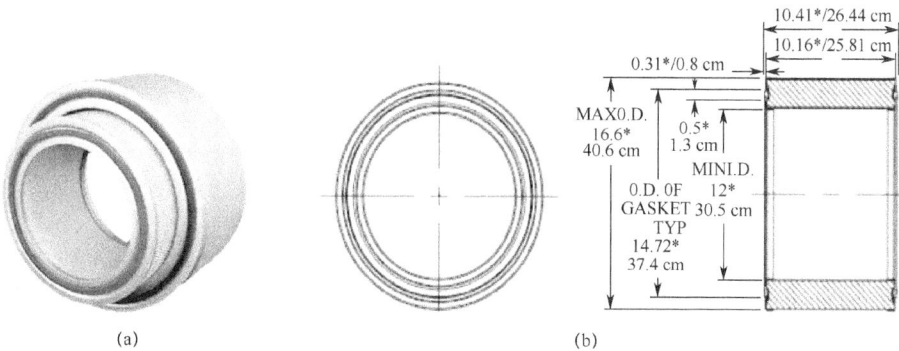

图 3-34 M98 型气体粒子过滤装置的外形与规格尺寸

（a）外形；（b）规格尺寸。

M98 型具有以下主要性能：

（1）能通过流量最大为 200 CFM 的空气，去除化学毒剂与生物战剂；

（2）采用无害 ASZM-TEDA 型活性炭，不会对使用者产生潜在危害。

对输入的空气进行过滤是舰船集体防护系统最重要的要素之一。使用高效粒子捕获过滤器对送入的空气中所含有的化学气溶胶、生物粒子和放射性粒子等微粒进行过滤。这些过滤器使用吹制的玻璃纤维介质捕获空气污染物。通过浸渍碳吸附实现对蒸气（化学毒剂）的过滤。舰船集体防护系统在全面防护区采用 200 CFM（约 5.66 m^3/min）的 M98 型过滤器组、在有限防护区采用 2 000 CFM（约 56.63 m^3/min）箱型高效粒子捕获过滤器。

集体防护区的运行取决于该区维持超压并防止污染物渗入。为了保护集体防护区的完整性，确保在任何时候都能维持该区的压力，必须安装进出口部件。舰船集体防护系统有三种进出口部件，分别是气压阀、气锁阀和洗消站。

舰船集体防护系统在舰船上的防护区因舰船的不同而不同，阿利伯克级宙斯盾导弹驱逐舰（第 I 舰队和第 II 舰队）和供应级快速战斗支援舰（T-AOE 6）的整个内部都是集体防护区，阿利伯克级宙斯盾导弹驱逐舰（第 IIA 舰队）、船坞登陆舰、两栖船坞运输舰、两栖攻击舰等的特定区域是集体防护区。根据舰船的不同，舰船集体防护系统的具体结构与配置略有不同。至 2014 财年，有 100 艘舰船配置了舰船集体防护系统。为了吸取 2011 年日本地震、海啸后危机响应的教训，海军建立了过滤器库存储备，保持一定程度的准备，并支持舰队舰船集体防护系统过滤器更换需求的紧急激增。

图 3-35 所示为高效粒子捕获过滤器和 M98 型过滤器组。

（a）　　　　　　　　　　　　　　　　（b）

图 3-35　高效粒子捕获过滤器和 M98 型过滤器组

（a）高效粒子捕获过滤器；（b）M98 型过滤器组。

3.4.7　简易核生化集体防护装备

简易核生化集体防护装备有两种型号，即 M20 型和 M20A1 型。

M20 型在固定设施内为多达 10 人提供无放射性粒子、化学毒剂与生物战剂污染的工作与休息区，该区域内的人员无须穿戴个人防护设备。M20 型通常用作自动化指挥系统掩体或士兵休息与换班场所。M20 型是一种轻便、价廉、模块化的集体防护系统，衬面呈圆柱状结构，高 10 英尺（约 3.05 m），直径 16 英尺（约 4.88 m），通过充气形成一个房间。保障工具包内置用于充气的电机驱动鼓风机、灵巧型送气导管。气密型滤毒罐在导管把空气送入衬面内部前对环境空气进行过滤。活动式防护出入口与充气后的房间外缘相连，作为气密型人员出入口。系统共有两套包装好的充气式衬面（一套备用），一套包装好的 M20 型重约 500 磅（约 226.8 kg），占地 40 立方英尺（约 1.13 m³）。2006 年后，M20 型不再列入陆军库存清单，也不再列入采购计划。M20 型的任务由 M20A1 型替代。

M20A1 型在固定设施内提供无放射性粒子、化学毒剂与生物战剂污染的具有清洁空气的掩体，该掩体内的人员无须穿戴个人防护设备。M20A1 型通常用作自动化指挥系统掩体或士兵休息与换班场所。M20A1 型是一种轻便、价廉、模块化的集体防护系统，部署在房间内或建筑物内。该系统可为多达 10 人提供无核生化污染区，用于指挥控制、士兵休息与换班。如果掩体占地面积需超过 200 平方英尺（约 18.58 m²），可将两个或更多的系统拼接起来使用。M20A1 型的衬面呈圆柱状结构，高 10 英尺（约 3.05 m），直径 16 英尺（约 4.88 m），保障工具包内置用于充气的电机驱动鼓风机、灵巧型送气导管、200 CFM 气密型滤毒罐、活动式防护出入口和再循环过滤器。系统有两套包装好的衬面，可以把它们通过接头相互连接起来，以增大内部空间。一套包装好的 M20A1 型重 500 磅（约 226.8 kg），占地 40 立方英尺（约 1.13 m³）。

M20 型具有以下主要性能：

（1）为用户提供应对化学、生物和放射性污染环境的防护掩体；

（2）完全展开或撤收所需时间不大于 30 min；

（3）过滤空气能力：200 CFM（约 5.66 m³/min）；

（4）防护出入口，隔绝污染环境与掩体内部无污染环境；

（5）仅对气态沙林类化学毒剂有一定防护能力；

（6）对进出人员数有一定限制，每 1 h 仅可进出 1 人次，每 24 h 出入人数不得大于 24 人次。

M20A1 型的主要性能如下：

（1）对气态沙林类化学毒剂和液态 VX 类化学毒剂提供全面防护；

（2）2 人在无污染环境下完全展开不超过 30 min；

（3）占地面积近 200 平方英尺（约 18.58 m²）；

（4）防护出入口，使外部污染环境与掩体内部无污染环境隔绝。

M20 和 M20A1 型均编配于美国陆军、海军和海军陆战队。图 3-36 所示为简易核生化集体防护装备。

图 3-36　简易核生化集体防护装备

（a）M20 型；（b）M20A1 型。

3.4.8 气体粒子过滤装置

1. M8A3 型气体粒子过滤单元

M8A3 型气体粒子过滤单元去除污染空气中的化学毒剂与生物战剂，把净化后的空气供给佩戴 M42A1 和 M42A2 型防护面具的装甲车乘员及其他特种军用车辆乘员。

安装在各种车辆上的机动式集体防护系统，把净化后的空气通过胶皮管供给佩戴防护面具的乘员，使乘员能有效防护 CBRN 威胁。

M8A3 型由 M2A2 型空气净化器、电路开关、4 个空气胶皮管（可快速挤下，含配件）、机身（含配件）、用于空气净化器的弹簧夹、供电盒、用于胶皮管的环形夹和固定夹等组成。图 3-37 所示为 M8A3 型气体粒子过滤单元。

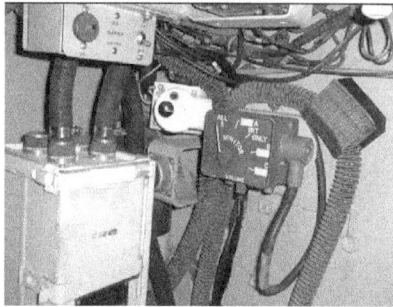 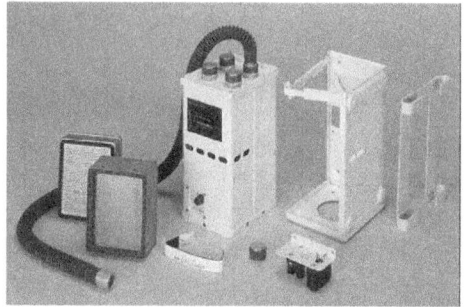

（a）　　　　　　　　　　　　　　（b）

图 3-37　M8A3 型气体粒子过滤单元

M8A3 型具有以下主要性能：

（1）离心式风扇把 12 CFM 的空气吹入粒子过滤器和气体过滤器，过滤后的空气用于军用车辆的四种用户；

（2）过滤后的空气直接供给佩戴 M42A1 和 M42A2 型防护面具的用户；

（3）采用正压方式，有助于呼吸，减少面具边缘的泄漏。

M8A3 型编配于美国陆军和海军陆战队。

2. M13A1 型气体粒子过滤单元

M13A1 型气体粒子过滤单元去除污染空气中的化学毒剂与生物战剂，把净化后的空气供给佩戴 M42A1 和 M42A2 型防护面具的各种战斗车辆乘员，包括斯特瑞克、M1型 Abrams 主战坦克和 M728 型战斗工程车。

安装在各种车辆上的机动式集体防护系统把净化后的空气通过胶皮管供给乘员的防护面具，使乘员能有效防护 CBRN 威胁。

M13A1 型由 M1A1-19 型预清洁器与粒子过滤器（含配件）、两个 10 CFM 的 M18A1型气体过滤器、电路开关、四个 M3 型电子空气加热器、橡胶供气胶皮管（含配件），以及机身（含配件）、电缆环形夹和固定夹、弯管接头和丁字接头等安装件组成。图 3-38所示为 M13A1 型气体粒子过滤单元。

M13A1 型具有以下主要性能：

（1）离心式风扇把 20 CFM 的空气吹入粒子过滤器和气体过滤器，过滤后的空气用于军用车辆的四种用户；

（2）过滤后的空气直接供给佩戴 M42A1 和 M42A2 型防护面具的用户；

（3）采用正压方式，有助于呼吸，减少面具边缘的泄漏；

（4）空气加热器使用户能调节流经面具的空气温度。

M13A1 型编配于美国陆军和海军陆战队。

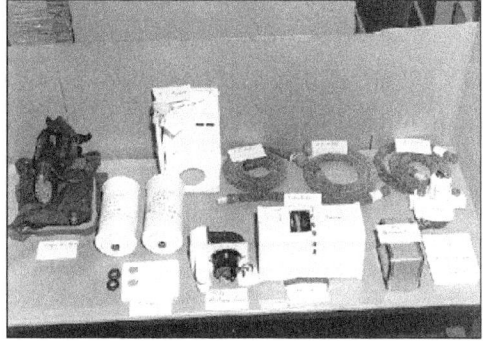

图 3-38　M13A1 型气体粒子过滤单元

3. M48A1 型气体粒子过滤器

M48A1 型气体粒子过滤器为大型车辆或固定式掩体内部人员提供 100 CFM 的清洁空气，使作战人员能应对 CBRN 威胁。

M48A1 型是一种双层过滤器，一层是活性炭室，另一层填充高效阻隔颗粒介质。通过这两层不同的介质把流入的环境空气中的化学毒剂与生物战剂去除，从而供给用户清洁的空气。多用途 M48A1 型可作为集体防护超压系统的组成部分，用于各种过滤器、鼓风机等线式送风的场合，如 M1A1 系列坦克及其他类似车辆。M48A1 型也可把 M93 型气体粒子过滤单元作为其组成部分，用于为掩体内部提供过滤后的清洁空气。

M48A1 型具有以下主要性能：

（1）去除化学毒剂与生物战剂，空气流速最高为 100 CFM；

（2）采用无害的 ASZM-TEDA 型活性炭，减少了潜在的健康危害；

（3）过滤器部件与过滤器介质材料不会产生真菌和霉菌；

（4）有效过滤温度范围：$-51 \sim 71$℃；

（5）有效使用寿命 5 年。

M48A1 型编配于美国陆军、海军、空军和海军陆战队。图 3-39 所示为 M48A1 型气体粒子过滤器的外形。

图 3-39　M48A1 型气体粒子过滤器的外形

4. M49 型固定设施过滤器

M49 型固定设施过滤器为固定式掩体、指挥控制场所、医疗作业、休息与换班、地下掩体等提供具有核生化集体防护能力的环境，使相关人员无须穿戴个人防护设备完成作战任务。

M49 型是一种由不锈钢制成的模块化气体过滤器，每一模块气体过滤器的过滤能力都是 120 CFM，5 个模块组合构成 600 CFM 的气体过滤器，10 个模块组合构成 1 200 CFM 的气体过滤器。M49 型内充 ASZM-TEDA 型活性炭，不含有害物质。

M49 型的典型工作步骤如下：

（1）收集并预过滤大尺寸粒子，如灰尘；

（2）高效粒子空气过滤（采用充高效阻隔颗粒介质的过滤器，收集并过滤亚微米级粒子）；

（3）气体过滤器（过滤有害气体）。

尽管 M49 型通常安装在现有通风管道内，但还必须安装一个独立的鼓风机，用于对集体防护过滤系统的外部静态头位置进行空气调节。内充高效阻隔颗粒介质的过滤器用于对放射性粒子与生物粒子的防护，气体过滤器用于对气态化学毒剂的防护。图 3-40 所示为 M49 型固定设施过滤器和由 10 个 M49 型组成的过滤器组。

（a）   （b）

图 3-40　M49 型固定设施过滤器和由 10 个 M49 型组成的过滤器组

（a）M49 型固定设施过滤器；（b）10 个 M49 型组成的过滤器组。

M49 型具有以下主要性能：

（1）工作温度：−31.7～51.7℃；

（2）单块 120 CFM 过滤器可再充填充物，可反复使用；

（3）采用不锈钢，可洗消；

（4）可长期储存，性能不会下降。

M49 型编配于美国陆军、海军、空军和海军陆战队。

5. 其他气体粒子过滤装置

M14 型气体粒子过滤单元安装在 M113A1 型装甲运兵车、救护车的机动式集体防护系统，把净化后的空气通过胶皮管供给车载乘员的防护面具，使乘员能有效防护 CBRN 威胁。M14 型由 M2A2 型空气净化器、电路开关、送气胶皮管（含配件）、6 个

M13A1 型医用集体防护面罩和安装件组成。M14 型编配于美国陆军和海军陆战队。M14 型具有以下主要性能：

（1）离心式风扇把 12 CFM 的空气吹入粒子过滤器和气体过滤器，过滤后的空气用于军用车辆乘员，最多可供 6 人使用；

（2）过滤后的空气直接供给佩戴 M13A1 型医用面罩、M42A1 和 M42A2 型防毒面具的用户；

（3）采用正压方式，有助于呼吸，减少面具或面罩边缘的泄漏；

（4）空气加热器使用户能调节流经面具的空气温度。

M56 型气体粒子过滤单元为野战掩体提供 200 CFM 经过滤后的正压空气。M56 型由 M98 型气体粒子过滤装置、过滤器机壳、风扇、流量阀、供电电源和系统控制模块组成，用于多型掩体。M56 型编配于美国陆军，具有以下主要性能：

（1）对传统化学毒剂与生物战剂提供防护，供给的清洁空气量最多为 200 CFM；

（2）为掩体内部提供正压，防止污染物进入；

（3）最多可为 10 人提供所需的清洁空气。

M59 型气体粒子过滤单元为野战掩体提供 400 CFM 经过滤后的正压空气。M59 型由装有主风扇的机箱和两台 M98 型气体粒子过滤装置组成。机箱上的内罩和外罩用于方便过滤器更换。与机箱外部相连的流量阀用于控制过滤器、掩体和进出口之间的流量。控制模块上的压力敏感部件自动调节流量阀，使车内、掩体等内部保持正压。用于"爱国者"导弹火力控制系统掩体。M59 型编配于美国陆军，具有以下主要性能：

（1）对传统化学与生物战剂提供防护，供给的清洁空气量最多为 400 CFM；

（2）为掩体内部提供正压，防止污染物进入；

（3）最多可为 20 人提供所需的清洁空气。

M84 型气体粒子过滤单元为野战掩体提供 400 CFM 经过滤后的正压空气，由装有主风扇的机箱、装在机箱内的一台 M98 型气体粒子过滤装置和控制模块组成。用于改进型"霍克"导弹火力控制系统掩体。M84 型编配于美国陆军，具有以下主要性能：

（1）对传统化学毒剂与生物战剂提供防护，供给的清洁空气量最多为 200 CFM；

（2）为掩体内部提供正压，防止污染物进入；

（3）最多可为 10 人提供所需的清洁空气。

M87 型气体粒子过滤单元为野战掩体提供最多 400 CFM 的经正压过滤的空气。M87 型由过滤器机箱与控制模块组成。机箱上的内罩和外罩用于方便两台 M98 型气体粒子过滤装置的更换。控制模块中的压力敏感组件自动调整流量阀，以维持车内或掩体内的压力为正压。M87 型编配于美国陆军，具有以下主要性能：

（1）对传统化学与生物战剂提供防护，供给的清洁空气量最多为 400 CFM；

（2）为掩体内部提供正压，防止污染物进入；

（3）最多可为 20 人提供所需的清洁空气。

第4章 CBRN 洗消装备

4.1 发展规划

4.1.1 洗消技术发展规划

当 CBRN 污染无法避免时，可能需要对遭受污染的人员、装备、场所等进行洗消，以减少、消除或中和 CBRN 危害。CBRN 洗消装备能使遭受污染的部队恢复作战能力。为了响应《作战需求报告》提出的 5 种喷洒器和 1 种洗消剂的要求，美军部署了 2 型商用喷洒系统，即多用途洗消系统和固定场所洗消系统。在吸附剂、蒸气、分散方法、涂层、催化剂和物理去除等方面取得的技术进展，会减轻美军后勤负担，减少人力需求，同时减少由于需要进行洗消作业而导致的作战能力损失。

洗消科学技术研究包括工艺基础、溶液化学、固相洗消和替代工艺。

洗消科学技术研究的目标是发展能够去除、置换或消除有毒物质或其影响的技术，而不致造成遭受污染的对象的性能下降，同时是无腐蚀性的，对环境而言是安全的。洗消对象包括人员、单兵装备、战术战斗车辆、飞机、舰船、设施和固定场所等。

2008 财年之前，重点为联合器材洗消系统、联合便携式洗消系统和人员遗体洗消系统解决满足"里程碑"决策所需的关键技术。对于联合器材洗消系统项目，重点是发展一种以过氧化氢为基础、以氨为添加剂的气体系统，以实现广谱活性。此外，作为联合器材洗消系统工具包的组成部分，开发基于活性纤维的溶媒擦拭剂。对于联合便携式洗消系统项目，评估了若干涉及化学溶液和技术的方法。理想产品是以液体为基础的系统，带 1 L 喷雾装置或 5 加仑（约 3.79 L）背包式喷雾装置。还研究了几种基于液态氯和液态二氧化物的方案。备选方案还包括具有亲核性的基于过氧化物的系统，对活性组分酶的生成也进行了研究。为了支持人员遗体洗消系统项目研发，调研了基于活性纳米粒子的活性吸附剂和用于密封系统的浸渍织物。

2013 财年之前，根据未来部队作战样式的变化，洗消策略从强调需求牵引转为技术驱动。洗消项目将结合 CBRN 防御愿景，从体系发展角度审视洗消，寻求发展洗消技术，使作战人员能够对自身皮肤和携行装备实施彻底的立即洗消。根据设备战术的洗消要求，平台内部和外表面的洗消目标是相同的。对于区域洗消，也应达到同样效果。

在技术研究方面考虑了渐进性方案和革命性方案。为了实现目标，寻求基于喷洒器系统的替代工艺。对于液体洗消，研究了混合配方和新型酶材料。调研了在各种基质中使用活性纳米粒子的若干方法。

2023 财年之前，有若干技术可选。计划进行的研究旨在推动前沿技术发展。在涂层研究领域提出了一些有趣的新概念，其中包括智能系统方案。智能系统的概念是发展能够封装并能与毒剂发生反应的技术，或同时可作为传感器和活性洗消剂。纳米管和纳米簇可能具有这种能力。

洗消技术的发展策略如下。2008 财年之前，邀请学术界和工业界更广泛地参与；进行分析性和预测性洗消建模；研究大区域洗消方案；研究具有最高效率的科学工艺替代方法；研究具有最高洗消效率的工艺应用、分散方法。2013 财年之前，构建强大的洗消知识数据库，包括毒剂与表面的相互作用，备选洗消剂的鉴别与选取，备选洗消剂的洗消效果，洗消剂对敏感材料和耐用材料的影响等；研究新一代备选科学洗消剂和洗消系统，包括对化学毒剂、生物战剂、有害工业物质和其他新型毒剂与材料的验证洗消效果，对环境无害，表面去污有效。2023 财年之前，构建能够改变现有洗消实践原则的显著技术变革；在立即洗消允许的时间内，提升作战人员对其皮肤和携行装备实施彻底洗消的能力；在作战洗消允许的时间内，提升乘务人员对设备和乘务人员实施彻底洗消的能力。

预期洗消剂和洗消系统研究获得的成果是新型无腐蚀性、无毒性、不易燃、环境安全的洗消系统，适用于及时消除各种材料和表面的 CBRN 污染物，使部队能够快速重组作战人员和装备，提高作战效率，减轻后勤负担。未来，活性涂层使作战人员在不进行洗消的情况下继续遂行作战任务。还可能用于环境修复，特别是对农药和有害工业物质污染的处理。

CBRN 污染洗消存在很多技术挑战。作战人员需要的洗消剂应具有以下特点：活性、非水、无腐蚀性、可安全用于敏感设备、能够去除各种化学毒剂与生物战剂、环境安全、不会造成不可接受的健康危害。此外，作战人员需要的洗消系统应具有以下功能：能有效去除表面和材料上的污染物，同时减少人力资源需求，减轻后勤负担。洗消试验评价能力发展面临的挑战在于所使用的模拟剂或洗消剂的安全性，以及模拟剂野外试验性能与对应的真实毒剂性能之间的相关性。

4.1.2 洗消装备发展规划

CBRN 洗消的目标是，在不损害作战装备、不危害作战人员或环境的情况下，为污染物的清除或毒性的解除提供技术。洗消装备使遭受污染的部队恢复作战能力。2008 财年之前，洗消能力主要依赖在受染表面物理喷洒洗消剂或用洗消剂冲洗遭受污染的表面，部署的洗消系统能有效去除各种毒剂，存在的问题主要是洗消作业速度慢、劳动强度大、后勤负担重，同时在环境、材料和安全等方面存在问题。

2008 财年之前部署的洗消系统还存在以下问题：不适用于电子设备的洗消；对大区域、港口和机场的洗消效率不高；依靠水或基于漂白剂的液态系统。为了提高洗消能力，国防部把研究重点放在新型洗消技术开发上，目的是减轻现役洗消装备的人力负担和后勤保障需求。开发的这些新型洗消技术对环境、作战人员和作战装备更加安全。

洗消装备发展规划综合了研究、开发与采办领域内部和外部的研究成果，包括政策、原则、标准，以及修订的战术、技术与规程。重点是研究与发展适用于作战装备、飞机和单兵装备的广谱多用途无腐蚀性洗消剂与洗消系统。备选的其他洗消方法，如敏感设备洗消方法和大规模洗消系统，也是关注的重点。

在单兵装备洗消剂方面，2008 财年之前完成 M291 型皮肤洗消工具包、M295 型单兵装备洗消工具包、联合军种人员皮肤洗消系统（增量 I）。2013 财年之前完成适用于人员和装备的无碱性、无腐蚀性洗消剂。2023 财年之前完成联合军种人员皮肤洗消系统（增量 II）。

在大容量洗消剂方面，2008 财年之前完成经过严格试验的次氯酸盐、超热漂白剂，以及无碱性、无腐蚀性、易于储存和生产的多用途洗消剂，联合军种移动式小型洗消系统（增量 I）用洗消剂。2013 财年之前完成用于固定场所的洗消剂、海军采用的腐蚀性更小的洗消剂。2023 财年之前完成根据任务定制的洗消剂、海军采用的抗污染舰船用材料、联合军种移动式小型洗消系统（增量 II）用洗消剂（含飞机洗消）。

在喷洒系统方面，2008 财年之前完成 M100 型联合吸附式洗消系统；M17 型轻型洗消系统；陆军用 M12A1 型电力驱动洗消装置替代 M17 型轻型洗消系统；商用轻型洗消系统（临时替代和补充 M17 型），用于固定场所洗消；临时部署遂行地面洗消的商用洗消装置；联合军种移动式小型洗消系统（增量 I）用洗消剂；高压水冲洗；洗消剂分散器改进。2013 财年之前完成自动释放涂料；减少皮肤接触危害物，降低洗消作业要求；用于立即洗消和作战洗消的手持式、便携式洗消剂喷洒系统（联合便携式洗消系统（增量 I））；固定场所快速大规模洗消能力，减少人力需求和后勤负担（联合军种移动式大型洗消系统（增量 I））；初步具备电子设备、航空设备和其他敏感设备的非水洗消能力。2023 财年之前完成车辆内部洗消能力；电子设备和航空设备的非水洗消能力；飞机内部敏感设备洗消系统；用于固定设施的大规模固定场所洗消系统。

4.1.3 联合军种洗消项目

陆军开发了 M291 型皮肤洗消工具包，用于替代 M258A1 型洗消工具盒；陆军还引进了 M295 型单兵装备洗消工具包，用于提升单兵装备洗消能力。M295 型为作战人员提供了一种快速无腐蚀性的单兵装备洗消工具。为了提高 M295 型的性能，研制了一种活性更好、吸附力更强的吸附剂。配有这种新型吸附剂的 M295 型于 2000 年 1 月开始进行部队列装。

为应对《应急作战需要》，部署了两套系统和一种洗消剂。为了解决 M17 型在满足作战需求方面存在的短板，部署了一种商用多用途洗消系统。部署了固定场所洗消系统，解决了设施和场地洗消的问题。桑迪亚国家实验室研发的 DF-200 型洗消剂已投入使用，解决了对环境友好洗消剂的迫切需求。

2013 财年之前，国防部继续研究新型多用途洗消剂，以替代过时的 2 号洗消溶液、具有腐蚀性的次氯酸盐和超热漂白剂。探索了活性洗消系统、氧化配方和增强吸附剂等新技术，有助于提升洗消作业能力、减轻后勤保障负担、降低使用成本、提高作业人员安全、实现洗消作业环境友好。由于基于氯的洗消剂溶液会对飞机构成不可接受的腐蚀风险，对飞机的洗消则要求使用淡水和飞机专用清洁剂溶液。

在理想情况下，新型洗消剂配方必须在驻留时间小于 15 min 条件下具有极高的活性，并且在 pH 值低于 10.5 时，不仅有效而且产生的腐蚀最小。可能的基于溶液的新方法包括使用催化和氧化化学反应的有机系统、水状系统和有机与水状混合系统。某些有应用前景的洗消剂包括：含有单乙醇胺类基团的有机组件；不含氯的氧化剂如稳定的过氧化物、过氧羧酸等；有机溶剂中纳米粒子的液态浆液或悬浮液。

从长远来看，各军种寻求的是非水基洗消系统，目的是在机动洗消和固定场所洗消时对敏感设备进行洗消。此外，各军种对涂料也很感兴趣，并进行了探索性研究，因为涂料会减少或消除洗消作业时对人力的依赖。涂料研究的最终目标是开发出一种具有化学活性或电活性涂层，应用于 CBRN 高威胁条件下遂行作业的装备。涂层在与 CBRN 毒剂接触时会立即进行洗消，从而使作战人员在尚未采取任何行动的条件下降低 CBRN 危险。

在联合军种移动式小型洗消系统部署之前，陆军还采用商用成熟技术来缓解 M17 型存在的不足。海军陆战队对 M17 型进行了改进，使其能够使用标准军用燃料。海军采购并部署了能够使用标准军用燃料的 M17 型，还部署了 M100 型联合吸附式洗消系统，替代 M11、M13 型便携式洗消装置和用于立即洗消的 2 号洗消溶液。

4.1.4　洗消试验评价设施

未来洗消系统的试验评价能力包括由于洗消作业导致系统作战性能下降的定量评估能力。这对于需要具备 CBRN 污染生存能力的系统（无论是 CBRN 防御系统和非 CBRN 防御系统）是至关重要的。试验评价能力还侧重于为遂行立即洗消、战时洗消和彻底洗消任务的洗消系统的有效性提供定量和具有作战意义的特性。未来的重点是提供更广泛的毒剂模拟剂和可能用于野外试验与训练的洗消剂。

在洗消试验评价方面着重开展以下工作：开发用于洗消危害评估的模型；扩展 CBRN 毒剂洗消系统能力；开发评估洗消对战场性能影响的能力；开发在战场相关条件下试验洗消规程的能力，包括开发用于作战试验的活性模拟剂；开发适用于非传统毒剂的洗消试验方法；开发评估洗消过程对装备和系统性能造成退化影响的最新方法。

4.2　洗消装备研发进展

美军十分重视 CBRN 洗消装备的开发和采办，自 2008 财年至今，在人体去污、场所洗消和器材洗消装备发展方面取得了长足进展。

1. 2008 财年

（1）污染消除联合项目部与试验评价办公室、达格韦靶场、试验设备/策略/保障产品总监、"联合科技办公室"协调，启动小物品洗消试验能力研究。对选定的小物品进行化学洗消剂接触试验和蒸气试验，开发小物品洗消方法。计划在 2009 财年初实现小物品洗消能力。

（2）联合军种移动式小型洗消系统计划在 2009 年 6 月进入全速生产阶段。继续开发人员遗体洗消系统，并将最终提供安全去污和储存受污染人员遗体的能力。

（3）本财年美军 CBRN 洗消装备列编情况如下：联合军种人员皮肤洗消系统（活性皮肤洗消剂）陆军编 287 815 套；联合军种人员皮肤洗消系统（非活性皮肤洗消剂）陆军编 272 560 套。

2. 2009 财年

（1）第一季度批准了人员遗体洗消系统《初始能力文件》。2009 年 8 月，人员遗体洗消系统项目进入装备开发决策阶段。随后，联合计划执行办公室批准了人员遗体洗消系统的预案分析研究指南，授权该项目进入器材方案分析阶段。在殡葬事务去污收集站进行洗消前，人员遗体洗消系统将提供安全回收、处理和运送受污染遗体的能力，彻底洗消遗体（内部、外部），使殡葬事务部队能安全遂行任务，并允许殡葬事务去污收集站把经过洗消的遗体安全运送到最终目的地。

（2）联合军种移动式小型洗消系统计划于 2010 财年开始部署，并于 2012 财年满足初始作战能力。此外，污染消除联合项目部发布了一条需求信息，寻求能满足联合军种移动式小型洗消系统《能力生产文件需求》的质量更轻的系统。计划于 2010 财年发布针对该需求的信息。联合军种移动式小型洗消系统将用于遂行战役级洗消任务，也支持彻底洗消作业，还支持设施有限洗消和地面洗消。

（3）继续部署活性皮肤洗消剂。活性皮肤洗消剂是美国食品与药物管理局批准的单兵携带式皮肤洗消工具包。活性皮肤洗消剂为沾染化学毒剂和生物战剂的战斗人员提供皮肤洗消能力，支持人员立即洗消和彻底洗消。活性皮肤洗消剂的洗消效果优于现役 M291 型皮肤洗消工具包，减少化学毒剂的致命性，减轻战斗人员作战能力下降。活性皮肤洗消剂中和而不是消除化学毒剂。此外，活性皮肤洗消剂可用于单兵装备、武器系统和伤亡人员（仅适用于未破损的皮肤）的洗消。

（4）计划于 2010 财年从联合科技办公室转化两项技术：便携式生物化学表面洗消系统和用于联合器材洗消系统的擦拭技术。此外，签署了三项技术转让协议：危害减轻与器材装备修复、机构间生物修复演示和自动洗消。计划于 2010—2011 财年，三项转让的技术将用于目前和未来项目的高级开发。

（5）2009 年 1 月，洗消系统系列发布了一条关于联合军种移动式小型洗消系统的洗消剂解决方案的需求信息。提交的产品能解决化学洗消剂和（或）生物洗消剂的能力差距。在最初提交的 19 份方案中有 6 份经评估小组推荐进入第二阶段测试。洗消剂将解决多孔材料洗消增效和洗消系统兼容性等方面存在的能力差距。

（6）2009 年 5 月 8 日，联合计划执行办公室批准开展联合器材洗消系统竞争性原理样机研究，降低研发风险，为联合平台内部洗消和联合军种敏感设备洗消提供管理经验。

（7）为支持 CBRN 小物品采办项目部，污染消除联合项目部与国民警卫队洗消工作组、商用现货现代化综合产品组合作，建立商用现货用于战术洗消系统的评估流程。

（8）本财年美军 CBRN 洗消装备列编情况如下：联合军种人员皮肤洗消系统（活性皮肤洗消剂）陆军编 136 080 套、空军编 18 720 套、海军编 55 200 套、海军陆战队编 27 600 套，联合军种人员皮肤洗消系统（训练洗消剂）陆军编 8 400 套。

3. 2010 财年

污染消除联合项目部与医学系统联合项目部合作，在活性皮肤洗消剂包装袋上设置可视化指示标志，以便对会降低洗消效果的温度指标实施报警。联合军种移动式小型洗消系统陆军编 1 328 台、海军编 189 台。

4. 2011 财年

批准受污染人员遗体包装袋、联合军种装备擦拭、通用洗消剂和污染指示器洗消保证系统四个项目进入国防采办系统技术开发阶段。联合军种移动式小型洗消系统陆军编 1 289 台。

5. 2012 财年

（1）2012 年 7 月 2 日，受污染人员遗体包装袋项目《能力开发文件》获得批准，验证了《能力开发文件》所包含的关键性能参数。受污染人员遗体包装袋将用于战场作为保护战斗人员面对遭受 CBRN 污染的人员遗体时免受危害的一种手段，包括死亡人员遗体回收、把遗体运送至殡葬事务受染遗体处理站、临时储存或埋葬遗体各阶段。《能力开发文件》的批准使该项目得以如期推进。

（2）联合计划执行办公室发布了联合军种装备擦拭项目和通用洗消剂项目建议书，来源选择评估委员会完成了对行业界提交的建议书的审核。与通过审核的合同商签署了 11 份试验样品合同，用于确定合同商产品满足性能要求的能力。联合军种装备擦拭项目将为沾染化学污染物的敏感装备和非敏感装备提供敌对环境和非敌对环境的即时洗消能力。通用洗消剂项目将为沾染化学生物污染物的战术车辆、舰船表面、空乘人员武器和单兵武器提供彻底洗消能力。

（3）联合军种人员皮肤洗消系统（活性皮肤洗消剂）陆军编 12 套、海军编 10 602 套，联合军种移动式小型洗消系统陆军编 932 台、海军编 48 台、海军陆战队编 155 台。

6. 2013 财年

（1）受污染人员遗体包装袋项目进入国防采办系统工程与制造开发阶段。

（2）联合计划执行办公室签署了联合军种装备擦拭和通用洗消剂项目第二阶段竞争性原理样机合同，还签署了污染指示器洗消保证系统项目技术演示验证合同。

（3）M26 型联合军种移动式小型洗消系统项目在 2013 年 9 月完成了最后 2 套系统的部署。

（4）本财年联合军种移动式小型洗消系统陆军编 375 台、海军编 14 台、海岸警卫队编 2 台。

4.3 人员皮肤洗消装备

4.3.1 联合军种人员皮肤洗消系统

联合军种人员皮肤洗消系统用于对皮肤、野战防护面具与面罩、化学防护手套、化学防护靴子和单兵武器实施快速洗消，洗消效能最大为 50%。

联合军种人员皮肤洗消系统是 III 类采办项目，项目开发采用"增量"与螺旋式发展的采办策略。"增量 I"的目的是提高化学毒剂和生物战剂的危害清除效能。"增量 II"的目的是提高对非传统毒剂、有害工业化学品、生物战剂和放射性物质的危害清除效能；还可用于对开放性创口的污染清除。"增量 I"采用活性皮肤洗消剂，与现役 M291 型皮肤洗消工具包相比，作战效能相当，而洗消效能大幅提高。

联合军种人员皮肤洗消系统由洗消剂和涂药器组成，直接去除附着在皮肤上的致病性和致死性 CBRN 污染物；对存储几乎没有要求，从而减轻了后勤负担。联合军种人员皮肤洗消系统的关键性能在于，它实际上是中和化学毒剂而不是简单地将其移去，而 M291 型皮肤洗消工具包的作用机理正是后者，这是两者的根本不同之处。在部队编配时，同时配发联合军种人员皮肤洗消系统训练工具包，满足各种训练要求。2003 年 3 月 25 日，美国食品与药物管理局批准联合军种人员皮肤洗消系统为个人可携带的皮肤洗消工具包。图 4-1 所示为联合军种人员皮肤洗消系统。

图 4-1　联合军种人员皮肤洗消系统

联合军种人员皮肤洗消系统具有以下主要性能：

（1）每包活性皮肤洗消剂可去污面积为 1 300 cm^2；

（2）洗消对象：硫芥子气、索曼、VX 和 T-2，洗消效果优于 M291 型皮肤洗消工具包；

（3）工作温度：−32～54℃；

（4）储存温度：−33～71℃；

（5）每个工具包中都配有 20 包活性皮肤洗消剂。

联合军种人员皮肤洗消系统编配于美国陆军、海军、空军、海军陆战队和国土防御。图 4-2 所示为 M291 型与活性皮肤洗消剂人员皮肤洗消效果对比。

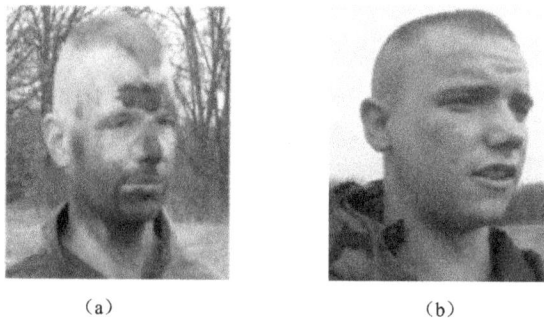

（a）　　　　　　　　　　　　　　（b）

图 4-2　M291 型与活性皮肤洗消剂人员皮肤洗消效果对比

（a）M291 型皮肤洗消效果；（b）活性皮肤洗消剂皮肤洗消效果。

4.3.2　人员遗体洗消系统

人员遗体洗消系统为处理遭受 CBRN 污染阵亡人员遗体的工作人员提供保护，使人员遗体不再次遭受 CBRN 污染，同时防止 CBRN 污染物随阵亡人员遗体被带回美国国内。

人员遗体洗消系统（增量 I）包括把遭受化学毒剂和生物战剂污染的尸体从阵亡地点运送到丧葬事务净化收容所、减轻或消除受污染尸体产生的危害、在进入丧葬事务净化收容所之前对尸体进行处理（包括尸体的存储、用军用飞机和民用飞机运输等）。

2009 年 3 月前，在完成受污染人员遗体转运市场调查的基础上，批准了人员遗体洗消系统《初始能力文件》。同年 8 月，人员遗体洗消系统项目进入装备开发决策阶段。2010 年 1 月，联合计划执行办公室批准了人员遗体洗消系统的预案分析研究指南，授权该项目进入器材方案分析阶段（1～9 月）。在殡葬事务去污收集站进行洗消前，人员遗体洗消系统将提供安全回收、处理和运送受污染遗体的能力，彻底洗消遗体（内部和外部），使殡葬事务部队能安全遂行任务，并允许殡葬事务去污收集站把经过洗消的遗体安全运送到最终目的地。2011 财年，批准受污染人员遗体包装袋项目进入国防采办系统技术开发阶段。2012 年 7 月 2 日，受污染人员遗体包装袋项目《能力开发文件》获得批准，验证了《能力开发文件》所包含的关键性能参数。受污染人员遗体包装袋将用于战场上作为保护战斗人员面对遭受 CBR 污染的人员遗体时免受危害的一种手段，包括死亡人员遗体回收、把遗体运送至殡葬事务受染遗体处理站、临时储存或埋葬遗体各阶段。《能力开发文件》的批准使该项目得以被如期推进。2013 财年，受污染人员遗体包装袋项目进入国防采办系统工程与制造开发阶段。

人员遗体洗消系统编配于美国陆军、海军、空军和特种作战司令部。图 4-3 所示为勤务人员用人员遗体洗消系统处理受 CBRN 污染的阵亡人员遗体。

图 4-3　勤务人员用人员遗体洗消系统处理受 CBRN 污染的阵亡人员遗体

4.3.3　人员皮肤化学污染防护软膏

人员皮肤化学污染防护软膏与遂行面向任务的防护态势的有关装备配合使用，为人员皮肤提供有效保护屏障，防止化学毒剂穿透和与皮肤接触。人员皮肤化学污染防护软膏是一种油膏，包含非化学活性的全氟化聚合物。在作战勤务人员穿戴面向任务的防护态势有关装备前，将其涂抹于皮肤上易受污染的区域，这些区域通常容易泄漏、扯开，如腰肋部、腕部、踝部和颈部。与人员洗消装备配合，人员皮肤化学污染防护软膏可防止或减轻化学污染对人员造成的伤害。图 4-4 所示为人员皮肤化学污染防护软膏及其使用。

（a） （b）

图 4-4 人员皮肤化学污染防护软膏及其使用

人员皮肤化学污染防护软膏用于穿戴面向任务的防护态势有关装备的作战勤务人员，以增强对化学毒剂的防护能力。人员皮肤化学污染防护软膏的作用就相当于在皮肤上增加了一层防护屏障，防止化学毒剂与皮肤接触。美国食品与药物管理局批准人员皮肤化学污染防护软膏仅可以军用。

人员皮肤化学污染防护软膏编配于美国陆军。

4.3.4 M291 型皮肤洗消工具包

M291 型皮肤洗消工具包用于对遭受液态化学毒剂污染的人员皮肤实施洗消，也可对防毒面具、丁基橡胶手套、头罩的外部及单兵武器等进行应急洗消。

M291 型的外形是类似钱包的袋子，内含 6 个独立的小袋，每个小袋都装有非编织的由薄片叠成的经化学洗消剂（XE-555 树脂）浸泡过的合成纤维棉棒，合成纤维棉棒在使用时与化学毒剂发生反应，产生吸收与中和。图 4-5 所示为 M291 型皮肤洗消工具包及其使用。

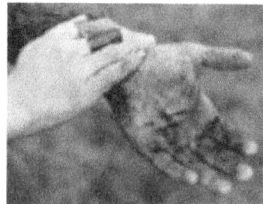

（a） （b）

图 4-5 M291 型皮肤洗消工具包及其使用

M291 型的质量为 45 g，大小为 112 mm × 112 mm × 36 mm，用于人员皮肤遭液态化学毒剂污染后的洗消。在应急情况下，也可用于防护面具、丁基橡胶手套和头盔等个人防护器材的外部洗消。M291 型不含有毒化学物质，不会对皮肤产生刺激作用。

M291 型经过美国食品与药物管理局批准，可用作医疗设备。美国食品与药物管理局提出的唯一要求是，国防部必须注意使用 M291 型产生的不良反应。但迄今为止，所有试验均表明使用 M291 型不产生不良反应。试验中还使用了吸附材料来替代XE-555 树脂。

M291 型具有以下主要性能：

（1）为士兵提供无毒皮肤洗消工具；

（2）是当时最先进的皮肤去污手段；

（3）旨在替代 M58A1 型人员洗消工具包；

（4）提供改进的防护能力，减少次级污染效应；

（5）提供超过两种指尖套，可实施皮肤局部去污。

M291 型编配于美国陆军、海军、空军和海军陆战队。随联合军种人员皮肤洗消系统编配的活性皮肤洗消剂将替代 M291 型。

4.4　场所与器材洗消装备

4.4.1　联合军种装备擦拭

联合军种装备擦拭属于Ⅲ类采办项目，遂行机动支援与防护作战功能，里程碑决策者是项目主管官员。

联合军种装备擦拭为遭受传统化学污染或非传统化学污染的敏感装备和非敏感装备提供立即洗消和战役洗消能力，使美军首次具备了对敏感装备实施非破坏性洗消的能力，也使美军在军事行动中面临化学污染威胁时具备了洗消的手段，这些军事行动包括维和、维稳和后果管理。联合军种装备擦拭直接应用于受污染的表面，能够在使用后 5 min 内消除严重污染，并减少受污染的危险。

联合军种装备擦拭体积小，便于作战人员携带（放置于军服的口袋中），具有经久耐用的特点。图 4-6 所示为防护面具和通信器材的擦拭洗消。

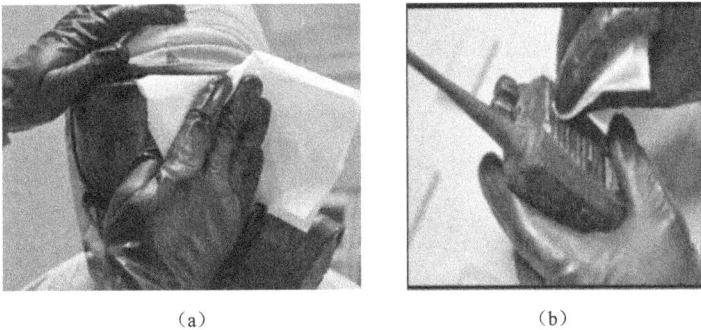

（a）　　　　　　　　　　（b）

图 4-6　防护面具和通信器材的擦拭洗消

联合军种装备擦拭具有以下能力：

（1）能清除 G 类和 V 类神经性毒剂、H 类糜烂性毒剂（正常情况下需求量为 10 g/m^2，最小需求量为 1 g/m^2）和非传统有毒物质（正常情况下需求量为 5 g/m^2，最小需求量为 1 g/m^2）；

（2）对设备（包括敏感设备和非敏感设备）不会造成损坏；

（3）每个洗消盒内都装有 5 个独立包装的洗消湿巾，每个洗消盒都可对 1 m^2 的受污区进行洗消。图 4-7 所示为洗消盒的外形和洗消盒中洗消湿巾的组成。

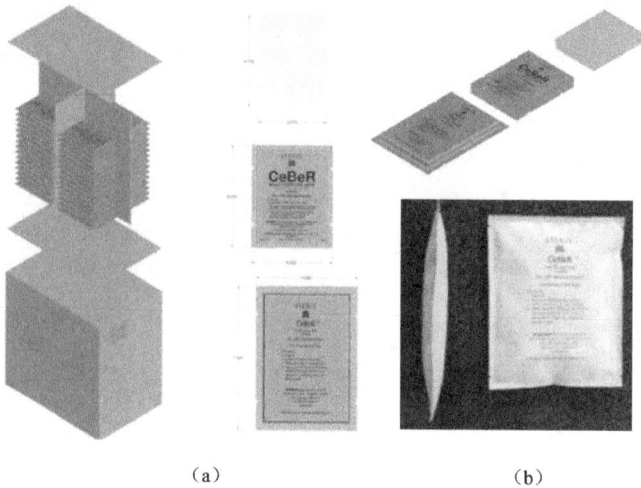

（a）　　　　　　　　　　　　　　（b）

图 4-7　洗消盒的外形和洗消盒中洗消湿巾组成

2016 财年第 1 季度完成了开发试验；2016 财年第 2 季度批准里程碑 C；2016 财年第 3 季度完成合同选项 1；2016 第 4 季度完成多军种作战试验与鉴定。2017 财年第 1 季度完成里程碑 C，开始低速初始生产。2018 财年第 1 季度实现全速生产；2018 财年第 3 季度实现初始作战能力。预计于 2020 财年第 2 季度实现全面作战能力。不向外军出售。

4.4.2　联合器材洗消系统

联合器材洗消系统对敏感设备和平台内部遭受的化学生物污染进行洗消，而不会破坏设备，或者导致设备性能下降。

联合器材洗消系统的关键需求如下：

（1）满足两种不同的作战需求：对敏感设备和各种平台内部实施洗消；

（2）对敏感设备和车辆内部采用非水基的洗消；

（3）既可用于机动作战条件下，也可用于固定条件下；

（4）洗消后的设备保持其原有的战术任务能力；

（5）对固定的或运动中的平台内部（如车辆、飞机、舰船等）进行洗消。

联合器材洗消系统编配于美国陆军、海军、空军、海军陆战队和特种作战司令部。

联合器材洗消系统包括联合军种敏感设备洗消和联合平台内部洗消两个项目。联合器材洗消系统在未来将不断升级性能，以满足对非传统毒剂和新兴威胁进行洗消的要求。图 4-8 所示为联合器材洗消系统。

在图 4-8 中，JSSED 表示联合军种敏感设备洗消，JPID 表示联合平台内部洗消。

1. 联合军种敏感设备洗消

敏感设备洗消能力的开发是为了响应 1999 年 7 月 16 日发布的国防部 CBRN 防御联合任务需求文件的要求。为了满足这一高要求，联合军种综合组发布了联合军种敏感设备洗消联合作战需求文件，在该文件中提出了两个关键性能参数：①对所有敏感设备与飞机、车辆内部在"运动中"实施洗消，不会影响装备的服役寿命和作战性能；②联合军种敏感设备洗消的操作与所有飞机、车辆、舰船的勤务任务是兼容的，包括加油、武器重新安装与其他洗消作业。

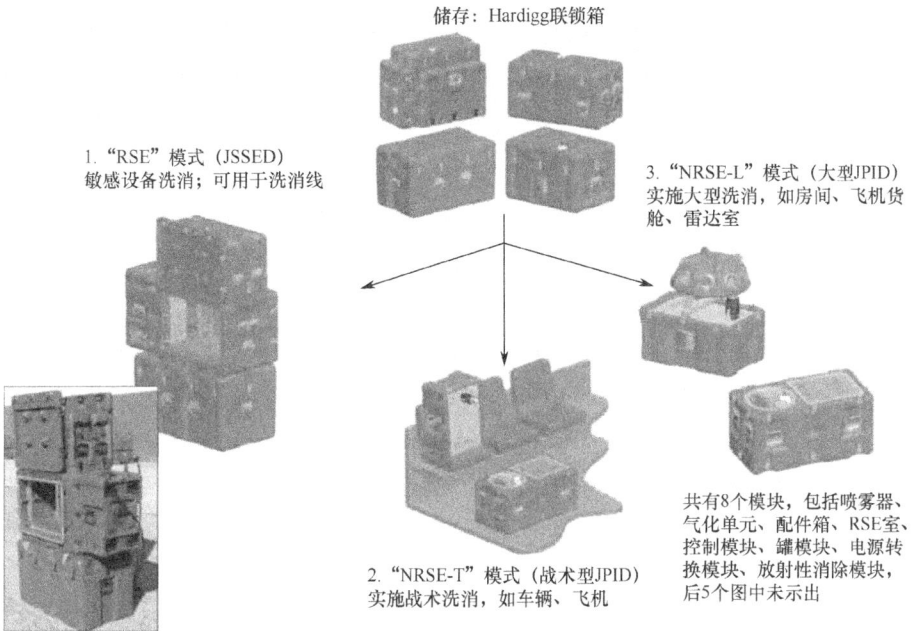

储存：Hardigg联锁箱

1."RSE"模式（JSSED）
敏感设备洗消；可用于洗消线

3."NRSE-L"模式（大型JPID）
实施大型洗消，如房间、飞机货舱、雷达室

共有8个模块，包括喷雾器、气化单元、配件箱、RSE室、控制模块、罐模块、电源转换模块、放射性消除模块，后5个图中未示出

2."NRSE-T"模式（战术型JPID）
实施战术洗消，如车辆、飞机

图 4-8　联合器材洗消系统

联合军种敏感设备洗消为敏感设备（航空电子设备、电气设备、电子设备和环境系统与设备）、飞机与车辆内部（在空中、地面、舰船上）及相关货物提供化学毒剂与生物战剂洗消能力。美国陆军士兵与生物化学司令部负责该项目的采办。为了对建议采用的洗消技术的有效性与合理性进行全面的评估，联合军种敏感设备洗消项目对工业界与其他防御项目中提出的候选技术进行了全面调查与技术评估。敏感设备、飞机与车辆内部及相关货物的洗消分成三个具有不同性能的 Block，即 Block I、Block II 和 Block III。通过渐进式发展，降低联合军种敏感设备洗消研发过程与生产过程的技术风险与资金投入风险。

（1）Block I 满足对敏感设备洗消的要求，不会影响敏感设备的战备状态、可靠性与可维修性。敏感设备包括航空电子设备、电子电气设备、环境控制系统和生命支持系统。根据技术评估，一种移动式可再循环使用的超声溶液清洗系统可用于敏感设备的洗消。图 4-9 所示为 Block I 的洗消对象为精密仪器电路板。

（2）Block II 满足对所有飞机与车辆内部洗消的要求。由于化学毒剂与生物战剂会穿透有孔材料，形成残留毒剂，并以气态废气形式逸出，因此需满足周期性洗消的要求。根据技术评估，Block II 采用高输出量空气加热器，在内部洗消位置处生成利于热解吸附的长时期温度升高的气流。图 4-10 所示为 Block II 的洗消对象为飞机内部。

图 4-9　Block I 的洗消对象为精密仪器电路板

图 4-10　Block II 的洗消对象为飞机内部

（3）Block III 满足对飞机、车辆、舰船内部在飞行与行驶中的洗消要求（又称为"运动中"洗消）。Block III 能提供所需的洗消能力，且不会影响乘员遂行作战任务，也不会影响平台的作战性能。根据技术评估，最合理可行的方案是采用溶剂与吸附剂洗消组件对敏感设备与内部进行"点"洗消。Block III 包括一种或多种与电子元器件和敏感材料相容的溶剂，用于溶解化学毒剂与生物战剂的污染，以及能够从表面去除毒剂的吸附剂去污材料。图 4-11 所示为 Block III 的洗消对象为飞行中的飞机。

图 4-12 所示为联合军种敏感设备洗消项目采办的关键节点。

图 4-11　Block III 的洗消对象为飞行中的飞机

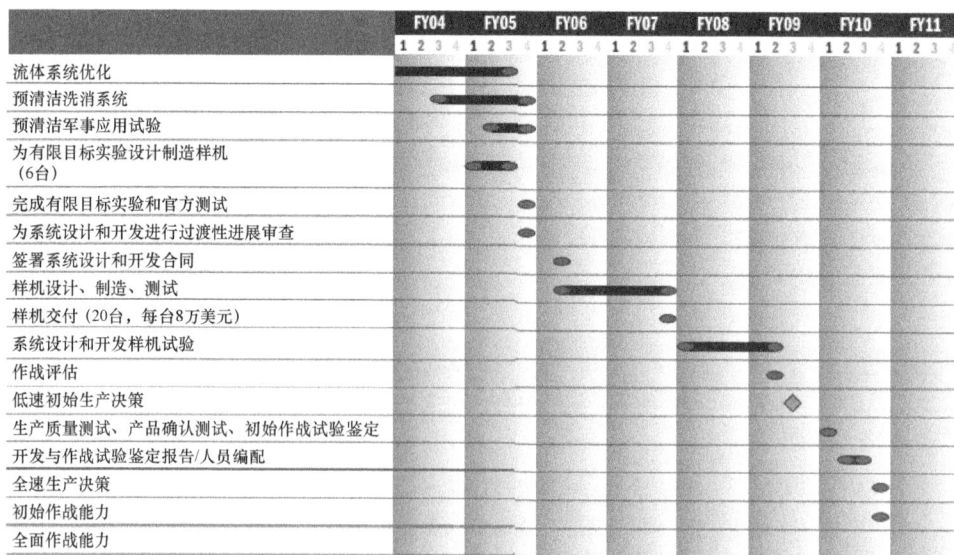

图 4-12　联合军种敏感设备洗消项目采办的关键节点

2. 联合平台内部洗消

联合平台内部洗消对飞机、车辆、舰船、建筑物等内部遭受的化学毒剂与生物战剂进行污染洗消。联合平台内部洗消项目采办包括两个阶段，第一个阶段提供内部区域与设备洗消能力，第二个阶段瞄准改善洗消过程、速度、效率、有毒工业化学品的洗消和其他系统能力。

作战人员利用联合平台内部洗消在 CBRN 威胁环境下或非 CBRN 威胁环境下对车辆、机动维修设施、飞机与舰船等的内部遂行立即洗消、战役级洗消和精确洗消，包括不能移动的敏感设备。

联合平台内部洗消具有以下主要性能：

（1）洗消过程、洗消系统或洗消剂不会产生对人体健康有害的残留（如腐蚀性残留、气态物残留等）；

（2）战时涉及使用非传统毒剂、有害工业物质、有害工业化学品、毒素时，能对平台内部连续进行洗消；

（3）洗消作业时不会产生不可控的健康与安全危害；

（4）个人防护装备的防护性能不会下降；

（5）一个操作员在不超过 30 min 内可完成联合平台内部洗消的补给与补充；

（6）与 463 L 平板台兼容，总尺寸与高机动多用途轮式车所载货物相符。

图 4-13 所示为联合平台内部洗消项目采办的关键节点。

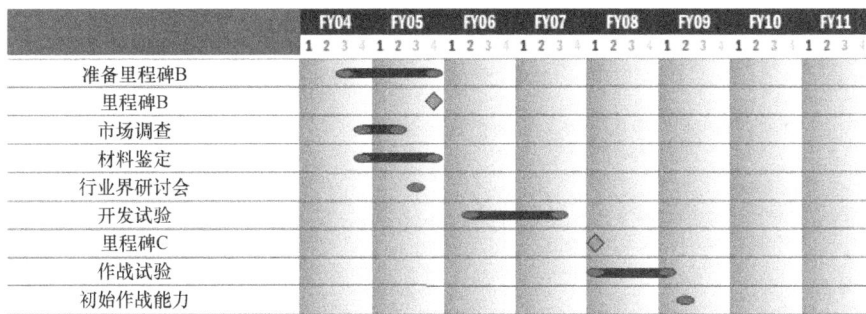

图 4-13　联合平台内部洗消项目采办的关键节点

4.4.3　联合军种移动式小型洗消系统

M26 型联合军种移动式小型洗消系统为美军提供战场 CBRN 污染洗消能力，保障精确洗消作业。M26 型旨在满足军方与应急响应人员对轻型、移动式洗消系统的需求，能对遭受 CBRN 和有害工业化学品污染的非敏感军用器材和有限大小的设施（包括后勤基地、机场及关键物资、海军舰船、港口、指挥控制中心和其他固定设施）进行洗消。需要时，系统也可用于减轻其他危害的作业。M26 型有一个配件工具包和一个水囊。M26 型是移动式设备，搭载平台为非专用型（如高机动多用途轮式车或拖挂车、中型战术车辆系列或拖挂车），可适应各种地形。M26 型能对战术车辆与乘员武器遭袭后接触化学毒剂 5 min、污染浓度在 M8 型化学毒剂检测试纸检测限以下的 G 类与 V

类神经性毒剂和 H 类糜烂性毒剂实施洗消。洗消可靠度不小于 0.89。

M26 型可使用各种来源的水，包括淡水、蒸馏水或盐水；可提供各种压力，包括使用高压模式；既可对人员进行洗消，也可对装备进行洗消，用于清除、淋浴、洗衣和野战医院。图 4-14 所示为 M26 型联合军种移动式小型洗消系统以及在严酷环境下使用。

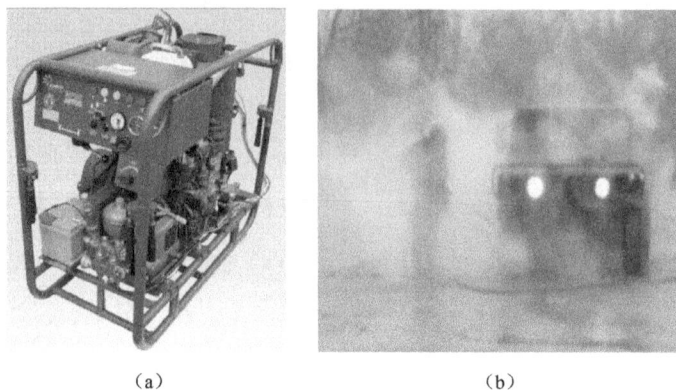

（a）　　　　　　　　　　　　　　　　（b）

图 4-14　M26 型联合军种移动式小型洗消系统以及在严酷环境下使用

M26 型可使用冷水、热水或肥皂水，且与高挥发性次氯酸盐和其他化学去污剂相容。可选配件包括带有消防水龙接头的浮筒工具箱、用于高挥发性次氯酸盐的 C8 喷头工具箱。M26 型仅重 560 磅（约 254 kg），能适应标准卡车底盘。2 名操作者在不超过 15 min 内能快速方便地完成作业准备工作。M26 型还可选配可供 5 人进行淋浴的喷头。图 4-15 所示为 M26 型使用热肥皂水对车辆进行洗消和可供 5 人淋浴的喷头。

（a）　　　　　　　　　　　　　　　　（b）

图 4-15　M26 型使用热肥皂水对车辆进行洗消和可供 5 人淋浴的喷头

M26 型具有以下主要性能：

（1）发动机：柴油发动机，4.2kW @ 3 000RPM；

（2）尺寸：125 cm × 57.5 cm × 104 cm ；

（3）总重：254 kg；

（4）压力：60 bar；

（5）流速：1 450 L/h；

（6）燃料消耗：发动机（最大）为 1.2 kg/h，喷枪（最大）为 11.5 kg/h；

（7）喷枪：额定功率为 420 000 kJ，电压为 12 V。

M26 型编配于美国陆军和海军。

4.4.4　固定场所洗消系统

固定场所洗消系统是一种大规模压缩空气泡沫拖挂车系统，能够喷洒 DF-200 泡沫和标准灭火泡沫。

1 000 加仑（约 3.78 m^3）的固定场所洗消系统可以用泡沫或液体进行喷洒。自带 100 英尺（约 30.5 m）长的胶皮管（平时绕在卷轴上），可将流出胶皮管的液状物抛射出 100 英尺（约 30.5 m）远，安装在拖挂车上的喷雾导向杆使喷洒液在地面上均匀覆盖，安装在卡车上的控制枪使用户可以连续进行喷洒作业而不会产生疲劳。

固定场所洗消系统具有以下主要特性：

（1）专利产品多罐压缩空气泡沫系统专用于桑迪亚国家实验室的 DF-200 泡沫。系统可有效配置各种洗消剂，如液体、空气抽吸泡沫或压缩空气泡沫。

（2）当作为洗消系统时，可对建筑物外部、污染地面与人行道、设备或车辆等实施有效洗消。

（3）当采用 DF-200 泡沫时，泡沫扩张效率达到 1：1～8：1，每罐洗消剂能产生超过 8 000 加仑（约 30 m^3）的泡沫。

（4）特别设计了可灵活弯曲的喷头，能对机架、底盘等进行快速方便的洗消。

图 4-16 所示为固定场所洗消系统对不同对象实施洗消作业。

（a）

（b）

（c）

（d）

图 4-16　固定场所洗消系统对不同对象实施洗消作业

（a）建筑物；（b）地面；（c）车辆；（d）冰雪。

固定场所洗消系统的物理参数如下：

（1）尺寸：13.01 m × 2.2 m × 2.3 m；

（2）质量：卡车和拖挂车为 6 096 kg（空罐）、10 268 kg（满罐）；卡车为 3 166 kg；拖挂车为 2 930 kg（空罐）、7 102 kg（满罐）。

固定场所洗消系统可应用于机场、野战洗消、化工厂、货运港口、大型洗消站、工业设施灭火和国土防御等多个领域。

试验表明，固定场所洗消系统具有耐用性好、操作简便、维护费用低等特点，对应用环境没有特殊要求。

4.4.5　多用途洗消系统

多用途洗消系统替代 M17 型轻型洗消系统，用于立即洗消（人员染毒后以救治生命为目的而实施的洗消作业）和战役级洗消（作战间隙洗消装备前出至作战区域或在作战区域开辟洗消站对染毒人员与装备实施的洗消作业），在联合军种移动式小型洗消系统列装前，还用作人员淋浴。

多用途洗消系统是一款商用现货洗消系统，采购多用途洗消系统的目的是填补M17 型的短板。多用途洗消系统是采用高压的坚固耐用的便携式设备，有多种用途，既可对污染区域内的军用器材实施去污作业，也可对车辆、设备和设施等实施清洗作业，还可用作人员的淋浴系统。动力系统采用柴油发动机，利用高压自加注、自抽吸活塞水泵，从小溪、河流、消防给水龙头或水罐等抽水。图 4-17 所示为多用途洗消系统及其使用。

（a）　　　　　　　　　　　（b）

图 4-17　多用途洗消系统及其使用

多用途洗消系统的物理参数为：

（1）尺寸：1.25 m × 0.57 m × 0.85 m；

（2）质量：220 kg

（3）发动机：4 冲程柴油发电机，4.2 kW @ 3 000 RPM。

多用途洗消系统的使用条件为：

（1）冷水；

（2）80℃的热水；

（3）140℃的蒸气；

（4）210℃的干蒸气。

多用途洗消系统的主要性能如下：

（1）采用军用标准油料；

（2）质量较轻，不超过 230 kg；

（3）散布水时压力可调；

（4）散布高压热水时水温可调；

（5）可在野外进行淋浴。

多用途洗消系统编配于美国陆军和海军陆战队。

4.4.6　轻型多用途洗消系统

轻型多用途洗消系统替代 M17 型轻型洗消系统，用于立即洗消和战役级洗消，在联合军种移动式小型洗消系统列装前，也用于人员淋浴。轻型多用途洗消系统可升级至联合军种移动式小型洗消系统。

轻型多用途洗消系统是一款商用现货洗消系统，采购轻型多用途洗消系统的目的是填补 M17 型的短板。轻型多用途洗消系统是采用高压的坚固耐用的便携式设备，有多种用途，既可对污染区域内的军用器材实施去污作业，也可对车辆、设备和设施等实施清洗作业，还可用作人员的淋浴系统。

轻型多用途洗消系统的动力系统采用柴油发动机，利用高压自加注、自抽吸活塞水泵，从小溪、河流、消防给水龙头或水罐等抽水。支持战役级洗消与全面洗消（作战结束后在后方对人员与装备器材实施的全面彻底的洗消作业）。因为可升级至联合军种移动式小型洗消系统，所以在升级后可使用 DF 200 泡沫。

轻型多用途洗消系统的物理参数为：

（1）尺寸：1.25 m × 0.57 m × 1.04 m；

（2）质量：255 kg；

（3）发动机：4 冲程柴油发电机，4.2 kW @ 3 000 RPM。

轻型多用途洗消系统的使用条件为：

（1）冷水；

（2）50℃的温水或淋浴；

（3）80℃的热水。

图 4-18 所示为轻型多用途洗消系统及其用于人员淋浴。

轻型多用途洗消系统的主要性能如下：

（1）采用军用标准油料；

（2）热水温度可达到 74℃；

（3）工作压力为至少 47.6 大气压或 49 kg/cm^2；

（4）可用于冷水、热水、冷或热肥皂水；

（5）可在野外进行淋浴。

轻型多用途洗消系统编配于美国陆军和海军陆战队。

（a） （b）

图 4-18 轻型多用途洗消系统及其用于人员淋浴

4.4.7 M100 型吸附洗消系统

M100 型吸附洗消系统用吸附剂擦拭染毒表面从而完成洗消。把吸附剂粉末倒在使用者所戴的手掌型套上，然后用手掌型套擦拭染毒表面，直至目标区域用眼睛观察已经干燥。通常在洗消作业过程中要多次在手掌型套上添加吸附剂。

M100 型由 2 包活性吸附剂粉末（每包重约 0.32 kg）、2 个吸附剂擦拭手掌型套、包装箱、搭扣和说明书组成。图 4-19 所示为 M100 型吸附洗消系统。

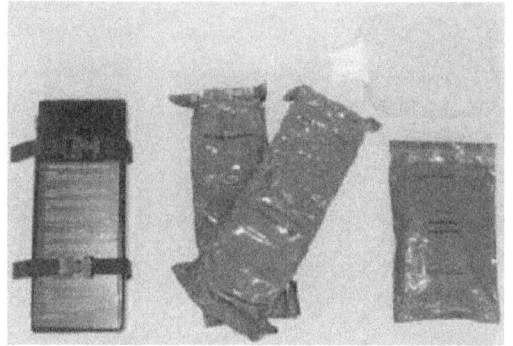

图 4-19　M100 型吸附洗消系统

M100 型采用活性吸附剂粉末（A-200-SiC-1005S）去除和中和表面沾染的化学毒剂。使用 M100 型，减少了人员染毒时间，也不需要用水清洗。与 M11 型便携式洗消器材相比，质量更轻，适于包装在大小为 82.55 mm × 152.4 mm × 368.3 mm 的信封中。

M100 型能去除液态污染，限制了化学毒剂的扩散，确保面向任务的防护态势的完整性，减少了人员伤亡。吸附剂粉末价格便宜，无腐蚀性，在皮肤表面擦拭时，皮肤不会吸入有害物质。M100 型是一次性使用装备，当其封口打开后，必须尽快使用，否则潮湿空气与二氧化碳将会降低吸附剂粉末的反应特性。

M100 型具有以下主要性能：

（1）活性吸附剂粉末不会干扰 CBRN 探测仪器的工作（如 M22 型化学毒剂自动探测报警仪、M43A1 型化学毒剂自动报警探测单元、化学毒剂监测仪、M8 型和 M9 型化学毒剂检测试纸等）；

（2）能有效去除染毒表面的各种化学毒剂；

（3）活性吸附剂是无毒、无害、无腐蚀性的；

（4）环境友好型，无储存与运输危险；

（5）储存寿命不小于 10 年；

（6）使用时不需要水；

（7）工作温度：-32～38℃；

（8）与 M11 型便携式洗消器材相比，包装大小相同，质量更轻，去污面积更大。

M100 型编配于美国陆军和海军陆战队，替代 M11 型便携式洗消器材和 M13 型便携式洗消器材。

4.4.8　M295 型单兵装备洗消工具包

M295 型单兵装备洗消工具包为士兵提供了快速地容易地去除携行装备上沾染的液态化学毒剂的能力，对沾染液态化学毒剂的单兵装备（如防毒手套、面具、靴套、头盔、负载携行工具和单兵武器）实施洗消。

M295 型是一款手持式洗消装备，每个工具包内都装有 4 个密封的软包装袋（足够对两件单兵装备进行完全洗消作业），每个包装袋内都装有 22 g 与 M100 型联合吸附式洗消系统所用吸附剂粉末相同的洗消粉末，与 M291 型皮肤洗消工具包所用的 XE555 型洗消粉末不同。包装袋可方便地置于单兵作战服外套的口袋中。图 4-20 所示为 M295 型单兵装备洗消工具包。

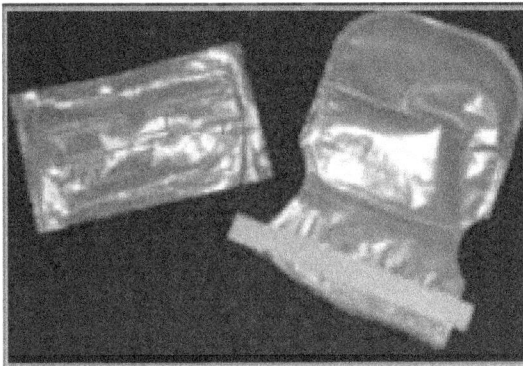

图 4-20　M295 型单兵装备洗消工具包

M295 型具有以下主要功能：

（1）能对遭受液态化学毒剂污染的防护面具或头罩、防护手套、防护靴套、单兵武器、头盔和负载携行工具等实施洗消；

（2）防止在穿上和脱下面向任务的防护态势相关装备时可能产生的化学毒剂转移；

（3）减少士兵接触的化学毒剂量，使穿透单兵装备的化学毒剂量最小；

（4）不受天气影响，储存方便。

M295 型编配于美国陆军、海军、空军和海军陆战队，替代 M280 型单兵装备洗消工具包。M295 型是 M291 型皮肤洗消工具包的增大型，用于洗消单兵装备，但不适用于对敏感光学设备的洗消。

第 5 章　CBRN 信息系统

5.1　概述

　　CBRN信息系统领域旨在开发以下能力。自动采集和融合来自作战空间所有CBRN防御装备的信息，并与作战空间其他相关信息和C4ISR系统集成在一起。CBRN信息系统把作战空间中与CBRN相关的威胁信息、CBRN传感器数据和侦察数据、防护态势数据、环境条件、医疗监测等信息综合起来，其最终结果是把有作战意义的信息快速发送和显示给各级指挥员和作战部队，保障与CBRN防御任务相关的决策支持，如联合作战部队防护、作战进程恢复和伤亡人员救治。

　　报警和报告既为CBRN探测和CBRN防护建立了关键连接，又为指挥员提供了态势感知。报警和报告所提供的硬件和软件把探测系统接入指挥控制体系结构。此外，报警和报告所提供的信息分析能力，增强了危害预测和评估及作战决策支持的能力。报警和报告的目标是通过早期报警和即时报警，为各级指挥员提供充分、准确和及时的信息，使各级指挥员能采取合适的防护态势，并据此制定继续遂行基本作战任务所需的备选方案。

　　JWARN为联合作战部队提供综合报警和报告能力，包括采集、分析、识别、定位、报告CBRN和有害工业物质危害信息，并把这些危害信息发布给遭受CBRN危害影响的作战人员。把这些危害信息有效提供给作战人员，能最大限度地减轻敌方CBRN武器袭击及CBRN事故、事件所产生的影响。JWARN集成于联合部队C4ISR系统和各军种C4ISR系统并构成网络。JWARN可与JEM和JOEF实现互操作。

　　1998财年开始部署JWARN Block I。2001财年开始实施JWARN Block II。2003年7月实现里程碑B决策。随后，与开发商签订了合同，修订了采办策略。新的采办策略把Block II和Block III合并成一个"增量"进行研发，解决了把硬件与软件集成于军种指定平台和固定场所设施的问题。

　　报警和报告网络加强了用于化学生物防御战略的总体方案。JWARN研发工作包括一个JWARN组件接口设备（JWARN Component Interface Device，JCID），通过有线和无线通信将CBRN传感器和探测器连接起来。关键挑战是把现役系统及某些在研的系统也连接起来。来自战区传感器系统的警报可达到各级指挥所，具体到哪级指挥所由指挥决策需求确定。例如，固定设施指挥员通过监测CBRN来袭方向或袭击发生后天气对污染物移动产生的影响，确定采取合适的防护态势等级。

　　CBRN信息系统为作战人员提供有关工具，使作战人员能理解特定挑战，并对建议的解决方案进行评估。CBRN信息系统还为作战人员提供全面的能力，包括根据传感器输入自动创建报警报告和态势感知，进行危害分析、作战效果分析和精准训练。

建模与仿真功能用于提供态势感知和危害报警与预测，也用于作战计划的制定及修改。建模与仿真功能还用于为系统操作者和作战决策者提供 CBRN 袭击事件发生前、正在发生中及发生后进行应急响应时立即分析作战行动过程的能力。此外，建模与仿真功能有助于评估联合作战和多军种作战的原则、训练、器材发展和装备设计。建模与仿真功能还用于保障作战人员的训练，以及对使用大型冲突模拟器的作战参谋的训练。对于作战参谋来说，建模与仿真功能用于大规模军事作战背景下对 CBRN 防御作战进行分析。模型等分析系统是 JWARN 这类大型系统的关键要素。建模与仿真功能还用来保障关键 CBRN 防御能力发展中基于仿真的装备采办。

5.2 科学技术研究

CBRN 信息系统科学技术研究领域包括四个子领域：网络体系结构，危害环境建模，仿真、分析和计划，系统性能建模。CBRN 信息系统技术群解决的是作战空间管理、科学技术数据构架、传感器信息研究的快速同化和医疗监测系统等问题。研究工作持续提供先进的危害评估方法，解决特定环境中流体状态的问题（如高空和城镇地区输运与扩散方法），其首要原则是支持物理、化学和气象等领域的研究。信息系统技术群还解决作战效能建模，以及固定场所仿真、先期决策支持、医疗效果等的建模。该技术群的基础研究还涉及对武器效应信息、医疗救治、危害源项与毒理学、互操作性和体系结构等的研究成果的利用。

1. 研究目标

CBRN 信息系统科学技术研究的目标是：通过现役 C4ISR 网络和 CBRN 信息系统，为作战人员提供直接支持；利用 CBRN 防御环境决策系统为各级指挥部机关和国家指挥当局提供支持；为国防部所属作战模拟提供支持。

2008 财年之前，建模能力旨在为作战人员提供战前作战想定的模拟，并在真实场景下对作战人员进行训练。取得的进展能够在更大规模作战模拟和后果管理工具中整合 CBRN 防御计划，包括作战空间管理、危害环境预测、作战效果分析和采办决策支持。

2013 财年之前，输运与扩散方法研究成果提供了多种精度的能力，使得作战人员面对威胁和进行危害预测时具有更大的灵活性和更好的响应性。使用作战命令来测试作战模型使得模型的直接用户能改进模型的精度。这些模型将以模块的形式融合 JEM，从而解决高空拦截、城镇地区、滨海和海岸环境、内部污染场景等问题。

2023 财年之前，解决近实时作战危害预测问题。预计综合后的作战模拟能力可满足战区和战略模拟的需求。

2. 发展策略

2008 财年之前，将通用态势作战图移植至 JOEF 和 JWARN；评估医学症状监测的综合集成；启动与传感器数据融合相关的技术；对开发的传感器数据融合算法的验证与确认进行野外试验；针对新环境开发新的、增强的扩散程序；改进大气边界层建模；将航空港影响模型移植至 JOEF；将 CBR 效应集成至选定的战术机动模型中；将后果评估工具集的功能整合到 JOEF 中；对移植至 JOEF 和 JEM 的流行病学模型进行评估；

为 CBRN 防御投资组合开发多元决策支持工具；为项目管理者开发总体模型；确定研究范围，开始识别 CBRN 数据架构体系；确定持久地获取、检索数据的方法；开发医疗自动化和保障工具。

2013 财年之前，开发并移植新型技术，将以网络为中心的企业集成起来；将传感器数据融合技术整合至 CBRN 网络中；移植经过验证的源项确定工具；移植经验证的传感器布设工具；JEM 具备初步高空建模能力；毒剂致死性二次效应模块移植；试验评价模型的不确定性量化；将 CBR 效应集成至战区和下属战役级指挥信息系统的仿真模型中；继续开发和移植试验评价模型；全面评估虚拟样机性能；完成 CBRN 危害库；收集数据并填充数据架构；确定要采集的数据和未来的研究领域；为症状监测、流行病学、伤亡评估及危害环境中人体机能预测提供模型。

2023 财年之前，保障 CBRN 防御全谱决策支持的高速数据采集；通过将有限的和不同类别的信息融合到气象模型和试验评价模型中，开发出持续改进和升级的确定污染位置的能力；能够以高分辨率在多种环境下快速准确地建立试验评价模型；能将气象模型、试验评价模型和 CBRN 危害模型结合在一起进行危害预测；建立全面综合的数据构架；开发综合医疗试验评价模型；在身临其境的化学与生物虚拟环境，保障试验和训练；建立用于实验、训练、试验评价、模型开发的数据；为研究毒剂病理学建立人体基因组和蛋白组学模型；为治疗目的对药理学和毒理学的预测进行建模。

3. 预期成果和技术挑战

未来的 CBRN 信息系统将使 C4ISR 系统显著提升态势感知能力，包括以实时、增速或按需方式提供有关威胁的准确信息、知识和预测，以及有关环境、作战方案备选和对作战的影响等信息。这将使指挥员能够控制作战行动、分析 CBRN 防御行动的需求、验证 CBRN 防御装备器材的有效部署，以及其重新编组、为继续作战采取合适的防护态势、以最小的作战能力下降和人员伤亡维持作战任务。

CBRN 信息系统将使指挥员和战斗人员受到的训练更好，使他们能通过先进模型分析备选行动方案。通过联合使用分析方法和实时 CBRN 防御态势感知工具，减少作战决策的混乱，提高作战决策的一致性。因为基于仿真采办原则发展的 CBRN 防御系统，在研发之前得到了作战人员对该防御系统在作战需求方面的反馈，因此 CBRN 防御系统更贴合作战需求。先进的危害预测和对作战人员危害影响的建模除了军事用途，还可能有助于民事应急响应人员或应急计划制定部门做好 CBRN 恐怖袭击或工业事故的应急准备和应急响应。

国防部计划在 2009 财年之前有 30 余项技术实现移植，包括 JEM 中实时危害预测能力的改进、JOEF 中 CBR 对作战影响建模的改进、用于试验数据融合工具的化学生物模拟组件的成熟。这些技术的更新会使 JEM、JOEF 和 JWARN 增加下列能力：液体毒剂大气扩散行为的模拟，适用于更多作战场景的危害预测能力，滨海和海岸地区毒剂分散的度量，复杂建筑物周边化学生物传感器的布设，建筑物内部模型的应用，简易化学爆炸装置对机动作战力量的影响模型，以及改进态势感知的其他方法。

CBRN 信息系统面临的主要技术挑战包括：复杂地形、城镇地区和固定场所对 CBRN 危害的表征；低水平长期暴露于 CBRN 危害环境对人体影响和小分队行为的表征；快速同化 CBRN 相关数据以支持战术应用和试验评价应用；开发 CBRN 防御装备的工程模型；开发处于 CBRN 威胁场景的国防部防御装备的工程模型；获取化学生物战相关数据，促进有利于决策优势的仿真建模和信息技术的发展；把与 CBRN 相关的信息技术和其他新兴技术整合。

5.3 现代化策略

CBRN 信息系统的现代化策略分为两大功能区，一是报警报告系统，二是建模仿真系统。

报警报告系统把硬件与信息系统结合起来的唯一原因是需要建立一种物理手段，以便能自动地把传感器系统数据提供给信息系统，从而把结果信息有效地提供给作战人员。因此，报警报告系统已经从基于平台发展到更通用的驻留在 C4ISR 系统以至采用"军事云"服务的 JWARN，从而能够接收来自所有现役和未来将研发的传感器数据，并对所有传感器实施控制。与建模仿真系统一样，虽然报警报告系统能够独立运行，但该系统通常驻留在其他主要硬件和软件系统上。

CBRN 防御建模仿真系统包括了从技术基础到系统研发与演示验证的所有研究工作。JEM 项目的基础是现有毒剂危害评估模型的成熟技术，以及阐明联合军种需求的作战需求文件。JOEF 项目于 2001 年 5 月实现了里程碑 A，2004 年 1 月实现了里程碑 B，并签署了需求文件和试验评价大纲。

JOEF 是解决作战效能分析和作战计划制定的采购项目，于 2002 年 2 月实现了里程碑 A。JOEF 使用 JWARN 和 JEM 来预测或分析危害区域的性质，但 JOEF 采用其他建模仿真联盟的信息来满足特定作战指挥官或其他权威当局的需求。JWARN、JEM 和 JOEF 的结合将满足分析建模仿真系统的广泛用户的需求。

分析和训练是 CBRN 事件准备和响应的关键。因此，为了给作战人员和决策者提供分析系统，国防部重点开展全谱 CBRN 威胁预测、分析和行动方案制定的研究、开发与采购工作。2008 财年之前，研究工作的重点是利用危害评估技术发展取得的成果，为若干分析方法提供临时认证。此外，在作战效能和基于仿真的采购方面的研究工作，准备过渡到全面的发展计划。2013 财年之前，首要任务是把最成熟的技术过渡到新启动的 JOEF 和 JEM 项目。

1. 报警报告系统

2008 财年之前，符合紧急需求文件的 JWARN Block IF；自动采集和整合传感器信息；通过 JCID 把来自传感器的信息发送至各级指挥控制平台主机；按照 ATP-45（北约 45 号技术出版物：《CBRN 事件报警报告与危害预测》的要求使用 JEM 生成危害区域标图；在通用态势作战图上显示出危害报警区域；为遭受 CBRN 危害影响的部队生成报警信息和解除报警信息；集成于联合作战空间各级指挥控制系统和 C4ISR 系统并实现互操作。

2013 财年之前，完全与全球信息网格兼容；无线传感器与指挥控制系统和 C4ISR 系统连接；传感器网络报告与管理的跨领域网络安全解决方案，符合国防部非密网络和机密网络的要求；新型传感器集成。

2023 财年之前，继续实施新型传感器集成。

2．危害效应分析

2008 财年之前，过渡型危害预测评估能力软件开发，符合紧急需求报告的气态液态固态跟踪软件开发，符合紧急需求报告的 D2PUFF 软件开发；全面集成基于网络的 JEM，包括符合紧急需求报告的过渡型危害预测评估能力软件，符合紧急需求报告的气态液态固态跟踪软件，符合紧急需求报告的 D2PUFF 软件；与 JWARN 集成；与国防部权威气象数据系统实现互操作，包括虚拟自然环境以网络为中心的服务、气象和海洋数据服务、综合气象系统、联合气候影响系统等。

2013 财年之前，城镇地区、滨海与海岸地区效应建模；高空导弹拦截效应建模；距地球表面 20 km 高处天气影响和降水影响；改进输运与扩散方法；精度和速度至少提高 10%；估计源项位置和源项；全球遭受 5000 次武器打击对人类影响的估计；预测国家（大城市地区）遭袭后的人员伤亡情况，包括遭袭后立即伤亡情况和遭袭后 180 天内延迟伤亡情况；公众迁移情况，包括地区人员疏散或就地隐蔽。

2023 财年之前，水体危害，复杂建筑物内部危害，人体机能降低，传染病和流行病，对不同航线（航道）上的飞机与舰船的影响。

3．作战效能分析

2008 财年之前，C4ISR 环境下（通用作战环境和指挥控制个人计算机环境）战略级预定作战计划；C4ISR 环境下（通用作战环境和指挥控制个人计算机环境）战役级预定作战计划；C4ISR 环境下（通用作战环境和指挥控制个人计算机环境）战役级应急作战计划。

2013 财年之前，C4ISR 环境下（单机环境）战略级预定作战计划；C4ISR 环境下（单机环境）战役级预定作战计划；C4ISR 环境下（通用作战环境、指挥控制个人计算机环境和单机环境）战术级预定作战计划；C4ISR 环境下（通用作战环境、指挥控制个人计算机环境和单机环境）战略级应急作战计划；C4ISR 环境下（单机环境）战役级应急作战计划；C4ISR 环境下（通用作战环境、指挥控制个人计算机环境和单机环境）战术级应急作战计划。

2023 财年之前，对发生在军用设施和固定场所的各种军事事件在 C4ISR 环境下（通用作战环境和单机环境）实施全面响应和后果管理；对发生在民用场所的各种民事事件在 C4ISR 环境下（通用作战环境和单机环境）实施全面响应和后果管理。

4．训练仿真系统

2008 财年之前，初步完成保障训练和计划的报警报告能力、保障训练和计划的危害分析能力、保障训练和计划的作战效能分析能力。

2013 财年之前，继续完善保障训练和计划的报警报告能力、保障训练和计划的危害分析能力、保障训练和计划的作战效能分析能力；并完成洗消作业人员、洗消物料和洗消装备的最佳配置，以加快洗消过程、恢复作战进程、最大限度减少对人员的伤害。

2023 财年之前，继续完善保障训练和计划的报警报告能力、保障训练和计划的危害分析能力、保障训练和计划的作战效能分析能力；并完成传感器布设最优化。

5. 试验评价保障

未来，保障战场信息系统的试验评价能力将提供自动综合系统仿真能力、系统性能数据采集能力和数据处理能力，以便评估用于作战试验和部队演习的集成于整个战场情景的建模仿真系统。最终，试验将采用虚拟仿真，而不管有无试验部队参与。为了能够快速运行数千种战场情景，以确定最适于实际作战试验的主要区域和试验条件组合，重点是基于数字化环境和数字化体系性能来演示 CBRN 防御建模仿真系统。

试验评价方面主要完成以下研究工作：开发地面真实情况和试验环境高速监控能力，通过测量野外模拟剂云团行为并与模型预测结果比较，改进作战试验能力；开发野外试验能力；数据融合技术改进的开发和实现；试验区域数据采集能力的改进；使用作战试验模拟器开发综合试验能力；野外试验实时试验数据采集能力的开发和实现。

6. 国防部 CBRN 信息系统采办情况

2008 财年，由信息系统联合项目部和设施防卫联合项目部组织管理的几个态势映射项目接近全寿命开发尾声。2008 年获得全寿命决策的 4 个系统分别是 JEM（增量 I）、JWARN（增量 II）、一体化指挥系统和分析实验室系统（增量 I）。JWARN（增量 II）于 2008 年 7 月进入低速初始生产阶段，JEM 独立能力预计于 2009 年 4 月达到初始作战能力。一体化指挥系统是车载式综合通信系统，将在 2010 年 6 月达到初始作战能力。分析实验室系统（增量 I）集成了多种化学生物探测系统，于 2008 年进入全速生产阶段，并于 2009 年 3 月达到初始作战能力。

2009 财年，在态势映射装备开发与采办领域完成或开展了以下工作：

（1）JWARN（增量 I）和 JEM（增量 I）（指挥控制个人计算机改型）完成了多军种作战试验评价。后续试验预计于 2010 财年全速生产决策过程中进行。

（2）根据澳大利亚、加拿大、英国和美国签署的 CBR 谅解备忘录，美国同意向其他三国提供 JEM 和 JWARN（增量 I），以获得三国对软件功能和互操作性的独立评估。

（3）在通信和可操作性方面，通用 CBRN 传感器接口 1.0 版使传感器与相关系统接口实现了标准化，美国国防信息技术标准注册中心将此接口标准列为强制性标准。所有联合计划执行办公室开发的 CBRN 传感器都将使用发布的标准传感器接口实现与其他设备的连接。所有联合计划执行办公室开发的应用软件都按标准运行，确保传感器与信息系统的互操作性。

（4）信息系统联合项目部将继续集成态势映射能力，确保从传感器报警到危害减少之间信息的顺畅流动。目标是实现功能齐全、达到企业级、针对全谱危害、多层级、多军种应用的监测、报警、报告、危害预测、危害规避和危害减少的能力，可用于战术级、远程作战和固定场所，并具有接入国土防御和国土安全领域的能力。双用途能力的实现（军用和民用）是联合计划执行办公室的主要目标。

2010 财年，与联合科技办公室合作，把关键生物监测技术转化到 JEM 未来版本，用于生物袭击效应建模。

2011 财年，JWARN 集成 CBRN 数据，有利于把传感器信息集成到指挥控制系统中。信息系统联合项目部与生物防御联合项目部合作，使用 JWARN 为朝鲜半岛的 CBRN 防御开发远程作战能力。JEM 是唯一经美国国防部认证的 CBRN 大气输运和扩散模型。大规模杀伤性武器第 3 民事救援队使用 JEM 为第十届 9·11 事件纪念活动做准备。批准 JEM（增量 II）进入国防采办系统技术开发阶段。

2012 财年，JWARN（增量 I）项目与联合战术通用作战图工作站被一起部署到美国海军陆战队。JWARN 是基于计算机的应用程序，集成了来自战场的传感器报警信息和 CBRN 观察报告，生成危害区域态势图，在联合战术通用作战图上显示，并生成部队警告信息。JEM（增量 I）完成了对美国空军、陆军和海军陆战队的部署。与美国海军成功进行了多军种作战试验与鉴定。JEM 是基于 Web 的应用软件，提供经国防部认证的能对 CBRN 武器袭击效应和 CBRN 事件效应实施有效建模与仿真的工具。

2013 财年，签署了 2 个 JEM（增量 II）竞争性原理样机合同。JWARN Web 应用版 1.0.4 Patch 1（V1.0.4P1）成功实施了作战评估。美国陆军作战试验司令部和美国陆军试验评价司令部共同执行了此项评估，有效验证了 JWARN Web 应用版已为参与后续进行的美国陆军网络综合集成评估活动做好了准备。联合计划执行办公室成功完成了向加拿大提供 JEM 的对外军售流程。加拿大政府接受并签署了关于购买 JEM 和有关采购与后勤保障的要约和接受书。

2014 财年，JWARN 项目完成了作战试验后更新，并部署于 29 个全球指挥控制系统。此外，还为作战用户训练提供了 JWARN Web 应用软件更新和 JEM。JWARN Web 应用在陆军网络综合集成评估 14.1 和随后的陆军互操作性认证活动中成功完成了全部作战试验，两次试验均采用了陆军通用作战环境版本 1。

2015 财年，JWARN（增量 II）获批准进入里程碑 B，被允许进入国防采办系统工程与制造研发阶段。JWARN 集成了 CBRN 数据，把传感器信息嵌入联合指挥控制系统和军种指挥控制系统，用于战场全域态势感知。全球生物监测门盾项目获批准进入里程碑 B，等待项目正式启动，旨在为公共卫生和国土安全领域提供基于网络的生物监测设备的综合集成，支持生物威胁态势感知。

2016 财年，全球生物监测门盾项目实现了初始作战能力。这种初始作战能力将提供基于 Web 的主机云计算的环境，促进协作、通信和信息共享，支持对人为和自然发生的生物威胁事件的探测、管理和威胁降低。全球生物监测门盾还促进多个非保密信息源的融合，以增强态势感知和决策支持。JEM（增量 II）的需求定义文件、决策支持基本能力和改进指挥控制集成获得了批准，将为战斗人员提供对 CBRN 与有害工业物质威胁与效应的准确建模和预测能力。JEM 支持为减轻大规模杀伤性武器效应制定计划，对威胁和效应提供快速评估并嵌入通用作战态势图。联合计划执行办公室和国民警卫队评估了支持国民警卫队 CBRN 响应信息管理系统（集成了传感器的网络）的现有技术。

5.4　联合报警报告网络

5.4.1　研发基础

JWARN 是基于《CBRN 事件报警报告与危害预测》（ATP-45）依据标准化协议（STANAG）2103 和专门的标准化 CBRN 报告格式开发的。这些标准化的报告包括：观测数据，估算数据，预测污染与危害的即时报警数据，侦察、监测和巡测结果，实际污染区域，详细信息。对战术和战役环境中的不同作战单元来说，每种报告都有专门的用途。

1. 观测数据报告（CBRN 1 报告）

CBRN 1 报告能在排级至军以上各级作战单元中生成并使用，是应用最广的报告。CBRN 事件独立观测人员利用此报告将观测数据上报至上级指挥员，同时向下属部队和友邻部队发出报警。传感器既可通过直接串行连接方式连接至自动化指挥系统，又可通过直接串行连接方式或网络连接方式与连接至 C4ISR 系统的 JCID 相连。JWARN 能对传感器的配置布设、测试、监测与作战安全性等进行管理。通常情况下，传感器是固定安装使用的，但应能拆下，以适应野外使用方式的需要。JCID 既可安装使用，也可拆下使用。JWARN 接收传感器的数据，将其作为观测数据进行处理，并利用此数据生成 CBRN 1 报告。当 JWARN 与传感器自动连接时，前者能快速准确地生成并发布 CBRN 1 报告。

2. 估算数据报告（CBRN 2 报告）

CBRN 2 报告是根据一个或多个 CBRN 1 报告生成的。CBRN 2 报告粘贴至通用态势作战图后，所有与该 CBRN 2 报告有关的 CBRN 1 报告都要被删去。CBRN 2 报告由营级至军级的 CBRN 参谋负责生成。CBRN 2 报告被发布至上级、下属和友邻部队（至排级）。各级部队使用 CBRN 2 报告确定是否需要调整面向任务的防护态势等级，或是否需要调整其他个人防护与集体防护措施。此外，CBRN 2 报告用于协助制订未来作战计划。

3. 预测污染与危害的即时报警报告（CBRN 3 报告）

CBRN 3 报告是由部署在旅、师和军级的 CBRN 控制中心利用 JWARN 和 JEM 来生成的。CBRN 控制中心利用 CBRN 威胁数据和气象数据对预测的污染情况生成即时报警。此外，利用 JEM 生成的羽状污染分布可以对受污染区域做出更详细的分析。CBRN 3 报告以 CBRN 信息或叠加图的形式发布至上级、下属和友邻部队（至排级）。当条件发生变化或者至少经过了 2 个小时，将重新生成 CBRN 3 报告。

4. 侦察、监测与巡测结果报告（CBRN 4 报告）

CBRN 4 报告由侦察人员生成，用以标识污染位置。该报告发送至 CBRN 控制中心的 JWARN 使用者，用来生成污染报告。

5. 实际污染区域报告（CBRN 5 报告）

CBRN 5 报告由 CBRN 控制中心生成，该报告使用了包含在 CBRN 4 报告中的用于显示污染区域的信息。此外，遂行洗消作业的洗消排与其他部队也生成此报告，用来标识已关闭的洗消场所。CBRN 5 报告以 CBRN 信息或叠加图显示的形式发布至上级、下属和友邻部队（至排级）。

6. 详细信息报告（CBRN 6 报告）

CBRN 6 报告对 CBRN 袭击信息进行总结，由营级 CBRN 参谋按照上级要求完成。CBRN 6 报告以记叙文格式撰写，包含的信息尽可能详细。

5.4.2 研发背景

开发 JWARN 的最初需求是由海军陆战队提出的。之后，国防部根据其他军种的需求，指定由海军陆战队牵头负责 JWARN 的开发，海军陆战队系统司令部司令是该项目的采办阶段决策管理者。

JWARN 项目与 1999 年 7 月 16 日发布的《核生化防御联合国防部任务需求报告》有关。1999 年 7 月 27 日发布的《联合作战需求文件（草案）》，是项目人员配置的最后阶段，并将作为项目试验和里程碑 C 决策的底线。尽管 1997 年 6 月 2 日开始的《顶点系统威胁评估——化学与生物系统》已终止，但该项目已对多个威胁文件做出响应，包括国防情报局威胁环境预测——《2000～2025 的化学与生物战》。

2000 财年的 JWARN 项目是从早期被称为 Block I 的 JWARN 项目演变而来的。在 1997 财年，采办阶段决策管理者批准部署 Block IA，Block IA 由商用货架产品和政府现货产品组成，包括：基于 DOS 操作环境的核生化分析软件，危害预测评估能力软件，气态、液态、固态跟踪软件，应急信息管理系统。自最初部署以来，JWARN 的功能就成功地与陆军基于 UNIX 的"机动作战系统"（Block IB）和空军、海军、海军陆战队基于 Windows 98 与 Windows NT 操作环境（Block IC）集成于一起了。Block IA 和 Block IC 已部署；Block IB 未部署，但成功演示验证了 JWARN 与《联合技术体系结构》和《国防信息基础设施通用作战环境》的兼容性。此外，Block IB 演示验证了陆军现役化学传感器、硬件接口和战术互联网之间的信息传递。Block I 项目最终导致美国国防部长办公厅正式指定危害预测评估能力软件与气态、液态、固态跟踪软件作为美国国防部危害预测模型的标准。

Block IA 和 Block IC 的测试一直是严格按照技术要求进行的，集中在单机功能和与 Windows 操作系统的集成。Block IB 把 JWARN 的基本功能与机动作战系统集成在一起，这一点非常重要，因为这种构架，包括使用开放式《国防信息基础设施通用作战环境》兼容操作系统、共享数据库、消息服务器，对于 JWARN 将要驻留的 C4ISR 系统而言是典型的。Block IB 的测试是一次在一定程度上成功的信息兼容性技术演示和《国防信息基础设施通用作战环境》遵从性演示。随着研发方案的不断演进，Block I 对项目来说是一种有重要意义的能降低风险的措施。

1997 年 12 月 18 日，采办阶段决策管理者批准 Block II 开发进入项目定义与风险降低阶段，与此相关的工作在 2000 年 1 月完成。在项目定义与风险降低阶段，完成了性能规范与接口需求规范，由此拉开了工程与制造发展阶段招标工作的前奏。采办阶段决策管理者已完成供方选择，但在完成里程碑 B 之前不会签订合同。

在成功完成里程碑 B 决策之后，JWARN 的研发将按照计划逐步进行，第一个目标是遵从《国防信息基础设施通用作战环境》的军种 C4ISR 系统，然后扩展到军种专用系统。JWARN 功能开发及将此功能集成于 C4ISR 系统也将按计划逐步进行。首先，JWARN 的消息传递能力将被集成于联合全球指挥控制系统、海军全球指挥控制系统、机动作战系统和战区作战管理核心系统。其次，将为上述系统以及陆军全球指挥控制系统、高级野炮战术数据系统、旅及以下部队作战指挥系统和指挥控制个人计算机（包括全部能力增量）开发出与透明图及透明图驱动程序集成和与《联合国防信息基础设施通用作战环境》兼容数据库的接口（核生化数据、友军部队、气象、地形、情报）。硬件接口设备将同时被研发，并进行低速生产与交付，以支持于 2003 财年中期开始的初始作战试验评价。图 5-1 所示为 2000—2001 财年时 JWARN 作战概念图。

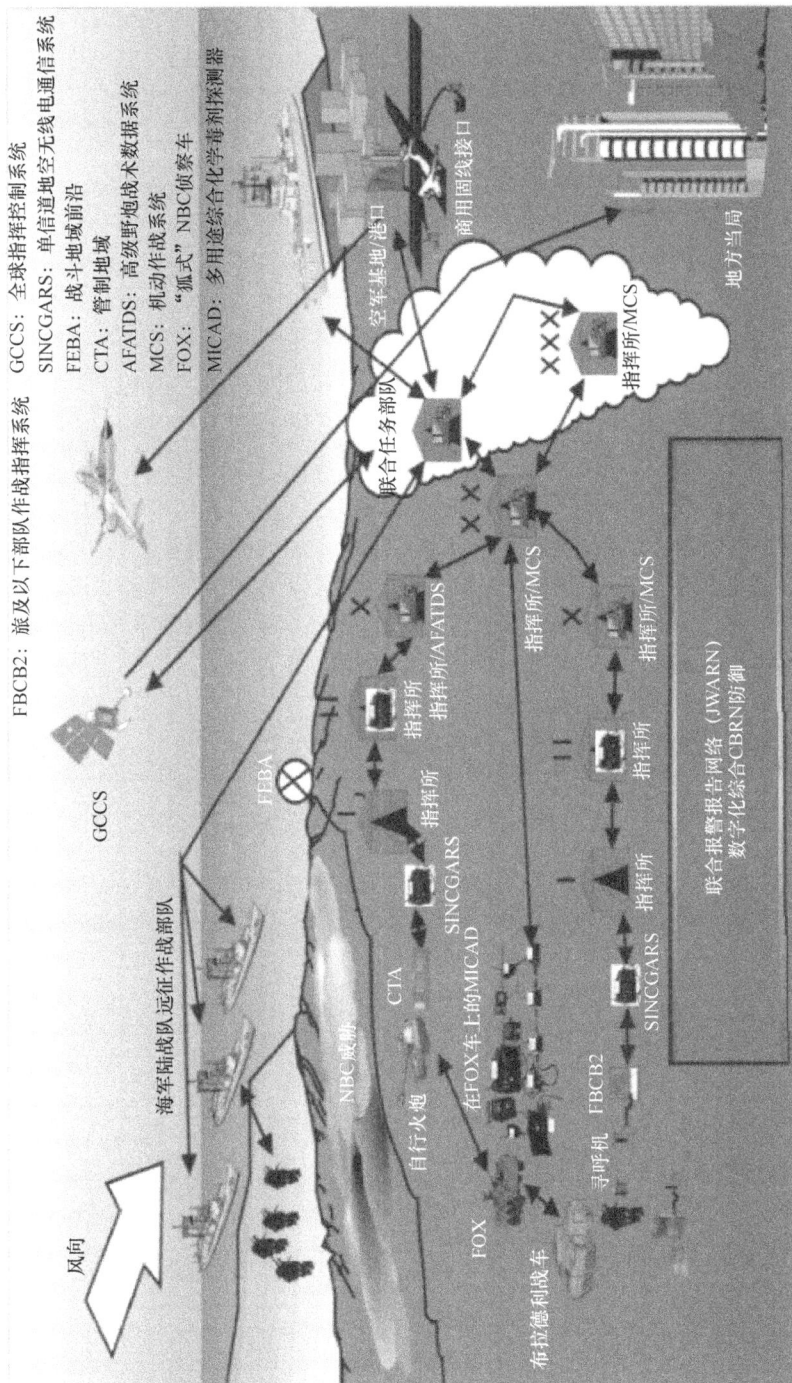

FBCB2：旅及团以下部队作战指挥系统　　GCCS：全球指控控制系统

SINGGARS：单信道地空无线电通信系统

FEBA：战斗地域前沿

CTA：管制地域

AFATDS：高级野战炮战术数据系统

MCS：机动作战系统

FOX："狐式" NBC 侦察车

MICAD：多用途综合化学毒剂探测器

风向

GCCS

FEBA

海军陆战队远征作战部队

NBC 威胁

CTA

SINGGARS

自行火炮

FOX

在FOX车上的MICAD

布拉德利战车

寻呼机　FBCB2

SINGGARS

指挥所

指挥所
指挥所/AFATDS

指挥所/MCS

指挥所

指挥所/MCS

指挥所/MCS

空军基地/港口

联合任务部队

×××

商用固线接口

地方当局

联合报警报告网络（JWARN）
数字化综合CBRN防御

图 5-1　2000—2001 财年时 JWARN 作战概念图

185

2003 财年，研发的 JWARN 包括三个 Block。Block I 是单机版核生化分析软件，已部署。Block II 是任务软件，将驻留在更高层指挥控制系统，包括联合全球指挥控制系统、海军全球指挥控制系统、陆军全球指挥控制系统、战区作战管理核心系统和情报作战服务器。Block III 将驻留在与上述 Block II 同样的 C4ISR 平台上，还增加了指挥控制个人计算机、机动作战系统、旅及以下部队作战指挥系统和高级野炮战术数据系统。JCID 连接 Block III 与核生化传感器，用于远程监测与控制。Block III 将与 JEM 相连，后者为 JWARN 提供标准化的先进的危害预测和建模仿真。2003 年 7 月 11 日，主管采办、技术与后勤的国防部副部长批准该项目进入系统开发与演示验证阶段，并要求在 60 天内提交一份更新的采办项目底线与采办对策供批准。根据这一决定，项目管理责任方由海军陆战队系统司令部变更为空间战与海战司令部。

至 2004 财年，JWARN 正式分为任务应用软件和接口设备。任务应用软件将驻留在联合全球指挥控制系统、各军种全球指挥控制系统和军种战术 C4ISR 系统（包括指挥控制个人计算机、联合战术通用作战态势图工作站、高级野炮战术数据系统、旅及以下部队作战指挥系统）中。JCID 是连接 CBRN 传感器与 C4ISR 网络的硬件设备。JWARN 将依据北大西洋公约组织的规程（ATP-45）采集、编辑和发布 CBRN 报告，并预测下风向危害。JWARN 将与 JEM 共享信息，后者将生成危害预测图，并在作战地图上显示。

5.4.3 使命任务

自 1997 年开始研发 JWARN 以来，其作战使命任务随着科学技术的发展、作战条件及作战样式的变化也发生着变化。

从 2014 财年开始，JWARN 的作战使命任务完全得到了确定，即：无论 JWARN 的物理位置处于何地，只要编配了 JWARN 的部队（从排级至军以上），都能基于作战情景或者传感器报告和观察者报告，对实际的或潜在的 CBRN 危害区域进行分析，识别出受 CBRN 危害影响的部队和作战区域，提供报警报告和危害预测，支持指挥员做出部队防护与作战决策。

表 5-1 所示为 2000—2018 财年 JWARN 作战使命任务的变化。

表 5-1 2000—2018 财年 JWARN 作战使命任务的变化

序号	年份	作战使命任务及其变化
1	2000 财年	（1）战时基本任务：向指挥员和作战人员报告与报警核生化袭击，分析核生化信息、预测核生化危害、对核生化袭击情况进行建模与仿真，支持核生化防御的作战计划与评估；（2）和平时期任务：支持对有害工业物质事故效应的评估与预测；（3）保障任务：支持传感器管理，包括维护计划、配置控制、性能监测和性能测试，执行网络安全任务
2	2001 财年	（1）战时基本任务：向指挥员和作战人员报告与报警核生化袭击，分析核生化信息、预测核生化危害、对核生化袭击情况进行建模与仿真，支持核生化防御的作战计划与评估；（2）和平时期任务：支持对有害工业物质事故效应的评估与预测；（3）保障任务：支持传感器管理，包括维护计划、配置控制、性能监测和性能测试。取消了"执行网络安全任务"的要求

序号	年份	作战使命任务及其变化
3	2003 财年	向指挥员和作战人员发出核生化袭击的报告与警报，遂行核生化信息分析并提供危害预测，支持核生化防御作战计划对脆弱性等做出评估，支持包括维护计划、配置控制、性能监测和性能测试等在内的传感器管理。 不再区分战时、安全和保障任务
4	2005 财年	（1）向部队发出核生化危害警报；（2）发送格式化的报告；（3）与 JEM 和 JOEF 交互，使来自人员报告和自动传感器网络的多个核生化探测报告发生关联；（4）危害预测和目标分析；（5）为核生化资源管理和核生化作战计划制定提供信息。 危害分析明确交给 JEM，作战计划明确交给 JOEF，厘清了 JWARN 的使命任务
5	2008 财年	（1）向部队发出核生化危害警报；（2）格式化、发送、接收和关联核生化信息，以及 CBRN 释放（而非攻击）报告；（3）与 JEM 交互，生成详细危害预测；与 JOEF 交互，确定 CBRN 危害对军事行动的影响，并为制定作战计划提供决策支持；（4）将来自人员报告（人工源）和自动传感器网络的多个 CBRN 报告和 CBRN 释放（而非攻击）报告进行关联；（5）危害预测和目标分析；（6）为 CBRN 资源管理和 CBRN 作战计划制定提供信息。 首次要求提供"次生 CBRN 危害报告"，进一步厘清使命任务及与 JEM、JOEF 的关系
6	2010 财年	位于指挥单元的 JWARN 任务应用软件操作者，基于传感器报告与观察者报告，预测 CBRN 危害区域，识别受 CBRN 影响的作战部队与作战区域，发送报警报告，从而支持 CBRN 战场管理与作战计划制定。 首次提出 JWARN 任务应用软件的概念，使命任务表述更为简洁
7	2012 财年	位于指挥单元的 JWARN 操作者，基于传感器报告与观察者报告，预测 CBRN 危害区域，识别受 CBRN 影响的作战部队与作战区域，发送报警报告，从而支持 CBRN 威胁条件下部队防护、战场管理与作战计划制定。 取消 JWARN 任务应用软件概念，首次提出"部队防护"要求
8	2013 财年	位于指挥单元的 JWARN 操作者，基于传感器报告与观察者报告，预测 CBRN 危害区域，识别受影响的作战部队与作战区域，发送报警报告，从而支持 CBRN 威胁条件下部队防护、战场管理与作战计划制定
9	2014 财年	JWARN 操作者基于作战情景或者传感器报告与观察者报告，分析潜在的或实际的 CBRN 危害区域，识别受影响的作战部队与作战区域，发送报警报告，从而支持指挥员做出部队防护与作战决策。 不再考虑 JWARN 所处位置，增加了"基于作战情景"，且从"预测"改成"分析潜在的或实际的"；不再提"战场管理与作战计划制定"，统称为"作战决策"
10	2015 财年	JWARN 操作者通过以下作业支持指挥员做出部队防护与作战决策：（1）基于作战情景或者传感器报告与观察者报告，分析潜在的或实际的 CBRN 危害区域；（2）识别受影响的作战部队与作战区域；（3）发送报警报告。 内涵与 2014 财年相同，分段表述，更为清晰
11	2016 财年	编配 JWARN 的部队基于作战情景或者传感器报告和观察者报告，对实际的或潜在的 CBRN 危害区域进行分析，识别受 CBRN 影响的部队和作战区域，发送报警报告，支持指挥员做出部队防护与作战决策。 内涵与 2014 财年、2015 财年一致
12	2018 财年	编配 JWARN 的部队基于作战情景或者传感器报告和观察者报告，对实际的或潜在的 CBRN 危害区域进行分析，识别受 CBRN 影响的部队和作战区域，提供报警报告，支持指挥员做出部队防护与作战决策。 从 2014 财年至 2018 财年，JWARN 使命任务表述的内涵基本一致

5.4.4　研发采办

JWARN 最早部署的版本可追溯至 1999 年，此时 JWARN 的任务是为联合作战部队提供报告、分析与发布核生化威胁的探测、识别、定位和报警信息，加速作战人员对敌方核生化袭击的响应。

JWARN 利用核生化报警技术，收集、分析、识别、定位、报告和发布有关核生化威胁的信息。JWARN 的软件和硬件兼容，并集成于联合军种 C4ISR 系统；编配于指挥控制中心并由核生化防御专家使用。这些专家在决策过程中把数据转化成可发布的报警，发送至战场上最低层级的部队；还提供数据处理、计划和报告产品，存取特定的核生化信息，从而提高核生化防御作战效能。

采办方案分为三个阶段：第一阶段是非研发产品，采用商用现货或政府货架产品，使报警和报告标准化。第二阶段通过把核生化探测器系统、核生化战场管理软件模块集成于军种 C4ISR 系统，从而提供 JWARN 能力。第三阶段是预先计划的产品改进，包括核生化作战人工智能模块、升级与未来 C4ISR 系统的匹配、用于未来探测器的标准接口模块。

事实上，当时美军研发采办 JWARN，是受到英军的启示。英军根据北大西洋公约组织标准 ATP-45（A），已经开发了生物、放射性和化学信息系统软件，是一种基于计算机的核生化危害预测与报警系统。

1997 年 12 月，JWARN 里程碑 C 第 1 阶段得到批准。商用现货核生化分析软件包和政府货架产品模型已完成部署。具有自动核生化信息系统战场管理功能的商用现货软件正集成于机动作战系统和 32 位 Windows 环境，计划于 1999 财年第 2 季度进入供应商选择程序，并签署 JWARN 第 2 阶段合同。

JWARN 第 1 阶段是由 Bruhn NewTech 公司研发的。其后数年，继续向部队部署 JWARN；至 2006 年，JWARN 都是由 Bruhn NewTech 公司研发的基于商用现货的软件包。JWARN 对核生化袭击的危害预测报警与报告过程是基于北大西洋公约组织标准 ATP-45，使作战人员能够确定并显示由于核生化武器的使用而产生的危害区域，能提供危害的起始时刻及其持续时间，还能提供用于储存报警信息的数据库管理，并能生成标准的 ATP-45 信息集。JWARN 有训练和作战两种模式。

从 2007 年开始，Northrop Grumman 信息技术公司加入 JWARN 研发，研发思路逐渐发生变化。JWARN 是基于计算机的系统，部署在指挥控制中心，对来自战场传感器的有关核生化活动和威胁的信息进行收集、分析、识别、定位和报告，并通过指挥链路把信息发送给决策者。JWARN 集成于联合军种 C4ISR 系统并与之兼容。JCID 与传感器相连，这些传感器能探测各种类型的核生化袭击。JWARN 开发了与下列战场应用中核生化传感器的配置，包括装甲战斗车、战术车辆、帐篷、隐蔽所、舰船、区域报警、半固定场所、固定场所。JCID 通过先进的有线和无线网络中继将报警信息传送至 C4ISR 系统。JWARN 使事件发现至发出报警的时间减少到 2 min 以内，增强了作战人员对作战全域的态势感知，支持战斗管理任务。以独立增量形式研发 JWARN 全能力系统。研发阶段以预先计划的产品改进拉开序幕，包括用于核生化作战的人工智能模块、升级与未来 C4ISR 系统的匹配、用于未来探测器的标准接口。

2007 财年第 1 季度前，研发 JCID 无线通信，开发与全球指挥控制系统的连接并进行试验。计划于 2007 财年第 2 季度～第 4 季度进行 JWARN 研发试验和作战评估；于 2008 财年第 2 季度开始全速生产。

2008 财年，JWARN 的研发主要由 Northrop Grumman 信息技术公司（主合同商）负责。2008 年 3 月，Northrop Grumman 信息技术公司在三种平台上完成了 JWARN 任务应用软件的集成，包括全球指挥控制系统、指挥控制个人计算机和机动作战系统。2008 年 7 月，联合计划执行办公室批准 JWARN 任务应用软件于 2008 财年进入多军种作战试验评价，并低速初始生产 300 套 JCID，为 2009 财年进行的 JCID 初始作战试验评价提供被试品。空军作战试验评价中心与各军种作战试验局一起，于 2008 年 8 月在得克萨斯州胡德堡陆军基地按照作战试验评价局长批准的试验大纲和试验计划，对 JWARN 任务应用软件进行了多军种作战试验评价，为了反映里程碑 C 的低速初始生产决策（解除 JWARN 任务应用软件与 JCID 初始作战试验评价之间的连接），JWARN 项目管理部门更新了试验大纲。图 5-2 所示为 2008 财年 JWARN 试验：芥子气袭击后的两种危害预测图。

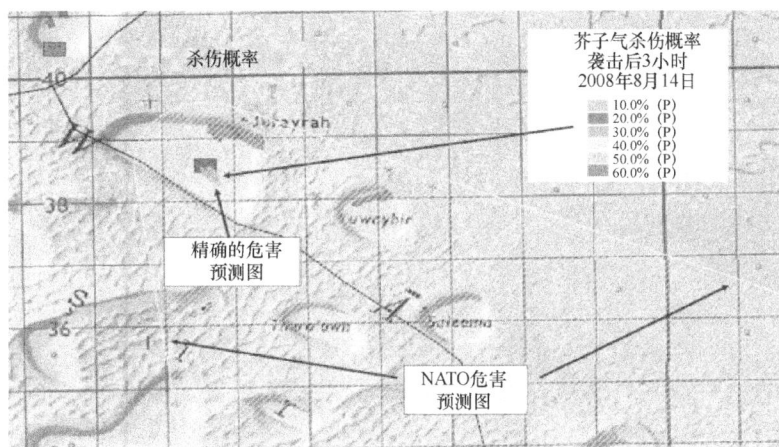

图 5-2　2008 财年 JWARN 试验：芥子气袭击后的两种危害预测图

2010 财年，JWARN 开始采用 Block 采办策略，Block I 开始商用现货和政府货架产品软件的初始采办与部署，作为各军种的标准软件。Block II 开始对核生化现役与未来传感器和核生化战场管理模块的综合集成，2010 财年第 1 季度完成了全速生产决策；2010 财年第 2 季度继续进行生产部署。

2011 财年开始，Northrop Grumman 信息技术公司成为 JWARN 的唯一开发商，研发思路向网络化方向发展，通过网络把 CBRN 传感器直接与联合军种指挥控制系统连接，能够收集、分析、识别、定位和报告有关 CBRN 的活动和威胁信息，把信息发送给战场指挥决策者。JWARN 任务应用软件集成于联合军种 C4ISR 系统，并与之兼容。通过核生化报告和 ATP-45 危害图向受影响的部队发出报警和解除报警信息，JWARN 与 JEM 集成，提供更为详细的危害预测烟羽叠加图。为了进行有效的部队防护，JWARN 自动记录和存档沾染信息。JWARN 把事件从发现至发出报警的时间减少至 2 min，增强了作战人员对作战全域的态势感知，支持战斗管理任务。JCID 通过先进的有线或无线网络与传感器相连，并经中继向 C4ISR 系统发送报警信息。

2010 财年第 4 季度，完成 JWARN 1.0 版的全面部署决策，开始生产部署，形成初始作战能力。2011 财年继续进行生产部署，并与机动作战系统、未来指挥所、作战指挥通用服务、旅及以下部队作战指挥系统等进行互操作试验；2011 财年第 1 季度，部署 JWARN 1.0 版的海军全球指挥控制系统计划，并进行作战试验；JWARN（增量 I）完成全面部署决策。2012—2014 财年继续部署。

2013 年，JWARN 研发取得新进展。软件部分即 JWARN 任务应用软件驻留在联合军种 C4ISR 系统中，通过核生化报告，JWARN 任务应用软件为受影响部队生成报警信息，并发出报警或解除报警信息。JWARN 任务应用软件允许操作者选择自动、延迟和指挥模式发送所有核生化报告，生成并显示 CBRN 和有害工业物质危害图。JWARN 与 JEM 接口，能提供详细的高精度危害预测烟羽叠加图。硬件部分即 JCID 提供与 CBRN 传感器的接口，通过有线或无线网络向 C4ISR 系统发送报警信息。JWARN（增量 II）提供独立的、经验证的、以网络为中心的能力，能探测、识别、通信、关联和分析信息，并在通用态势作战图上显示结果。

2012 财年第 1 季度～第 4 季度，作为陆军 2013～2014 能力集的一部分，继续向陆军部署 JWARN 任务应用软件（增量 I），升级 JWARN 任务应用软件（增量 I）。2012 财年第 2 季度完成 JWARN（增量 II）器材研发决策。计划于 2013 财年第 3 季度进行 JCID（增量 II）里程碑 A 决策；2013 财年第 1 季度～2014 财年第 3 季度继续部署 JWARN 任务应用软件（增量 I）；2014 财年第 4 季度～2015 财年第 4 季度，作为 2015～2016 能力集的一部分，继续部署 JWARN 任务应用软件（增量 I）；2015 财年第 1 季度进行 JWARN 任务应用软件（增量 II）里程碑 B 决策。

2014 财年第 4 季度，JWARN（增量 I）软件向基于 Web 的服务现代化转变，进行了全面作战试验；2015 财年第 3 季度，批准了 JWARN（增量 II）；2015 财年第 4 季度，为了演示验证，开展了驻留在 CBRN 信息系统军事云的 JWARN（增量 II）Web 应用研发，利用军事云使作战人员能反馈 JWARN 使用情况及其对未来 JWARN 能力的要求。计划于 2016 财年第 3 季度开始 JWARN（增量 II）作战试验，2016 财年第 4 季度进行 JWARN（增量 II）部署决策。

2016 财年，JWARN 具有以下主要功能：①能融合战场上传感器报警信息和 CBRN 观察报告；②能生成危害区域图；③能在通用态势作战图上叠加显示 CBRN 危害图；④为部队生成报警信息。图 5-3 所示为化学袭击后 JWARN 生成报告 1、报告 3 和报告 4 及危害态势图。

2016—2018 财年，开展了生产部署活动；计划于 2019 财年结束 JWARN 项目（称为 JWARN 1），全面转向基于云服务的 JWARN 研发（称为 JWARN 2）。2017 财年第 3 季度，做出向陆军战斗指挥和通用服务器主机系统全面部署 JWARN 2 的决策，在 CBRN 信息系统军事云环境有限部署 JWARN 2 的决策。2017 财年第 4 季度，为提升 CBRN 信息系统和独立能力，做出向空军部署 JWARN 2 的决策。计划于 2019 财年第 4 季度进行 JWARN 2 海军作战试验，试验对象是一体化海上网络和体系服务主机系统；2019 财年第 1 季度进行 JWARN 2 海军陆战队作战试验，试验对象是联合战术通用态势作战图工作站的主机系统；2020 财年，向海军与海军陆战队部署 JWARN 2 的决策。

至此，经过 20 多年的持续努力和不断试验与改进，并紧密结合技术发展，美军 JWARN 研发与采办终于进入了新的阶段，JWARN 从单机系统发展到网络，又从网络发展到军事云。由此看来，只要技术发展没有穷尽，JWARN 的发展也将无止境。

JWARN化学报告1和危害态势图

(a)

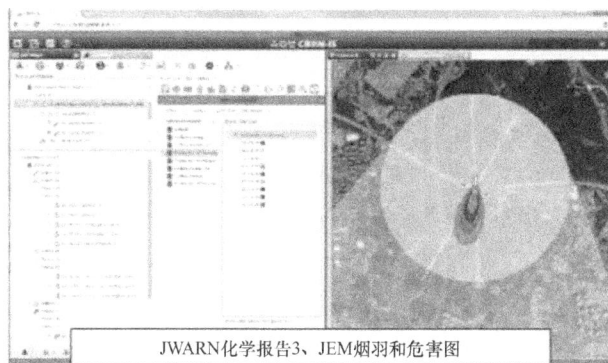

JWARN化学报告3、JEM烟羽和危害图

(b)

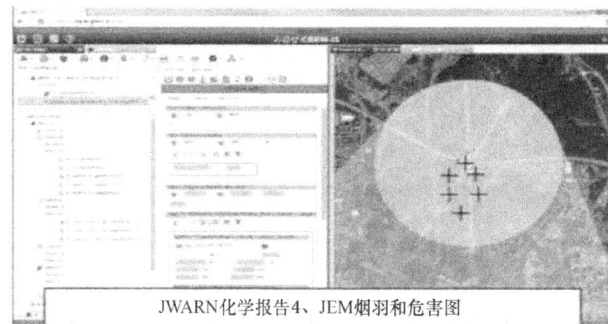

JWARN化学报告4、JEM烟羽和危害图

(c)

图 5-3　化学袭击后 JWARN 生成报告 1、报告 3 和报告 4 及危害态势图

5.4.5　试验评价

2012 财年，国防部试验评价结论如下：

（1）作为 CBRN 报警、报告和分析的自动化工具，驻留在海军全球指挥控制系统上的 JWARN 软件在作战上是有效的。当部队处于距 CBRN 初始释放地下风向 10 km（含）以外时，JWARN 能及时向该部队发送 CBRN 危害报警报告，该部队能据此实施防护决策并采取防护行动。

（2）在正常作战行动中，海军远征打击群能使用 JWARN 和全球指挥控制系统宿主的电子邮件能力，通过海军舰队和其他军种与海军海上作战中心交换 CBRN 危害报警报告。当舰船正在使用发射控制程序时，为了避免被敌方定位，将关闭电子邮件能力。处于发射控制模式的舰船能使用海军全球指挥控制系统的明码地址文本消息能力发送 JWARN 的 CBRN 危害报警报告。

（3）用于海军海上作战中心的全球指挥控制系统版本不具有明码地址能力。JWARN 与海军海上作战中心可发送明码地址文本消息的现役软件并不兼容，因此海军海上作战中心的工作人员必须把 JWARN 报告中的信息手工输入具有明码地址能力的现役软件中，再把 CBRN 报警与报告发送给处于发射控制模式的舰船。这一过程很可能发生抄写错误，并造成 CBRN 报警信息到达舰船的延误，从而使该舰船不能及时采取防护行动。

（4）在后续作战试验评价期间，JWARN 操作者演示验证了与具有明码地址能力的全球指挥控制系统研发版本的互操作性。把具有明码地址能力的全球指挥控制系统部署于海军海上作战中心，在舰船处于发射控制模式不能接收电子邮件信息时，能加快传递 CBRN 报警信息。

（5）驻留在海军全球指挥控制系统的 JWARN 在作战上是合适的，也是可靠的。经过新设备培训的操作者能成功地执行基础级分析，并报告危害情景。但是，当面临复杂的 CBRN 袭击情景时，为了成功执行 CBRN 分析与报告，操作者需要经过高级培训。图 5-4 所示为 2012 财年试验评价时 JWARN 在通用作战态势图上显示 CBRN 危害预测。

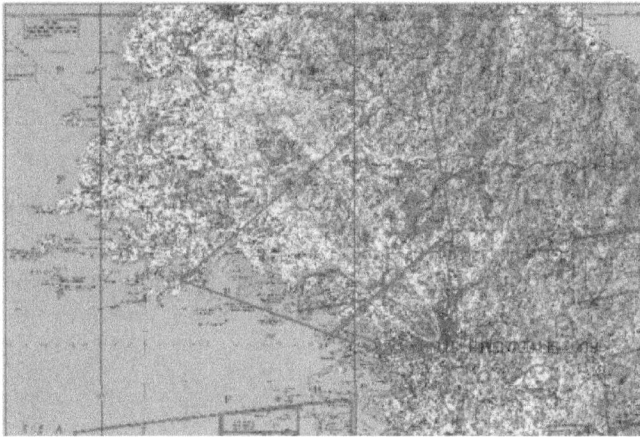

图 5-4　2012 财年试验评价时 JWARN 在通用作战态势图上显示 CBRN 危害预测

2013 财年，国防部试验评价结论如下：

（1）在进行基于实验室的作战评估时，由于陆军指挥网不成熟和网络不稳定，对 JWARN Web 应用操作者的作业能力产生了不利影响，使操作者不能及时向处于危险中的连级作战部队发送报警，因为连级作战部队依赖通用作战态势图显示报警的地形描述。

（2）JWARN Web 应用操作者演示验证了向位于距 CBRN 初始释放地下风向 10 km（含）以外的部队及时发送危险报警信息的能力。当部队位于距 CBRN 初始释放地下风向 10 km 时，JWARN Web 应用操作者及时向该部队发出报警的概率为 42%。这一性能与之前安装在军种指挥控制系统上的 JWARN 版本的性能一致。

（3）在 JWARN Web 应用进行作战评估期间，其可靠性出现问题，包括间歇性无响应、电子邮件信息发送延迟、时而能时而不能使用 JEM 生成高精度危害预测烟羽叠加图，由于这些问题，导致不能及时向处于危险中的部队发送报警报告。

（4）当多次 CBRN 袭击同时发生和操作者需要接收多个观察者报告时，陆军对操作者的培训不足以使操作者能持续提供精确的态势感知。

2014 财年，国防部试验评价结论如下：

（1）JWARN Web 应用在作战上是有效的，能及时向距 CBRN 初始释放地 10 km 以外的作战部队提供 CBRN 报警报告，使该部队在 CBRN 危害到来之前采取防护行动。JWARN Web 应用能按照北大西洋公约组织技术出版物 ATP-45 有关报警、报告与危害预测程序自动应对 CBRN 威胁，提供增强的核生化态势感知，并支持作战决策。在《网络集成评估 14.1》作战试验期间，当报警来自另一个 JWARN 操作者时，本级 JWARN 操作者接收或阻止该报警报告时，并不在其计算机上发出声响警报。在韩国进行的《Ulchi 自由卫士 14》演习期间，JWARN 的警报能力得到了成功演示验证。

（2）JWARN Web 应用能与陆军 2011～2012 能力集和 2013～2014 能力集的网络操作环境实现互操作。

（3）JWARN Web 应用软件在操作上并不合适，因为操作者缺乏恰当的训练工具，因此难以使操作者的熟练程度维持在高水平，而且 JWARN Web 应用软件的安装与配置过程也很复杂。在进行《网络集成评估 14.1》试验之前，未对系统管理员如何将 JWARN 安装在 Web 服务器上进行正式培训，结果导致将 JWARN 安装到旅级试验部队时产生了 7 个小时的延误。

（4）在《网络集成评估 14.1》作战试验期间，JWARN Web 应用软件是可靠的，演示验证表明其作战可用性达到 96%。图 5-5 所示为 2014 财年试验评价时 JWARN Web 应用在通用作战态势图上叠加 CBRN 危害预测。

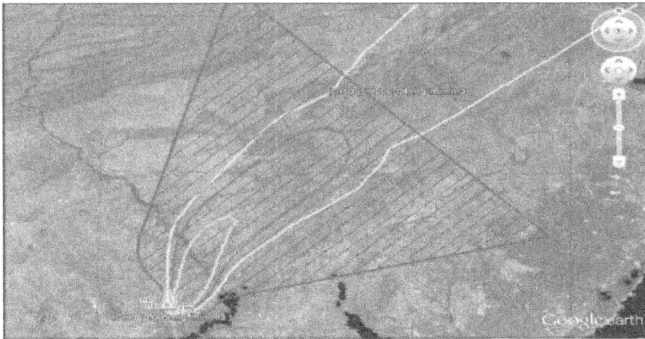

图 5-5 2014 财年试验评价时 JWARN Web 应用在通用作战态势图上叠加 CBRN 危害预测

2015 财年，国防部试验评价结论如下：

（1）对于海军，JWARN 是作战上有效的工具，能对位于距 CBRN 初始释放地 18 km（含）以外的海军舰船和其他军种部队及时提供危害报警，使该部队能在 CBRN 危害到来之前采取防护行动。应采用其他手段（如语音或无线通信）对位于距 CBRN 初始释放地 18 km 以内的部队发出报警。

（2）战术行动军官能使用 JWARN 信息对舰船司令官做出作战决策与建议，战术行动军官能在作战指挥中心内共享 CBRN 危害信息，并可通过海军全球指挥控制系统通用作战态势图同步工具与其他部队共享 CBRN 危害信息。

（3）由于一体化海上网络和体系服务的网络问题或长消息传输时间问题，有 21%（47 次中有 10 次）的危害报警未能及时收到，从而影响部队的防护行动。

（4）演示验证表明 JWARN 的作战可用性为 97%。计算机发生故障导致需要重启客户端计算机，也导致网络失效。在 118 h 的运行过程中，未发生 JWARN 软件故障。

（5）对驻留 JWARN 的舰船网络或海军全球指挥控制系统客户端的本地或远程侦察并未暴露出重大漏洞。在远程网络攻击试验期间，试验人员不能使用安装在一体化海上网络和体系服务网络或海军全球指挥控制系统客户端的 JWARN。

（6）用户发现，用新设备进行训练和基于计算机的在线训练是合适的。为了解决网速较慢的问题，可从计算机磁盘得到训练课程的内容。

（7）由于海军网络操作环境复杂，信息系统联合项目部当前的 JWARN 安装、配置和维护计划是不合适的。作战试验之前，JWARN 软件被安装在舰船和海上作战中心的服务器上。然后，要求项目办公室的工作人员为作战试验配置 JWARN，并在试验前修复每个站点存在的问题。图 5-6 所示为 2015 财年试验评价时 JWARN 在通用作战态势图上叠加 CBRN 危害预测。

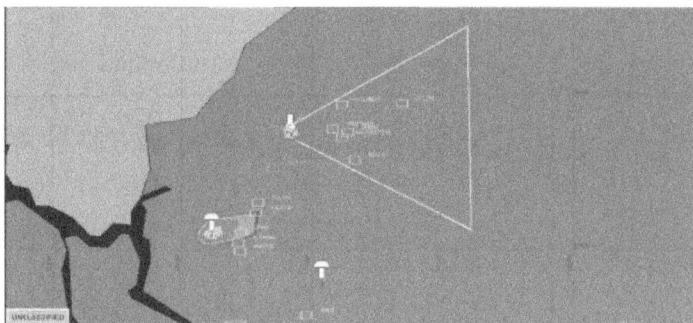

图 5-6　2015 财年试验评价时 JWARN 在通用作战态势图上叠加 CBRN 危害预测

2016 财年，国防部试验评价结论如下：

（1）兼容 ATP-45E 的 JWARN Web 应用是一款向下兼容并能与 JWARN（增量 I）互操作的软件。

（2）在通信环境差的情况下，驻留于独立的未来指挥所计算机上的兼容 ATP-45E 的 JWARN Web 应用能为营级 CBRN 操作员提供自动生成、编辑、关联 CBRN 报告的能力，支持营级指挥员。

（3）当不能连接至《作战指挥通用服务》的服务器时，驻留在未来指挥所计算机上的兼容 ATP-45E 的 JWARN Web 应用的操作员不能看到 CBRN 危害图及部队在作战图上所处的位置，因此不能识别处于危险中的部队，并向其发送 CBRN 报警报告。

（4）兼容 ATP-45E 的 JWARN Web 应用作战计划工具为 CBRN 操作员提供了生成基本危害预测图的能力，从而支持发生 CBRN 事件时的作战行动制定。

（5）由于兼容 ATP-45E 的 JWARN Web 应用存在网络安全漏洞，在部署前需要进行修改。图 5-7 所示为 2016 财年试验评价时 JWARN 在营及以上各级的网络连接示意图。

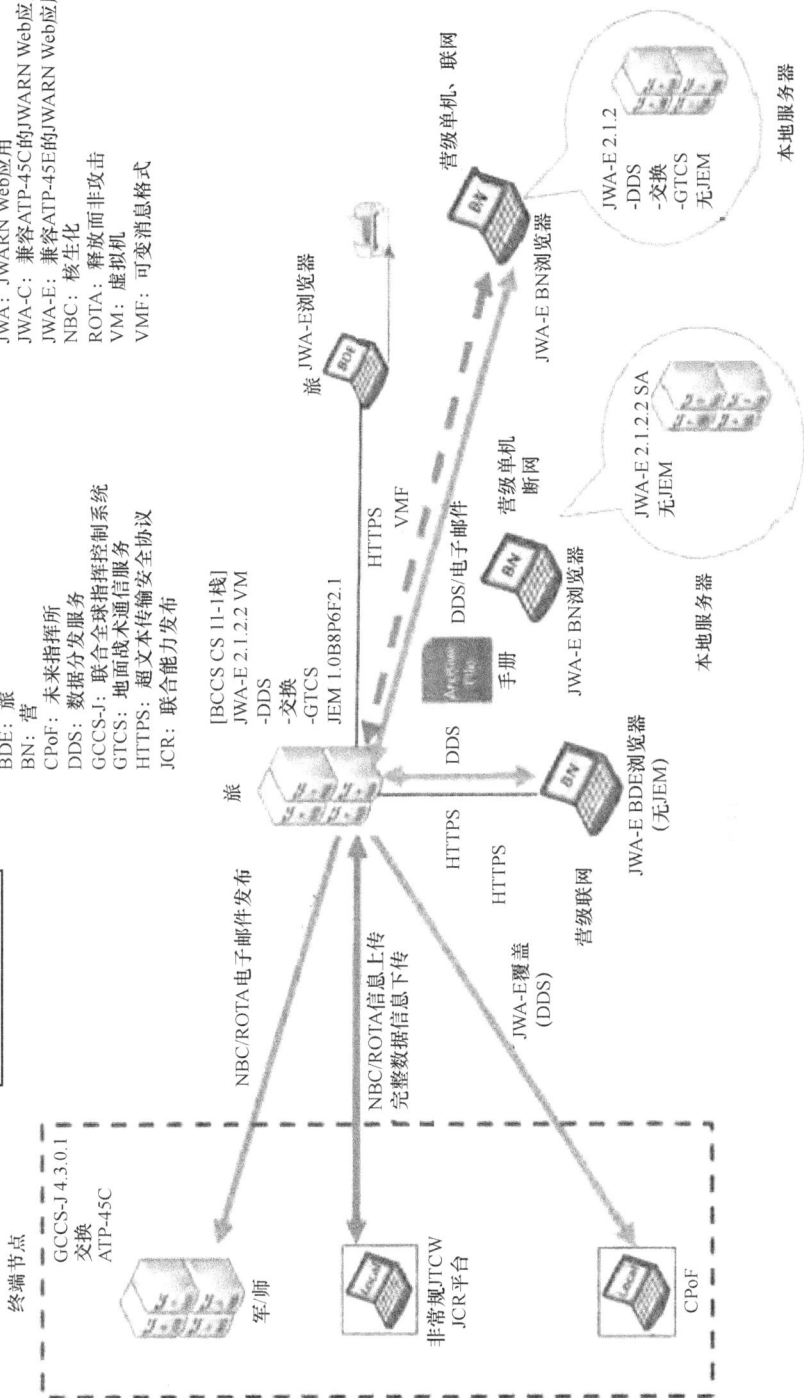

图 5-7 2016 财年试验评价时 JWARN 在营及以上各级的网络连接示意图

ATP: 北约技术出版物
BCCS CS 11-12: 作战指挥通用服务能力集 11-12
BDE: 旅
BN: 营
CPoF: 未来指挥所
DDS: 数据分发服务
GCCS-J: 联合全球指挥通信服务
GTCS: 地面战术通信服务
HTTPS: 超文本传输安全协议
JCR: 联合能力发布

JEM: 联合效应模型
JTCW: 联合战术通用作战态势工作站
JWA: JWARN Web应用
JWA-C: 兼容ATP-45C的JWARN Web应用
JWA-E: 兼容ATP-45E的JWARN Web应用
NBC: 核生化
ROTA: 释放而非攻击
VM: 虚拟机
VMF: 可变消息格式

营以上 JWARN 连接

终端节点

GCCS-J 4.3.0.1
交换
ATP-45C

军师

非常规 JTCW
JCR平台

CPoF

NBC/ROTA电子邮件发布

NBC/ROTA信息上传
完整数据信息下传

JWA-E 覆盖
(DDS)

旅

[BCCS CS 11-1线]
JWA-E 2.1.2.2 VM
-DDS
-交换
-GTCS
JEM 1.0B8P6F2.1

HTTPS

HTTPS

营级联网

JWA-E BDE浏览器
(无JEM)

DDS

DDS/电子邮件

手册

JWA-E BN浏览器

营级单机
断网

JWA-E 2.1.2.2 SA
无JEM

本地服务器

HTTPS

VMF

旅 JWA-E浏览器

营级单机、联网

JWA-E BN浏览器

JWA-E 2.1.2
-DDS
-交换
-GTCS
无JEM

本地服务器

195

2018 财年，国防部试验评价结论如下：

（1）驻留在军事云的 JWARN（增量 II）运行有效，能支持态势感知、作战决策和作战计划。

（2）JWARN（增量 II）能满足对下风向处于危险中的部队及时发出报警的作战需求。在某些情况下，JWARN（增量 II）超出了作战需求。

（3）当 JWARN（增量 II）与单机版 JWARN 连接作连续运行时，运行正常。试验表明，对于报警报告任务，完成任务的成功率达到需要的 96%。

（4）JWARN 能在网络攻击下生存，部队在试验期间遭受敌方网络攻击时，并未对完成任务的能力造成有意义的影响。图 5-8 所示为 2018 财年试验评价时 JWARN 与"军事云"连接的示意图。

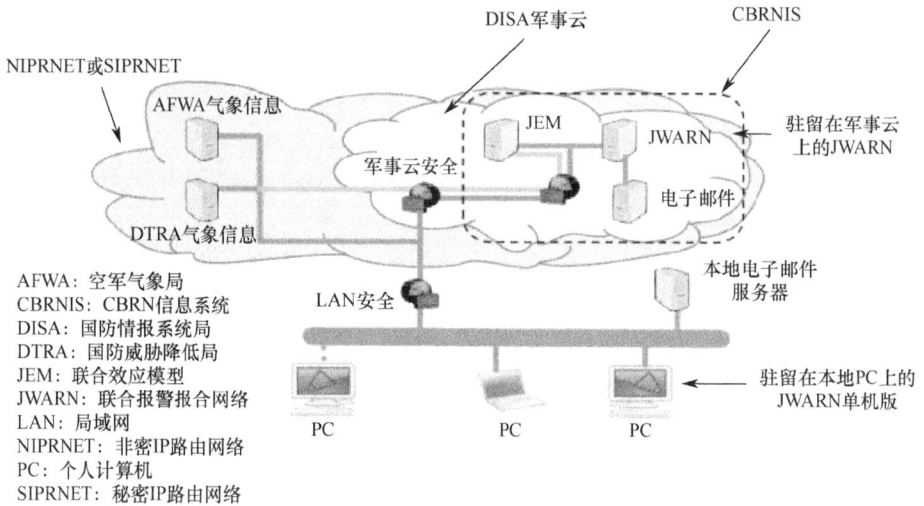

图 5-8　2018 财年试验评价时 JWARN 与军事云连接的示意图

5.4.6　作战能力

2005 财年，JWARN 形成了基本作战能力，其后 JWARN 的作战能力不断提升，表 5-2 所示为 JWARN 作战能力的变化。

表 5-2　JWARN 作战能力的变化

序号	年份	作战能力
1	2005 财年	（1）JWARN 任务应用软件实现北大西洋公约组织对核生化危害的报告和预测。（2）JWARN 驻留在军种全球指挥控制系统和其他 C4ISR 网络中。（3）JCID 是把核生化传感器连接到 JWARN 网络的硬件
2	2008 财年	（1）JWARN 任务应用软件实现北大西洋公约组织对 CBRN 危害的报告和预测。项目还包括把 CBRN 传感器连接到 JWARN 网络的硬件设备。该设备被称为 JCID。（2）各军种把 JWARN 任务应用软件驻留在全球指挥控制系统和其他战术 C4ISR 网络中
3	2010 财年	（1）JWARN 任务应用软件为营、中队及以上部队遂行联合作战提供独立的 CBRN 报警、报告与分析工具。（2）项目官员设计 JWARN 任务应用软件的目的是通过自动化作业改进北大西洋公约组织实施 CBRN 基本报警与报告过程的速度和精度

序号	年份	作战能力
4	2012 财年	（1）JWARN 是一款用于联合作战的自动化 CBRN 报警、报告与分析软件工具，驻留在联合作战和陆军、海军的全球指挥控制系统，以及指挥控制个人计算机、联合战术通用工作站或独立的计算机中。（2）JWARN 软件自动完成北大西洋公约组织有关 CBRN 报警与报告过程，提高了信息共享的速度和精度，支持部队防护决策和态势感知。（3）JWARN 使用主机指挥控制网络的通用作战态势图，显示地形图、部队所处位置、CBRN 事件发生地、预测或实际的危害位置，以支持指挥员的态势感知与响应能力
5	2013 财年	（1）JWARN 是一款用于联合作战的自动化 CBRN 报警、报告与分析软件工具，驻留在联合作战和陆军、海军的全球指挥控制系统，以及指挥控制个人计算机、联合战术通用工作站。（2）JWARN（增量I）现代化计划是基于陆军指挥网络的 Web 应用软件，作为陆军指挥所计算环境的一部分。JWARN 还有一个版本是运行于单机的。（3）JWARN 软件自动完成北大西洋公约组织有关 CBRN 报警与报告过程，提高了信息共享的速度和精度，以支持部队防护决策和态势感知。（4）JWARN 使用主机指挥控制系统或计算环境的通用作战态势图，显示 CBRN 事件发生地、预测或实际的危害位置，以支持指挥员的态势感知与响应能力。研发基于 Web 的 JWARN（增量 I）
6	2014 财年	（1）JWARN 是一款用于联合作战的自动化 CBRN 报警、报告与分析软件工具，驻留在联合作战和陆军、海军的全球指挥控制系统，以及指挥控制个人计算机、联合战术通用工作站。（2）JWARN Web 应用是基于网络的应用软件，驻留在作战指挥与控制系统服务器中，由 JWARN 操作者使用客户端计算机按照陆军能力集合 13-14 网络环境的要求进行操作访问。已经对运行于陆军能力集合 11-12 网络环境的 JWARN Web 应用软件进行了修订。JWARN Web 应用也能安装和运行于单机上。（3）JWARN 软件自动完成北大西洋公约组织有关 CBRN 报警与报告过程，提高了信息共享的速度和精度，以支持部队防护决策和态势感知。（4）JWARN 使用主机指挥控制系统或计算环境的通用作战态势图，显示 CBRN 事件发生地、预测或实际的危害位置，以支持指挥员的态势感知与响应能力。提出基于 Web 的应用
7	2015 财年	（1）JWARN 是一款用于联合作战的自动化 CBRN 报警、报告与分析软件工具，驻留在联合作战和陆军、海军的全球指挥控制系统，以及指挥控制个人计算机、联合战术通用工作站。（2）JWARN 软件自动完成北大西洋公约组织有关 CBRN 报警与报告过程，提高了信息速度和精度。（3）JWARN 使用主机指挥控制系统或计算环境的通用作战态势图，显示 CBRN 事件发生地、预测或实际的危害位置。（4）JWARN 可应用于海军全球指挥控制系统，并与舰船战术网络如一体化海上网络和体系服务实现互操作。应用于海军
8	2016 财年	（1）JWARN 是一款用于联合作战的自动化 CBRN 报警、报告与分析软件工具，驻留在联合作战和陆军、海军的全球指挥控制系统，以及指挥控制个人计算机、联合战术通用工作站、陆军作战指挥通用服务器和单机。（2）JWARN 软件自动完成北大西洋公约组织有关 CBRN 报警与报告过程，提高了信息速度和精度。（3）JWARN（增量 II）项目由 4 个阶段组成，其后被定义为需求定义包，能对交付的能力加以识别。每个需求定义包都有多种软件能力，按照近期 ATP-45 的变化，1 号需求定义包升级了 JWARN Web 应用软件，并加入之前包含在 JWARN（增量 I）版本中的计划工具。2 号需求定义包设想把 1 号需求定义包的能力集成于军种指挥控制系统、构架。3 号需求定义包设想提供基于网络化传感器的能力。4 号需求定义包预计将支持现代化和新兴能力。研发 JWARN（增量 II）
9	2018 财年	（1）JWARN 是一种软件应用，把 CBRN 数据集成于联合作战和各军种指挥控制系统，用于作战空间态势感知。JWARN 融合传感器报警信息和 CBRN 观察报告并在通用态势作战图上显示，生成报警信息发送给部队。（2）JWARN 替代了事件报告、危害图生成和对受影响部队警报的手工作业过程。JWARN 的基础是 ATP-45 所勾画的标准。形成全部作战能力

5.5 联合效应模型

5.5.1 概述

CBRN 作战计划的主要目的是保障指挥员的军事决策过程。在各种军事行动中，基本的 CBRN 作战计划大致相同，但是对于针对战术、战役和战略的专门的 CBRN 作战计划，其变化是相当大的。显然，在战役和战略级别，可得到更多的资源用于作战计划。

CBRN 作战单元按照作战计划遂行作战任务（包括作业路线、洗消去污、侦察巡测和核穿越，驻留、发烟、面向任务的防护态势和热应力分析，野外应急喷火计划等），CBRN 作战单元利用 JWARN 通知作战人员，并把搜集到的信息发送至上级指挥员。

JEM 具有对 CBRN 事件进行分析的能力，得到 CBRN 态势感知并提供给友邻部队，使友邻部队受到的 CBRN 威胁最小。下级指挥员和作战计划参谋依靠上级指挥员和 CBRN 参谋向他们提供其他 CBRN 作战计划信息。此外，JEM 可被战术 CBRN 侦察与监测作战单元使用。

CBRN 作战计划参谋负责战役和战略 CBRN 作战计划的制定。JEM 是驻留在 C4ISR 系统中的主要作战计划工具，通过提供关键数据，协助 CBRN 作战计划参谋制定作战计划和军事决策。

JEM 为 CBRN 参谋（营至军以上各级）和 CBRN 侦察单元提供先进的 CBRN 和有害工业物质建模方案。JEM 的这种能力为指挥员提供了 CBRN 和有害工业物质危害分析与预测能力，使指挥员掌握 CBRN 和有害工业物质危害对作战环境产生的影响。JEM 以各种不同方案对 CBRN 和有害工业物质危害进行仿真，包括打击军事力量、空中封锁、歼灭作战、主动防御和被动防御、事故和事件、高空释放、城镇环境、建筑物内部、人体机能下降。

JEM 还能对来自多个不同源的气象数据进行处理，包括历史记录、当前气象预报（通过网络获得）、综合气象系统数据、JWARN 报告，以及来自当地和战略信息源的气象数据与海洋数据。

CBRN 作战计划参谋把气象、地形和人力资源等信息集成于 JEM，为制定应急计划和作战计划遂行 CBRN 和有害工业物质威胁的自动分析、评估与影响预测。CBRN 侦察单元利用气象云图使他们的侦察结果更加精细。CBRN 作战计划参谋利用 JEM 能生成事件模板，并把结果发送至下属和友邻部队。

5.5.2 研发采办

2005 财年，JEM 的使命任务是，保护士兵和公众免受核生化和有害工业化学品、有害工业物质污染物的危害。

JEM 是一款经认证的通用模型，预测与核生化、有害工业化学品、有害工业物质污染物释放有关的环境危害。该项目部署后，国防部就具备了标准化的核生化危害预测模型，能对各种情景的危害建立模型，其民用版（非机密版）可用于国土防御等民事当局。项目在设计、开发、试验和部署过程中，采取了革命性的采办策略。独立模型分析、模型接口、可行性和性能需求等在完成之前通过反复迭代逐渐精炼，这些反复迭代的过程包括一系列设计审查、对算法进行效费比图表分析等。

2005 财年第 1 季度，进行了研发试验和验证与确认；2005 财年第 3 季度，进行了作战评估。计划于 2006 财年进行作战试验，进入里程碑 C 和全速生产；2006 财年第 4 季度进行初始作战能力试验。

2009 财年第 2 季度，JEM（增量 I）完成全速生产决策。计划于 2010—2011 财年继续进行 JEM（增量 II）研发试验和软件开发。2010 财年第 3 季度，完成了 JEM 1.0 版的全面部署决策；第 4 季度完成 1.0 版的生产部署。2011 财年，JEM 侦察版扩编至师、旅级 CBRN 计划参谋。计划于 2011 财年继续生产部署 1.0 版，2011—2012 财年继续进行 2.0 版的软件开发和试验。

2010 财年，JEM 的使命任务进行了调整，表述为：增强战术战役作战空间的态势感知，提供事件发生期间和发生后的实时危害信息，使核生化危害对作战的影响降低至最小。与 2005 财年发布的使命任务相比，变化很大。

JEM 是 III 类软件采办项目，是唯一经国防部认证的基于计算机的战术与战役 CBRN 危害预测模型，能够提供 CBRN 和有害工业化学品、有害工业物质危害区域与影响的通用表征。共有两种改型，一是作为独立系统，二是作为驻留在 C4ISR 系统中的应用软件。该项目采取了一种革命性的采办策略，以三个"增量"的形式交付全部能力，后一个"增量"保留了前一个"增量"的全部功能。针对敌方使用 CBRN 和有害工业化学品、有害工业物质、美军或盟军针对敌方 CBRN 设施实施主动常规打击造成 CBRN 物质释放、有害工业化学品和有害工业物质事故释放，"增量 I"能预测危害区域与影响的地理位置，"增量 II"和"增量 III"还增加了其他能力，并改进了模型性能；还支持减少大规模杀伤性武器效应的作战计划。编配于营、旅、师、军及军以上各级的化学参谋部门，以及特种作战部队化学侦察独立分队。军 CBRN 计划参谋也编配了 JEM 的侦察版。

图 5-9 所示为 2005 财年与 2010 财年 JEM 预测 CBRN 危害态势对比，从图中可知，2010 财年 JEM 预测得更为准确。

2011 财年，继续部署"增量 I"；2011 财年第 2 季度，"增量 II"进入里程碑 A。计划于 2012—2014 财年继续生产部署"增量 I"；2013 财第 4 季度进入"增量 II"里程碑 B；2014 财第 4 季度进入"增量 II"里程碑 C。2012 财年，修改了 JEM 的使命任务，主要将"提供事件发生期间和发生后的实时危害信息"中的"事件发生期间和发生后"修改为"事件发生前、发生中和发生后"，增加了"事件发生前"；将实时危害信息修改为近实时危害信息。与 2010 财年和 2011 财年对 JEM 的描述相比，2012 财年美军强调了 JEM 是基于 Web 的软件项目、JEM 能提供危害及其影响的快速估计并集成于通用态势作战图，同时强调 JEM 与 JWARN、气象系统、情报系统和各种数据库的接口与通信。

(a)

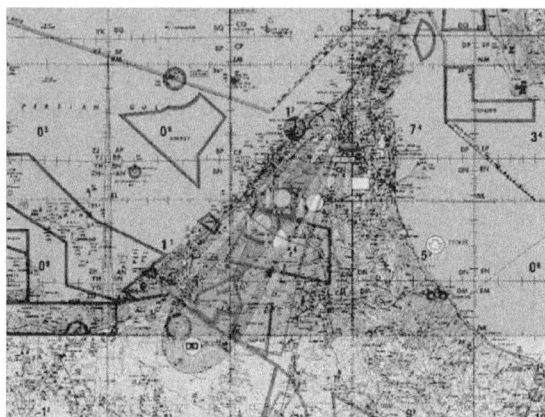

(b)

图 5-9　2005 财年与 2010 财年 JEM 预测 CBRN 危害态势对比

(a) 2005 财年；(b) 2010 财年。

2012 财年第 1 季度～第 4 季度，继续部署"增量 I"。计划于 2014 财年第 2 季度进入"增量 II"里程碑 B，2014 财年第 4 季度进入"增量 II"里程碑 C。2016 财年研发的"增量 II"将替代"增量 I"，并采用灵活的开发过程通过"增量"提高其能力。2013 财年，按计划"增量 II"解决以下预定的能力问题：（1）支持生物和医疗事件的增强模型；（2）满足战略司令部对核和放射性的需求；（3）改进城镇地区扩散模型；（4）导弹拦截 CBRN 防御威胁效应建模；（5）有害工业物质处理改进；（6）毒剂命运预测模型改进；（7）获取更高精度的气象数据；（8）通用 CBRN 模型接口；（10）改进 CBRN 分析。

JEM 是基于 Web 的应用软件，为国防部提供了唯一经过认证的、能有效建模与仿真 CBRN 武器袭击效应和 CBRN 事件效应的工具；使作战人员能高精度预测与 CBRN 和有毒工业危害物释放至环境有关的下风向危害区域及其影响，并把气象、地形和材料相互作用的影响融合到下风向危害预测中，增强了作战空间的态势感知能力，为受影响的部队提供近实时的危害信息，使 CBRN 和有毒工业危害物产生的影响降低至最小。图 5-10 所示为 JEM（增量 I）和 JEM（增量 II）危害态势预测比对。

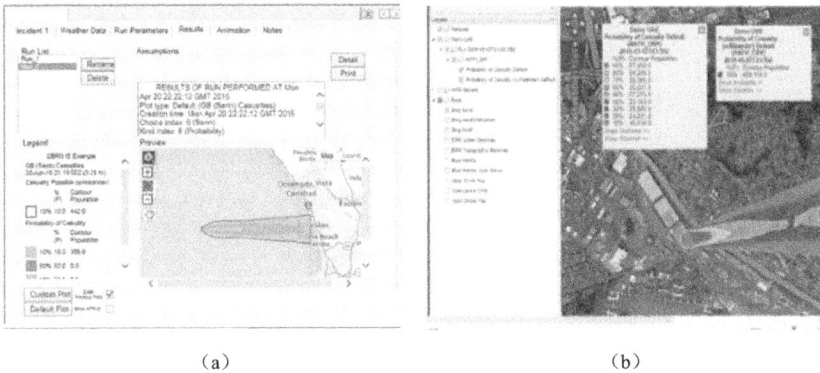

（a）　　　　　　　　　　　　　　　　（b）

图 5-10　JEM（增量 I）和 JEM（增量 II）危害态势预测比对

（a）"增量 I"；（b）"增量 II"

2013—2015 财年，继续维持 JEM（增量 I）；2014 财年第 4 季度，JEM（增量 II）进入里程碑 B，完成 JEM（增量 II）Build 决策之 1；2015 财年第 2 季度，完成第 2 需求定义包和 Build 决策之 2；2015 财年第 4 季度，完成第 1 次作战评估和第 1 次初始作战试验评价。计划于 2016—2017 财年，继续维持 JEM（增量 I）；2016 财年第 1 季度完成部署决策之 1；2016 财年第 4 季度完成 Build 决策之 2；2017 财年第 1 季度完成 Build 决策之 4。

2016 财年，美军发布了 JEM 的主要功能规范：

（1）对化学和生物武器袭击或打击化学和生物设施、核武器事故和核武器爆炸、放射性武器爆炸、化学武器储存事故、高空释放和有害工业化学品、有害工业物质释放，能对产生的 CBRN 危害及造成的人类生理影响建模；

（2）提供了在通用态势作战图上显示危害的能力，并与战术和战役指挥控制系统以一体化方式运行；

（3）能与 JWARN、气象系统、情报系统、各种数据库接口和通信；

（4）支持多种部署策略，既可运行于 UNIX 操作系统，也可运行于 Windows 系统，与国防部所有指挥控制系统实现了综合集成；

（5）可得到单机版、网络版、分布式版和基于 Web 版；

（6）24/7 运行支持，可呼叫支持中心和通过 Web；

（7）为作战人员提供最佳、最成熟的技术，应对广谱威胁。

与 2016 财年相比，2018 财年有关 JEM 的主要功能规范中的第 3 条改为两条，分别为：

（1）能与 JWARN 接口和通信，计算并提供 ATP-45"增强型"下风向危害预测；

（2）能与气象系统、情报系统、各种数据库接口和通信。

5.6　联合作战效能联盟

5.6.1　概述

JOEF 是经国防部认证的、预测性的建模与仿真能力，主要部署在战役与战略级别的部队，支持预先作战计划与应急作战计划的制定，支持动态变化与相互协同的参谋作业，以及支持其他作战分析活动。

JOEF 是驻留在 C4ISR 系统中的主要作战计划工具，通过提供关键数据，协助 CBRN 作战计划参谋制订作战计划和军事决策过程；为 CBRN 作战计划参谋（旅以上级）提供建模与仿真能力、作战计划模板和减轻危害计划工具。JOEF 自动成为军事决策过程的一部分，为动态作战环境与持续作战环境下的作战计划制定提供保障，同时引入了风险降低措施。CBRN 计划制定者使用 JOEF 协助他们完成以下 CBRN 作战计划的制定：战场情报准备；作战任务分析；敌军与友军作战过程；弱点评估；伤亡的可能影响（使用 JEM）；对面向任务的防护态势或其他个人防护装备的技术建议；人员安全准则；作战接触 CBRN 污染物指南；侦察与监视评估；烟幕遮蔽作业（在合适的时候）；防御措施；风险降低评估；减轻危害技术与传感器位置；卫生保障与医疗协调需求。

CBRN 作战计划参谋使用 JOEF 与 JEM 制订应急计划与作战计划，使指挥员能根据对部队防护力量的威胁与潜在影响更好地评估不同时机所需的力量及配置。制订的计划发送至上级、下属和友邻部队。

由于防御与响应 CBRN 袭击的重要性正在显著增加，以及 CBRN 物质的特殊性，在 CBRN 防御与响应的培训、任务规划、概念开发及装备采办有关的试验与研究中，应尽可能少地实际使用 CBRN 物质，因此仿真是一种解决方法。

然而，经认证的现有的国防部建模与仿真系统并不能完全表征全部作战空间环境。虽然在某些战场仿真中可能包含了部分功能，但现有仿真能力不足以支持或涵盖 CBRN 防御所需的满足作战需求的全部建模与仿真功能。此外，在生化防御计划之外其他相关组织所进行的研究也未解决 JOEF 所需的关键 CBRN 防御特性等问题。

有关 CBRN 效应建模与仿真的研究，其目的旨在改善作战效能，开发在 CBRN 污染环境中有效作战所需的新概念和新功能。不断鉴别、开发、生产和部署经过认证的 CBRN 效应建模与仿真对作战力量维持必需的仿真环境是至关重要的。因此，CBRN 作战效能建模与仿真能力在未来联合作战能力优先级列表中具有高优先级。

也就是说，为了在 CBRN 威胁环境中遂行作战任务、有效生存并保持作战能力，联合作战部队对此能力具有直接的需求。应该指出的是，对于 CBRN 作战管理，各级指挥员必须能快速有效地量化与各种作战行动有关的风险，能实时描绘作战空间 CBRN 的影响状态，能及时提供早期报警与直接报警信息。

建模与仿真具备的初步能力在确定和评估 CBRN 威胁对军事行动的影响方面存在以下不足：针对关键固定场所或机动作战力量遭受 CBRN 攻击的情况，国防部尚不具备评估其影响的能力；CBRN 武器效应模型并不能给出影响作战部队遂行作战任务的任何有关 CBRN 危害物的信息；系统并非用户友好型，也不具备对复杂问题的分析能力。

因此，需要建立一个新的仿真系统以满足上述关键需求，但没有必要从零开始构建所有必需的构件。新系统必须完全满足各级指挥官及相关保障任务，如培训、演练、任务规划、采办、试验、概念开发，以及战术、技术与规程开发和采办保障等的所有要求。据此引入了 JOEF。

JOEF 的总体目标是为评估 CBRN 对军事行动的影响提供建模与仿真分析能力。

具体目标包括：从整个系统内部各要素的相互关系和影响出发，分析作战问题和作战理论；基于传感器配置、CBRN 资源和医疗资源，评估特定设备的性能；评估单兵、战斗小组遂行联合作战基本任务的能力；评估 CBRN 条件下遂行基本任务时，单兵能力对军事行动的影响；评估 CBRN 威胁的影响，提供风险水平，估计影响水平（伤亡人数、部队出动能力）。

JOEF 的根本作用是支持作战人员和指挥员评估 CBRN 对军事行动的影响。从短期来看，JOEF 将通过预期的周密计划和分析来支持战时军事行动；从长远来看，则瞄准实时决策功能。远期能力的核心是为作战人员和指挥员提供计算机辅助决策工具，协助他们在实际作战环境中评估 CBRN 对作战的影响（作战能力下降、战损等），减轻 CBRN 产生的危害。图 5-11 所示为 JOEF Block I 在联合作战行动中的作用。

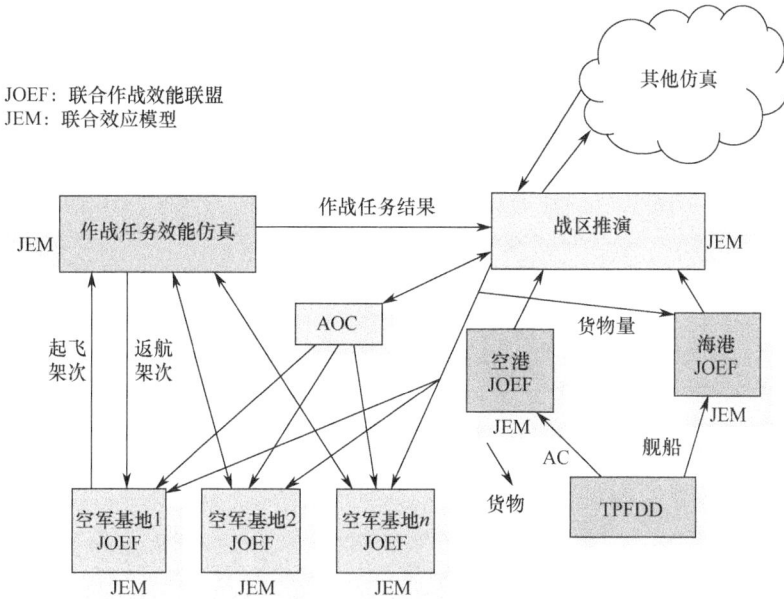

图 5-11　JOEF Block I 在联合作战行动中的作用

JOEF 的另一作用是，作为建模与仿真工具，支持国防部和军种装备采办团队进行备选方案分析或虚拟样机审查，评估 CBRN 防御系统备选方案的优劣。此外，各军种还利用 JOEF 作为现有 CBRN 计划的建模与仿真工具。

JOEF 是一个仿真联盟，为 CBRN 威胁条件下遂行军事行动提供保障。JOEF 与用户的主要接口是 JWARN，为联合军种作战或军种独立作战自动报告 CBRN 事件。JWARN 也能在 CBRN 探测器、传感器和 C4ISR 系统之间自动传送数据，以使敌方 CBRN 袭击或 CBRN 事故、事件所产生的危害效应最小化。

因此，JOEF 的基本作用是为确定与评估 CBRN 效应对军事行动的影响提供建模与仿真能力。特别地，JOEF 支持对战时作战与风险等级的评估，支持对 CBRN 防御资源战时准备的评估，以及以实时方式与 JWARN 相连，进行先期规划与分析，从而保障对 CBRN 备选作战方案的评估。

这里描述了用于作战效应模型结构（输运与扩散模型）的 JOEF 概念的体系构架。此体系构架包括软件模块接口规范，以便软件模块能进行即插即用式作战效应仿真。此体系结构还允许与基于 Web 的应用和用户接口直接连接。此体系结构与国防部 C4ISR 接口标准《国防信息基础设施通用作战环境》兼容。

JOEF 是一套模型与仿真工具和设备接口，在 CBRN 作战管理中，运行决策者和分析者所要求的相关业务。JOEF 被看成作战需求的建模与仿真工具，使作战人员、作战计划制定者和装备采办团队具备以下能力：确定 CBRN 作战效能；支持未来 CBRN 作战需求的发展；支持战术、技术与规程以及作战理论和作战概念的发展；支持技术和概念的评估；支持培训和应急计划；支持非实时的分析和预期的周密计划；支持近实时态势评估和决策。图 5-12 所示为 JOEF 的持续改进。

JOEF 与国防部其他经过认证的军用建模与仿真模型一起，用来预测作战部队在作战空间中的作战行动。JOEF 可访问 CBRN 产品区和国防部经检验合格的数据库，作为分析工具，对关键性能参数和核心采办系统特点进行分析，从而为联合军种 CBRN 计划提供采办决策支持。

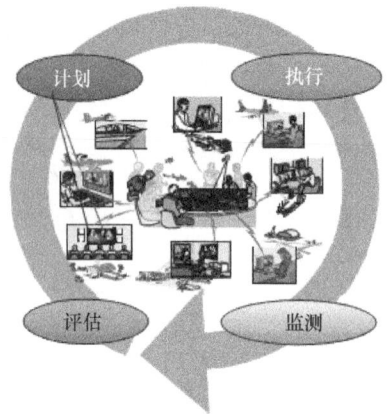

图 5-12　JOEF 的持续改进

5.6.2　能力需求

JOEF 的技术方案应满足以下需求：

（1）根据 CBRN 袭击性质与环境条件，评估 CBRN 浓度三维等值线随时间的变化；

（2）根据传感器、传感器网络和人员提供的威胁报告，建立作战态势模型；

（3）综合计算固定设施、机动作战单元、机动车辆、单兵或作战小组等在所处位置或运动轨迹中所受剂量随时间的变化；

（4）使用衰减因子调整浓度，如由于操作程序、沾染规避、个人防护、集体防护、去污洗消等导致的浓度降低，按照浓度调整计算出剂量；

（5）使用剂量估算值为固定设施、机动作战单元、机动车辆、单兵等提供"影响"等级。"影响"是按照固定设施、机动作战单元、机动车辆、单兵等所处位置的轨迹，使用浓度的线性时间积分来计算的；

（6）为了对每个位置或每一轨迹都进行评估，JOEF 将生成"影响"与风险的时间等值线。根据各种剂量危害等级效应所对应的人员百分比来度量"影响"，剂量危害等级分为：无危害；低级危害，防护眼睛免于产生下列症状：瞳孔缩小、结膜炎、鼻液溢、胸闷；中级危害，佩戴面具防护肺；高级危害，穿戴防护衣具防护皮肤。基于剂量危害等级的"影响"及其发生概率来度量风险。JOEF 使用国防部标准风险评估定义为无、低、中和高四类剂量危害等级分配风险。

（7）通过把"影响"乘以正常作战效能的值标准化，JOEF 使用"影响"的时间等值线来估计下列作战行动的作战效能度量值：存在 CBRN 时，在设施内部的响应行动到维持作战行动，以及防御行动；

（8）JOEF 满足按照用户定义的仿真场景建立作战系统 CBRN 性能特征模型的总体要求。仿真期间生成的数据经处理后，提取出作战性能度量值和当前性能的度量值。

JOEF 还应满足以下需求。

（1）对按照要求存储、修改、检索、显示和传输的数据进行分析与研究。为了完成上述过程，其方法是以用户采用外部文本编辑软件可编辑的形式来获取研究与分析所生成的 JOEF 的输出。

（2）获得和提供风险评估所需的有关 CBRN 系统特征和其他数据等详细的实用信息。为了完成上述过程，其方法是为 JOEF 用户提供接口，使用户能访问标准 CBRN 系统数据库。

（3）从其他系统如 JEM 和联合仿真系统等有关地形、气象与人口数据库中提供关键数据的自动输入。其目的是使 JOEF 与上述仿真系统的模型表达相一致，从而有利于 JOEF 的操作，

（4）在操作期间，不会对主机性能造成任何干扰。满足此要求的方法，一是为 C4ISR 系统接口采用《国防信息基础设施通用作战环境》互操作标准，二是为非《国防信息基础设施通用作战环境》系统接口采用共用标准。

（5）在直接支持级和组织、单元级的升级，通过在线下载系统软件升级包的形式完成。满足此要求的方法是，以适当的安全与保密要求，通过网络支持软件包、完整软件模块、数据库升级包和新数据库的发布。发布的文档包括了用户文件与安装说明。

5.6.3　作战效能

在战役和战略规划分析中，基于威胁分析与作战概念相结合，JOEF 应具有生成基本需求、性能特点、作战效能和基于有效性度量进行标准战损分析的能力。

1.　沾染规避作战效能

JOEF 通过为 CBRN 探测器提供配置方案，使探测器、CBRN 作战单元和有关的报警与报告网络三者之间具有指定的能力，从而提供对沾染规避作战效能的度量。正是这些资源，为避开沾染区提供了手段。探测器参数包括毒剂类别、毒剂品种、最小与最大可探测浓度水平，以及其他可量化的性能参数。为了显示出参数对专门需求的影响，上述参数是可编程的或可选的。JOEF 计算出采用沾染规避资源时对作战的影响、未采用沾染规避资源时对作战的影响，以及经标准化处理后给出沾染规避作战效能的度量。

2.　集体防护作战效能

JOEF 通过为集体防护资源提供配置方案，从而提供对集体防护作战效能的度量。这些资源包括集体防护设施和医院，以及对地面机动车辆、舰船、固定场所建筑物等的超压保护。正是这些资源，为集体防护提供了手段。

JOEF 集体防护作战效能的度量包括对分阶段部队展开数据，包括对人员、现有掩蔽所、核加固设施、非核加固设施等的分析，以及对帐篷、食堂等设施的配置计划。

分阶段部队展开数据必须集成于集体防护系统，以确定作战力量结构与维持作战能力需求。JOEF 计算出采用集体防护资源时对作战的影响、未采用集体防护资源时对作战的影响，以及经标准化处理后给出集体防护作战效能的度量。

3. 个人防护作战效能

在所有战役、战术和非战术作战环境模式下，为作战人员提供 CBRN 呼吸道和颈部以下（含机能下降）的防护基准。为保障每一次军事行动（包括特种作战力量），对机动部队和固定场所面临的威胁及其性能要求都进行分析。为了显示出对战区专门需求的作战影响，防护面具、防护手套（靴套）和防护服的性能参数必须是可选的。

4. 洗消与恢复作战效能

为保障对人员、设备、车辆（包括飞机、地面车辆与舰船）和固定场所的洗消与恢复，提供 CBRN 洗消系统和洗消剂的基本要求。为了显示出对专门材料需求的作战影响，洗消剂特性（包括毒性、处置等）必须是可选的。

5.6.4　体系构架

JOEF 体系构架明确采用了模型视图控制器范例，完全利用了在许多重要产品中，如 Macintosh 图形用户接口或操作系统、JAVA Beans 等，已经过验证的设计模式。其主要特点是模型（如处理算法）、视图（用户或外部系统接口）和控制器（数据与控制的分配与安排）三者之间有明确的区分。这种方案自动生成真正的即插即用范例。例如，图形用户接口绝对不会受到模型切换或加强计算算法的影响。为了进一步提升这一期望的特点，JOEF 对一般的模型视图控制器范例附加了一个约束。在 JOEF 中，视图不能直接与模型通信。在这一模型视图控制器概念构架中，用三种颜色分别标注模型、视图与控制器功能部件。外部数据输入与数据库用浅绿色标注。图 5-13 所示为采用模型视图控制器的 JOEF 概念结构。

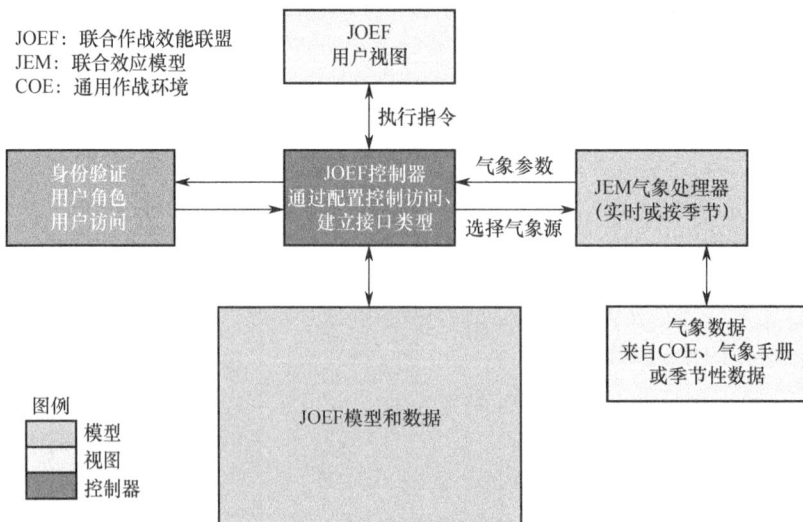

图 5-13　采用模型视图控制器的 JOEF 概念结构

采用模型视图控制器设计模式的递归特性将顶层 JOEF 概念模型进一步细化。也就是说，每一种功能部件都可用其自身的模型视图控制器模式来表示。使用 JOEF 特殊约束，即视图与模型之间不能直接交互，进一步增强了功能部件的即插即用模块性，JOEF 概念模型视图控制器构架已被细化成为概念模型视图控制器构架的具体实例。图 5-14 所示为 JOEF 概念模型视图控制器构架具体实例。

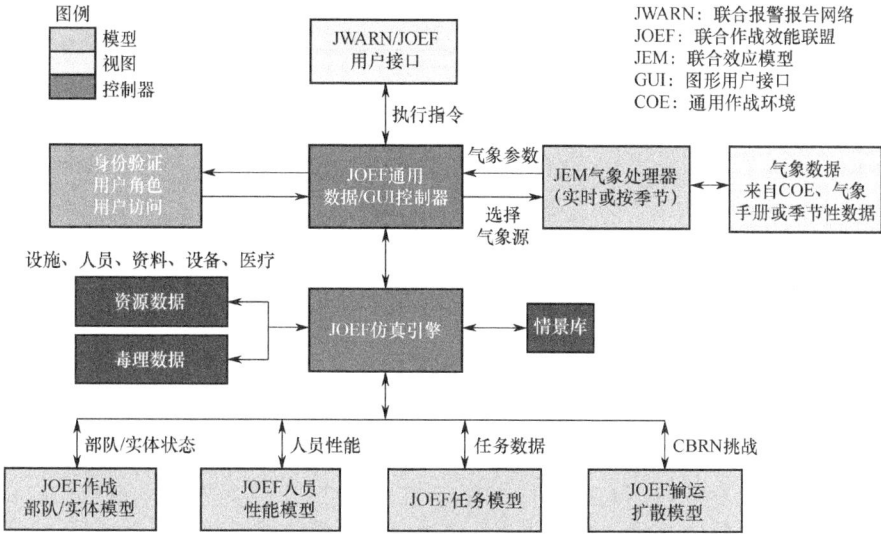

图 5-14　JOEF 概念模型视图控制器构架具体实例

一般多态接口用于区分概念构架与 JOEF 体系构架。根据 JOEF 执行、安排模块，输运与扩散模型、任务模型、人员效应模型成为 JOEF 模型的主要组件。

JOEF 将与其他建模与仿真系统，如 JEM、联合仿真系统和其他可应用的联合模型等，形成联合，使固定场所操作模型用作由用户定义的输入参数的核心，从而满足固定场所与医疗的需求。

这种体系构架将使各军种能使用 JOEF 实现信息的横向利用、访问数据库、交换数据文件，从而对作战需求建模与仿真提供保障，包括分析与鉴别 CBRN 防御需求、执行作战计划分析、进行战争推演与训练活动。

JOEF 有能力与现有 CBRN 领域的数据库连接。当把任务与威胁的初始参数输入 JOEF 时，就能为识别关键性能参数与关键系统特征提供分析基础。

为了使 JOEF 与需求产生关联，体系构架将使 JOEF 能按照需求对存储、修改、检索、显示和传输的数据进行分析与研究。JOEF 最大限度地利用了最新的技术成果，为实现真正的即插即用提供了骨架，并提供了连接外部世界的多态接口。网络与信息技术将深刻影响并用于 JOEF 构架。

5.6.5　接口

《联合技术体系结构》为国防部系统提供了通用软件与数据共享的基础。JOEF 的软件、数据、操作系统、通信、安全与用户接口均与《联合技术体系结构》兼容，从而为把 JOEF 集成于 C4ISR 系统提供了基础。

当 JOEF 要精确描绘包括危害释放与随后的扩散、传感器与传感器系统的配置、CBRN 对人员/装备/作战的影响等 CBRN 环境时，就必须与现有建模与仿真应用系统建立接口。高层体系结构以动态同步执行方式连接仿真的接口，JOEF 是与高层体系结构兼容的。需要时也能支持其他现有的仿真协议。当对同步不做要求时，可利用异步数据文件交换。

因为军种为了支持作战需求建模与仿真，要利用 JOEF 实现横向信息的使用、访问数据库和交换数据文件，所以 JOEF 要具有与现有 CBRN 领域数据库连接的能力。

JOEF 能访问下列系统的信息，包括各军种的 C4ISR 系统、全球指挥控制系统、国防部国防情报信息系统、《国防信息基础设施通用作战环境》、全球广播服务战区接入点、JWARN。信息与数据格式必须与《国防部联合技术体系结构》兼容。

为了利于与这些系统连接，JOEF 将遵循《国防信息基础设施通用作战环境》标准，还将与互联网连接，实现与基于 Web 和信息技术构建的系统互操作。

JOEF 能使用来自诸如 JWARN 等的实际采集得到的和建模仿真预测的 CBRN 传输、扩散与危害信息，为作战决策人员与作战计划人员提供真实的和假设的 CBRN 袭击数据。JOEF 与 JWARN 相连并实现互操作是完成其使命任务的基础。

JOEF 把 JEM 对 CBRN 危害物输运、扩散与危害的建模与仿真信息作为输入，预测当前真实袭击或假设袭击对指定作战任务或未来作战任务所产生的影响，协助完成对脆弱性评估的准备。JOEF 与 JEM 相连并实现互操作是完成其使命任务的基础。

JOEF 具有关键数据自动输入的能力，如地形数据、天气数据、人口数据库等，这些数据来自 C4ISR 数据库或本地用户数据库等其他系统。JOEF 参与训练事件或分析联盟时，还能从仿真联盟的其他成员处得到这些数据。

JOEF 使用 CBRN 防御计划开发的 CBRN 数据标准与准则，满足 CBRN 训练及各军种的需求。数据能够与没有人工干预界面的系统对接并实现互操作。

JOEF 必须适应 C4ISR 系统的发展，提供网络接口。JOEF 的一种专门的网络功能是为系统软件与数据的升级提供在线下载。能够使 JOEF 存取与转换数据的有吸引力的一种技术是可扩张标记语言。在合适的场所，JOEF 使用可扩张标记语言作为数据交换技术。

JOEF 最大限度无干预地直接使用国防部标准地理空间信息产品与服务，还与全球测量系统及随后的标准兼容。需要时，还能输入、使用和输出其他商用与政府的数字化地理空间数据。为了满足这些需求，JOEF 所采用的方法是利用《国防信息基础设施通用作战环境》、全球指挥控制系统图像产品与地理信息数据。

JOEF 是一套模型、仿真工具与设备接口，通过集成于 JWARN，JOEF 执行决策者与分析人员完成 CBRN 作战管理职责所需的业务。JOEF 还支持与 CBRN 探测器、传感器有关的及与 CBRN 有关的 C4ISR 系统的采办决策。JOEF 是通过 Block 概念或功能性能的增长（"增量"）来开发的。计划进行 4 个 Block。JOEF 能近实时地评估 CBRN 环境下的作战行动。

JOEF 的体系构架基于模型视图控制器范例，顶层概念构架通过递归被细化，其中包括通用国防部仿真组件和 JOEF 专用组件。概念构架被转换成具有即插即用骨架的

JOEF 系统构架，在计算机系统中就像硬件总线一样工作。采用多态外部接口，使得外部仿真系统和 C4ISR 系统能容易地接入 JOEF，而不必考虑其接口协议与标准。通过 JOEF 多态外部接口机制，还能为高层体系结构、实时连接、《国防信息基础设施通用作战环境》和网络提供接口。

JOEF 是一种仿真的示范应用，极大地增强了 JWARN 与 C4ISR 系统的能力。如果没有 JOEF，则 JWARN 仅仅是一个简单的报告与警报系统。然而，通过集成 JOEF，JWARN 的能力得到了极大的扩展，能够进行近实时作战行动分析和 CBRN 态势预测评估，而且能够进行实际作战训练与作战任务演练。为了确保任务级别的仿真与预测能力，集成于 JOEF 的模型必须是经过验证与确认的可靠的模型。JEM 就是一个这样的模型，在 JOEF 中利用 JEM 可计算 CBRN 危害物的输运与扩散。

为了使 JOEF 的用途得到最大化，许多行之有效的网络技术与信息技术将集成于 JOEF，JOEF 将与最新的计算机技术最大限度地保持兼容，并使 JOEF 的应用是对用户友好的。

5.6.6 研发

JOEF 通过 Block（"功能模块"）或 Increment（"性能增量"）的概念进行功能性能开发。在计划经费预算受到限制时，可优先开发用户急需的功能性能。

Block 1 是 JOEF Block 研发的第 1 阶段。该阶段将提供经认证的工具，替代各军种使用的手动的或基于计算机的系统和程序，或增加其功能，以评估 CBRN 在高威胁条件下空军基地、空运港口等的作战适用性。

Block 1 将提高需求分析过程的效率，为 CBRN 防御作战需求建模与仿真提供最初的工具和数据分析，包括固定场所需求和医疗需求。

固定场所作战适用性模型将用作由用户定义的输入参数的内核，为评估高威胁条件下空军基地和空运港口的作战适用性提供建模与仿真分析能力，其输出集中于对 CBRN 防御效能、对部队行动的影响和对货物吞吐量的影响等方面；为评估影响和风险提供基本算法；使用高层体系结构或其他类似结构，与国防部作战仿真实现初步综合集成；与《国防信息基础设施通用作战环境》初步兼容；为培训材料的开发提供工具；为现有需求和新的需求提供评估工具。

Block 2 扩大 JOEF 范围，包括海运港口和其他陆基固定场所（如补给站），包括货物吞吐量、人力资源和硬件设施等因素，其输出将连接至战区和战役模型。

Block 3 进一步扩大 JOEF 的范围，包括陆上机动部队和海岸机动部队，其输出将连接至人力资源、后勤保障和培训计划模型。

Block 4 的研发瞄准作战中 JOEF 用户有关对近实时决策支持的需求。JOEF 将对基本算法进行精炼，以便能近实时地协助作战人员和指挥员对 CBRN 任务进行分析，使他们能对实际作战环境中 CBRN 可能造成的作战能力下降和作战损失做出评估，从而减轻 CBRN 造成的危害。在 Block 4 中，将为用户提供快速检验多种备选方案的能力，近实时对各种备选方案完成作战任务的效能做出比较（包括影响程度、风险估计等）。Block 4 将实现与 C4ISR 系统的综合集成。

第6章 固定设施和部队防卫装备

6.1 研发采办进展

设施防卫联合项目部为美军国内外军事设施和从事后果管理的部队提供了全面、综合和分级的 CBRN 保护和响应能力。其重点是 CBRN 探测和响应能力的军民互操作性，为军事设施提供分层级 CBRN 保护和响应能力，为后果管理部队提供定制、模块化和综合的商用现货解决方案。

1. 2008 财年

（1）计划与生物监视项目合作，在国防部固定设施配置由国防部和国土安全部开发的生物探测技术，加强疾病控制与预防中心和国防部实验室之间正在进行的分析工作。在生物监视项目和国防部固定设施集中的司法管辖区，固定设施防护计划项目通过协议备忘录、资产可见性和联合演习，促进了当地应急管理部门和军事基地之间的合作。

（2）计划从整个 CBRN 团队遴选建立编制为 80 人的有害工业化学品。有害工业物质任务部队，开发可供行业界发展路线图使用的可重复的优先级流程。

（3）固定设施防护计划项目拟与美国陆军坦克与机动车辆司令部全寿命管理司令部合作，在陆军固定设施中，实施对 CBRN 固定设施防护计划项目设备的综合维护。

（4）计划建立全寿命管理流程，支持整个生化防御计划商用产品现代化和技术更新。

（5）拟建立 CBRN 固定设施防护计划项目门户网站，针对美军全球固定设施，向军人及其家属提供 CBRN 知识信息，向应急管理人员提供国家倡议信息。

（6）一体化指挥系统完成了通信包的一项重大升级，并把其部署至 55 支大规模杀伤性武器民事救援队。

（7）分析实验室系统增强了 CBRN 探测和识别能力，并把其部署至 10 支大规模杀伤性武器民事救援队。

（8）通过固定设施防护计划项目把分级 CBRN 防护与响应能力部署至 27 个本土和 6 个海外美军军事固定设施。

（9）联合计划执行办公室批准分析实验室系统进入全速生产阶段。

（10）本财年美军编配的设施防卫装备为固定设施防护计划陆军编 13 套、空军编 7 套、海军编 10 套、海军陆战队编 3 套，一体化指挥系统（增量 I）陆军编 38 辆，分析实验室系统（增量 I）陆军编 10 套。

2. 2009 财年

（1）设施防卫联合项目部与信息系统联合项目部合作开发下一代决策支持系统，重点是应急指挥中心到事件现场指挥所的接口，以及集成国防部与国土安全部的政策、指导和指令。通过把 CBRN 能力、实物安保能力和部队保护能力都融入决策支持系统，使联合计划执行办公室具有针对全谱危害的解决方案，从而使国家事件管理系统能应用于国防部固定设施。

（2）设施防卫联合项目部是针对有害工业化学品、有害工业物质的任务部队的领导者。任务部队的使命是确定商用产品和政府现货是否可用于有害工业化学品并确定存在的差距。2009 年 7 月，任务部队的基本信息已递交给北约评价小组。

（3）设施防卫联合项目部设计实现了商用产品联合采办 CBRN 知识系统信息工具，提供了对国防部内外多个数据库的综合查询能力。通过人员公共访问卡，联合采办 CBRN 知识系统提供化学、生物、放射性、核与爆炸（Chemical，Biological，Radiological，Nuclear，and（High Yield）Explosives，CBRNE）商用设备独立融合信息源。联合采办 CBRN 知识系统通过网络无缝连接，可查看不同数据库和系统给出的产品试验、理论、供应保障和培训等信息。

（4）2009 年 2 月 27 日，设施防卫联合项目部成立了新的联合产品经理部——CBRNE 联合作战保障，为陆军第 20 CBRNE 支援司令部提供快速采购、集成和维持所有 CBRNE 能力，保障其作战人员安全和国土防御任务完成。

（5）设施防卫联合项目部完成了对国民警卫队每支大规模杀伤性武器民事救援队部署分析实验室系统（增量 I，升级版），为民事救援队提供了检测化学生物大规模杀伤性武器和有害工业化学品的能力。把可运输通信工具包、高级梯次车部署于第 29 步兵师。把分析实验室系统（轻型）部署于第 20 支援司令部，并开始设计分析实验室系统（重型）和用于监测的厢式货车，使第 20 支援司令部具备现场快速取样鉴别的能力，以及在战术环境中正确探测和识别大规模杀伤性武器的能力。

（6）设施防卫联合项目部把分层式 CBRN 防护和响应能力部署于 12 个美国本土军事设施，完成了美国本土以外的军事设施 CBRN 防护和响应能力的第二层设计活动。

（7）为做好军用设施与当地民事辖区的应急准备与响应，促进相互交流、分享经验教训、发展最佳实践，与国防威胁降低局合作，资助召开了军民协调咨询小组会议。设施防卫联合项目部参加了 2 次成功的会议：第 1 次在华盛顿州西雅图举行，第 2 次在得克萨斯州圣安东尼奥举行。

（8）商用产品技术全寿命管理计划是由美国陆军坦克与机动车辆司令部全寿命管理司令部设立的，是首个关于用于军事用途的大规模杀伤性武器商用产品技术的计划，为 CBRN 商用产品的全寿命管理提供了生化防御计划和与其他联邦机构之间的点对点管理。该计划致力于商用产品的标准化、现代化和制度化，使国防部能获得最佳的效费比，促进长期商用产品现代化的规划、预算和安排。

（9）设施防卫联合项目部正在与国防威胁降低局、联合科学技术办公室和沾染规避联合项目部合作进行快速区域敏感场所侦察先进技术演示，将演示非传统毒剂、化学毒剂、有害工业化学品和爆炸物的探测感知能力；传感器可安装在遥控移动平台上，能够向操作员发送实时彩色视频。设施防卫联合项目部还计划将传感器-机器人系统用于 CBRNE 和部队防护的隧道应用和网络化机器人。

（10）设施防卫联合项目部的固定设施防护计划项目管理部和军用固定设施响应人

员与地方应急响应人员、公共卫生官员、生物监视项目官员一起进行演练。在美国首都华盛顿地区，试验了联合通报作战概念，并就生物事件进行了桌面推演。在加利福尼亚州圣地亚哥，演练团队召开了联合信息会议。所有这些工作都加强了本地应急响应合作，树立了联合响应生物威胁的信心。这些演练有助于建立国家生物监测构架基础。2009 财年固定设施防护计划陆军编 3 套、空军编 3 套、海军编 5 套、海军陆战队编 1 套，分析实验室系统（增量 I）陆军编 48 套。

3. 2010 财年

与国土安全部生物监视项目、国家标准与技术研究所、美国海关与边防保护局等签署了谅解备忘录，共享资源和各自的学科知识专长。2010 财年固定设施防护计划陆军编 3 套、空军编 2 套、海军编 7 套、海军陆战队编 4 套。

4. 2011 财年

为支持国防部 CBRN 响应部队提供了应急响应装备和培训。此外，大规模杀伤性武器民事救援队分析实验室项目保持了美国实验室认证协会的认证。与国土安全部生物监视项目合作，支持未来生物监视第三代自主分析仪，该分析仪可集成于目前部署在国防部的固定设施决策支持系统中。危害减少、器材与装备修复项目先进技术演示为管理室内生物监视探测作战概念提供了依据。2011 财年固定设施防护计划陆军编 5 套、空军编 5 套、海军编 2 套。

5. 2012 财年

（1）联合计划执行办公室为国防部 CBRN 响应部队和 CBRN 指挥控制响应要素部署了 CBRN 防护、搜索和救援装备及大规模洗消装备，使国防部 CBRN 响应部队能支持地方当局遂行人员的搜救和其他任务。

（2）联合计划执行办公室和国防部国土防御与美洲安全事务部长助理办公室及美国海关与边境保护局合作，把国防部的剩余装备转让给美国海关与边境保护局，用于改进国土安全能力。通过合作，降低了政府装备采购成本。2012 财年固定设施防护计划陆军编 3 套、空军编 5 套、海军编 4 套。

6. 2013 财年

（1）联合计划执行办公室继续向国民警卫队大规模杀伤性武器民事救援队部署国内响应能力工具箱。当 2013 财年结束时，57 支大规模杀伤性武器民事救援队中的 42 支部署了国内响应能力工具箱。

（2）联合计划执行办公室与参与 CBRN 防御的相关单位与部门继续开展应对非传统毒剂威胁的合作，改进了针对非传统毒剂的能力开发路线图。

（3）为北方司令部 CBRNE 防御响应部队提供了快速采办、列装、训练和部署。联合计划执行办公室开发了一种独特的快速采办方法，以列装和训练拥有独特国防部资源的 CBRNE 防御响应部队和 CBRN 指挥控制响应要素，为民事当局 CBRN 响应救生能力提供支持。

（4）按照商用产品现代化计划，联合计划执行办公室为国民警卫队大规模杀伤性武器民事救援队、海军陆战队化学生物事件响应部队和第 20 支援司令部 CBRNE 小组提供快速采办、列装、训练和部署能力，在化学就地探测、呼吸道与眼部防护、皮肤防护方面填补能力差距。

7. 2014 财年

生化防御计划为所有 57 支国民警卫局大规模杀伤性武器民事救援队部署完成了国内响应能力工具箱。联合计划执行办公室是为响应 2011 年关于大规模杀伤性武器民事救援队对非传统毒剂探测、防护和洗消的《作战需求文件》而开发的国内响应能力工具箱，2012 年 7 月开始部署，2014 年 3 月完成部署。

8. 2015 财年

签署了通用分析实验室系统项目部件工程与制造开发合同，完成了该项目分析能力的关键设计评审。关键设计评审的完成意味着分析能力可用于制造、演示和试验。通用分析实验室系统是一套可展开的实验室设备，提供了野战验证分析，支持多用户和多任务。

6.2 无损检查系统

无损检查系统采用商用现货产品，利用加速器、同位素等辐射源和 X 射线，对车辆、货物和人员进行扫描，探测爆炸物和其他违禁品。无损检查系统项目所属各分系统用于不同层级的部队防护，包括经过培训的安全检查人员，以提高其态势感知能力，并辅以一系列其他检查仪器，包括军犬、车底扫描镜、手持式或台式痕量爆炸物检测器。图 6-1 所示为无损检查系统。

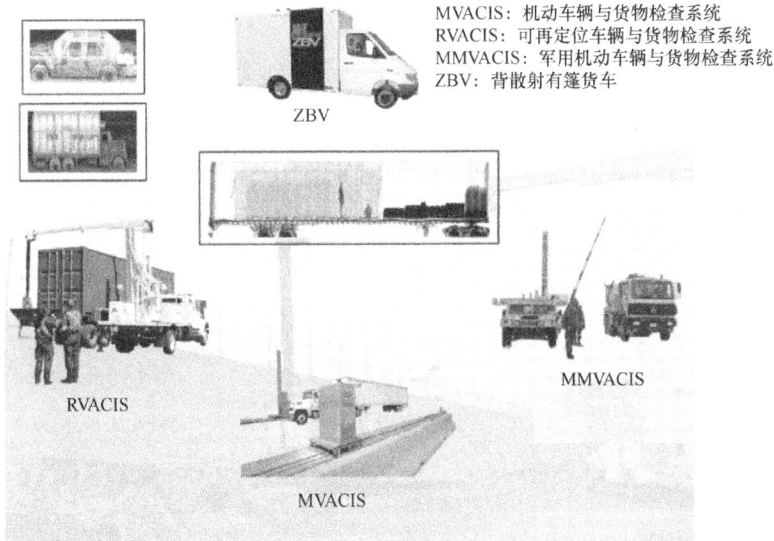

MVACIS：机动车辆与货物检查系统
RVACIS：可再定位车辆与货物检查系统
MMVACIS：军用机动车辆与货物检查系统
ZBV：背散射有篷货车

图 6-1 无损检查系统

无损检查系统包括机动型、轨道型（可再定位）和固定型，为指挥员提供各种选择。

（1）机动车辆与货物检查系统。该系统安装在卡车上，带有放射源，可穿透 6.5 ″（约 16.5 cm）的钢板。

（2）可再定位车辆与货物检查系统。该系统安装在轨道上，带有与机动车辆与货物检查系统相同的放射源，既可用于固定位置，也可用于铁路系统进行 24 h 不间断检查。

（3）军用机动车辆与货物检查系统。采用与其他机动车辆和货物检查系统相同的放射源，但安装在高机动多用途轮式车上。

（4）背散射有篷货车。安装在有篷货车上，采用 X 射线背散射技术。能穿透约 0.25 ″（约 1.27 cm）的钢板，用于有限房屋中的固定位置。

（5）拖车型背散射车。采用与背散射有篷货车相同的 X 射线背散射技术。拖车型背散射车装有 X 射线源、背散射探测器，前方散射拖车上装有前方散射探测器。

（6）人员扫描。采用 X 射线背散射技术，对人员进行无损扫描，检查其是否携带爆炸物、武器和其他违禁物。根据不同的模式，该系统每小时可检查 140~240 人。

（7）T-10 拖车。这是一种高能起重机式车辆与货物扫描系统，采用 1 MV 直线加速器，能穿透 4 ″（约 10.16 cm）的钢板。

无损检查系统属于Ⅲ类采办项目，遂行机动支援与防护作战功能，2016 财年处于生产部署和作战保障采办阶段，里程碑决策者是项目主管官员，编配于美国陆军。

6.3　一体化指挥系统

一体化指挥系统属于Ⅲ类采办项目，遂行情报和机动支援与防护作战功能，里程碑决策者是项目主管官员。

一体化指挥系统是车载式装备，是一款可独立运行、自持式的指挥控制装备，可搭载于 C-130 平台，实现空中通信，能为大规模杀伤性武器民事救援队指挥员提供语音和数据通信能力。

一体化指挥系统选用商用货架产品和现有政府通信设备研制，为民事救援队作战任务提供全方位的通信保障。一体化指挥系统是实验室分析系统获取数据的主要通信手段，并作为指挥控制中心，为作战计划提供通用作战态势图，从而完成事故响应任务。图 6-2 所示为一体化指挥系统野外作业情形。

一体化指挥系统为事故现场作战人员提供了与联邦政府、州政府、地方

图 6-2　一体化指挥系统野外作业情形

政府和应急响应军事部队之间实现互操作的通信能力。该系统还具有信息反馈能力，从而使应急指挥员能够对事故场景进行评估，为应急响应人员提出作战建议，且有利于获取国防部的信息支持。

一体化指挥系统具有以下四项主要能力：

（1）经卫星传送数字语音与数据；

（2）加密的互联网协议路由器网络和非加密的互联网协议路由器网络；

（3）在交叉频段可用无线通信和对讲机；

（4）能与州应急管理部门和其他军事部门进行超视距互操作通信。

图 6-3 所示为一体化指挥系统现场测试情形。

一体化指挥系统主要编配于美国陆军、空军和国民警卫队，不向外军出售。图 6-4 所示为一体化指挥系统车内结构布局。

图 6-3　一体化指挥系统现场测试情形

图 6-4　一体化指挥系统车内结构布局

6.4　分析实验室系统

分析实验室系统在事件现场为大规模杀伤性武器民事救援队提供对未知毒剂或潜在毒剂的推断性分析能力，并通过一体化指挥系统把信息发送给事件现场的应急响应指挥员。图 6-5 所示为分析实验室系统。

分析实验室系统由商用现货设备构建，能对化学毒剂、有害工业物质、有害工业化学品和生物战剂进行分析。通过一体化指挥系统，分析实验室系统能与地方当局实验室、州实验室、联邦实验室和其他机构建立通信，从而对疑似毒剂进行进一步的分析与推断性识别。分析实验室系统可由 C-130 "大力神"运输机空运。图 6-6 所示为分析实验室系统内部结构布局。

图 6-5　分析实验室系统

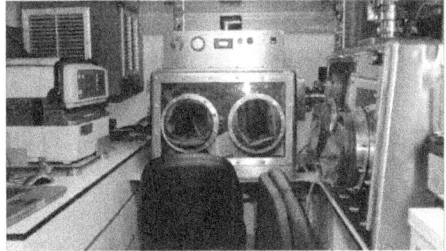

图 6-6　分析实验室系统内部结构布局

分析实验室系统具有以下四项主要性能：

（1）能探测与识别沙林、索曼和硫芥子气；

（2）是自持式系统，功能完备，能满足美国各种天气条件；

（3）对有害工业物质、有害工业化学品、化学毒剂样品在 30 min 内给出分析结果；

（4）对生物战剂样品在 45 min 内给出分析结果。

分析实验室系统主要编配于国民警卫队、大规模杀伤性武器民事救援队。图 6-7 所示为编配于第 20 支援司令部的分析实验室系统。

（a）　　　　　　　　　　　　　　　　　　（b）

图 6-7　编配于第 20 支援司令部的分析实验室系统

（a）编配于第 20 支援司令部的重型"分析实验室系统"；（b）编配于第 20 支援司令部的轻型"分析实验室系统"。

6.5　部队实物保护系列

部队实物保护系列对战术环境实施探测、评估与响应，或者对非授权进入或企图侵入固定场所与设施的行为进行探测、评估与响应。

部队实物保护系列装备包括固定设施进入自动管理系统、战场反侵入系统、光学工具箱、移动探测仪、侵入综合探测系统、机动探测评估响应系统。

6.5.1　固定设施进入自动管理系统

固定设施进入自动管理系统为固定设施进入控制提供改善安保、增加流量、减少警卫、降低经费支出的功能。

固定设施进入自动管理系统是软件与硬件相结合的系统，旨在对进入设施的车辆与人员的识别证件进行判读与比较。判读与比较的结果用于确定车辆与人员能否进入设施。固定设施进入自动管理系统包括已被授权可进入设施的车辆与人员数据库，以及合适的进出通道硬件设施，用于允许或拒绝车辆与人员进入设施。

固定设施进入自动管理系统具有处理临时来访人员与长期工作人员的能力，对于非授权人员采用闸门进行阻止。固定设施进入自动管理系统能适应威胁条件的变化，采用与部队防护条件相当的进入控制判据。图 6-8 所示为固定设施进入自动管理系统现场配置状态示意图。

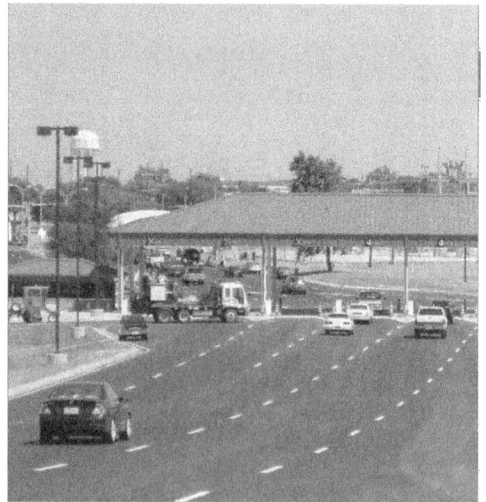

图 6-8　固定设施进入自动管理系统现场配置状态示意图

6.5.2　战场反侵入系统

AN/PRS-9 型战场反侵入系统通过早期探测与报警，提高部队态势感知能力，从而增强部队作战效能。

战场反侵入系统替代战术传感器系统——排级早期报警系统，在防御作战和狙击作战期间，通过对敌方车辆与人员的早期探测，有效提高己方士兵的战场生存能力。战场反侵入系统由 1 台手持式监测仪、3 台震动/声波传感器和配件组成。图 6-9 所示为 AN/PRS-9 型战场反侵入系统的组成。

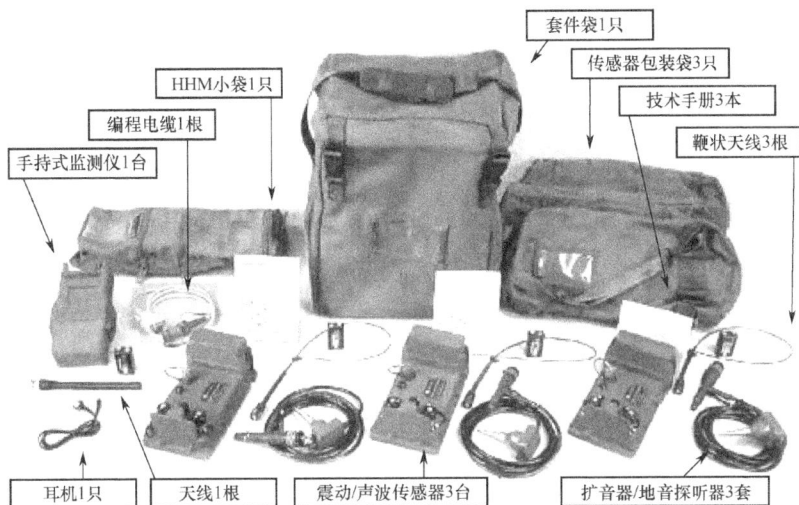

图 6-9　AN/PRS-9 型战场反侵入系统的组成

战场反侵入系统具有以下四项主要性能：

（1）对敌方威胁实施早期探测，提高了采取合适战术行动的时效性；

（2）模块化组件，提供震动、声响、红外和电磁探测；

（3）系统易于布设、操作和恢复；

（4）报警距离最远达 2 km，能区分轮式车辆、履带式车辆和徒步人员。

图 6-10 所示为战场反侵入系统野外布设情形。

战场反侵入系统由排（含）以下士兵携带与布设。步兵排、侦察排和工程排编配 1 套战场反侵入系统，军事警察排编配 2 套战场反侵入系统。

图 6-10　战场反侵入系统野外布设情形

6.5.3　光学工具箱移动探测仪

光学工具箱移动探测仪为确定合适的战术响应增加判断时间，既可作为独立设备使用，也可作为安全网络的节点使用。

光学工具箱移动探测仪是手持式设备，易于布设与回收，且可在运动中激活，为单兵与小分队提供早期报警与照明。该设备由远程控制监测、运动物传感器模块和两个光学模块组成。图 6-11 所示为光学工具箱移动探测仪。

光学工具箱移动探测仪具有以下四项主要性能：

（1）既可用作独立的战术设备，也可用作其他安保系统的补充设备；

（2）使个人、分队、部队具有长时间监视更大地面范围的能力，节省了人力资源；

（3）有利于行进路线的机动探测，规避威胁；

（4）对报警信号、声响报警、信息通信、可见光、红外等提供预先编程的指挥控制响应。

每个步兵排、侦察排、军事警察排和工程排都编配 1 台光学工具箱移动探测仪。

图 6-11　光学工具箱移动探测仪

6.5.4　侵入综合探测系统

侵入综合探测系统对防护区域的非授权侵入或者侵入企图提供探测手段，必要时能进行评估。

侵入综合探测系统是标准化、高安全性、技术先进的侵入探测系统。采用商用现货，由外部传感器、内部传感器、主控台、远程状态监控、远程区域数据采集、闭路电视和入口控制设备组成。图 6-12 所示为侵入综合探测系统。

（a）　　　　　　　　　　　　　　　（b）

图 6-12　侵入综合探测系统

（a）日常监控；（b）系统配置。

侵入综合探测系统的主要性能包括：

（1）在不增加人力的条件下，替代老旧设备，升级设施安全性能；

（2）依据需要的安保等级或防护等级，以及防护区域的物理分布，系统采用不同的组件（包括数量与类型）；

（3）利用多任务、多用户的开放式体系结构等先进技术实现系统的高可靠性；

（4）24 h 不间断安全防护；

（5）在入口控制设备中，加入生物计量设备；

（6）可与现有安全系统接口。

侵入综合探测系统主要编配于美国政府机构与设施、军用设施和其他由联邦政府控制的资产。

6.5.5　机动探测评估响应系统

机动探测评估响应系统遂行半自主式随机巡查和监视活动，包括对围栏的评价和偷盗行为的探测。机动探测评估响应系统旨在解放人力资源的重复性工作，承担设施外围区域的巡查任务，以保持必要的安保水平。图 6-13 所示为机动探测评估响应系统遂行巡查作业。

机动探测评估响应系统包括远程指挥控制站和机动式机器人安保车（巡查单元，上装各种监测设备），能对储存仓库、储藏所、武器弹药与爆炸物储存区等进行巡查。自主活动包括对侵入者的监视与检查、报警源远程控制、锁定询问、设施围栏评价（如储存仓库大门）。

图 6-13　机动探测评估响应系统遂行巡查作业

机动探测评估响应系统的主要性能包括：

（1）可对运动中的 4 个巡查单元进行指挥控制；

（2）可系统生成预先编程的巡查路线或指定区域的监视；

（3）最小响应速度 15 km/h；

（4）能实施 360°侵入探测，最大评估范围 100 m；

（5）在星光条件下可实施视频监视与评估；

（6）围栏评估范围视距 20 m；

（7）连续作业时间 14 h；

（8）采用扫描雷达与前向红外探测入侵者；

（9）采用立体观察与激光扫描规避障碍物。

机动探测评估响应系统编配于美国国防部所属设施。

6.6　便携式区域报警监视系统

便携式区域报警监视系统集成于监视平台，为联合作战部队和应急管理人员提供全谱化学生物防御与侵入探测。

便携式区域报警监视系统为国土防御和战场作战提供化学生物事件的早期报警。图 6-14 所示为便携式区域报警监视系统的工作流程。

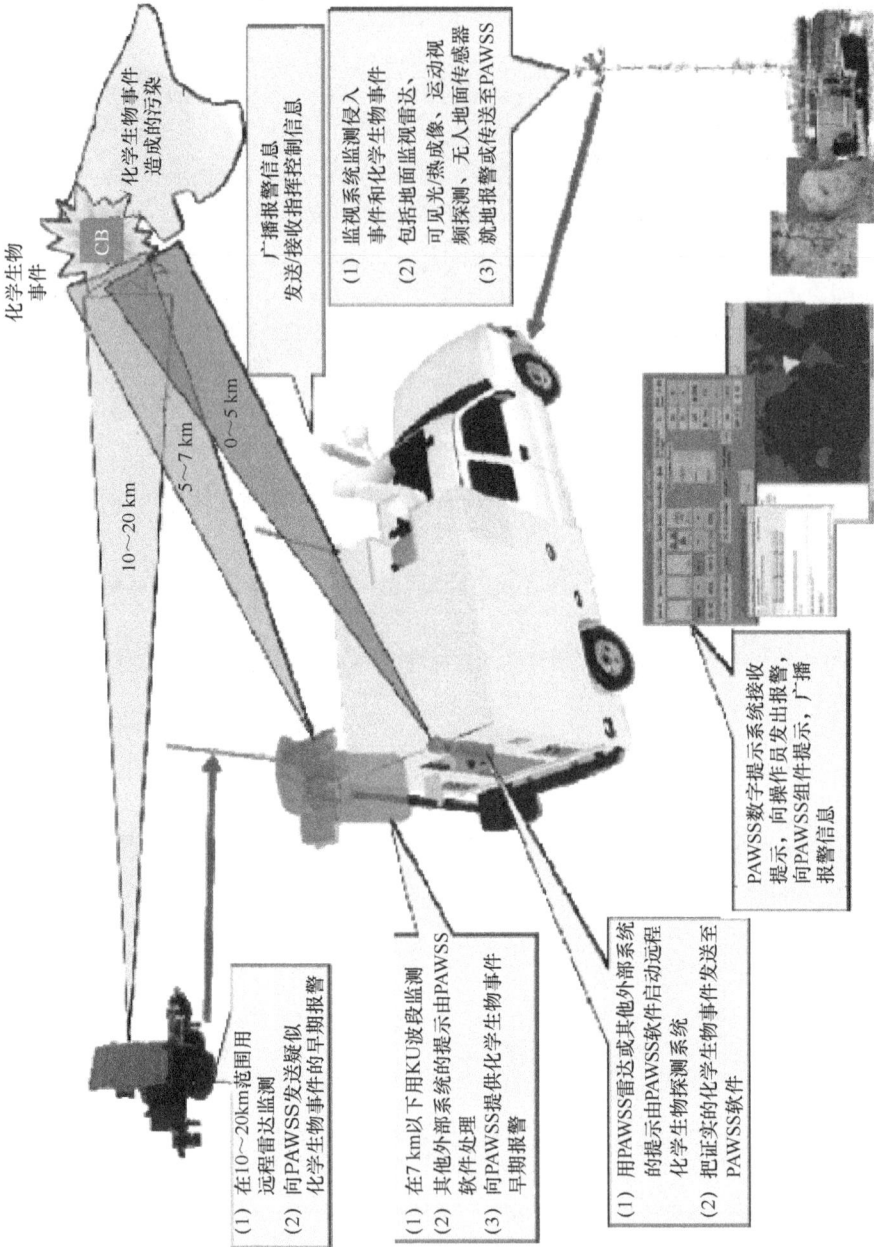

化学生物
事件

化学生物事件
造成的污染

CB

10～20 km

5～7 km

0～5 km

广播报警信息
发送接收指挥控制信息。

(1) 监视系统监测侵入
事件和化学生物事件
(2) 包括地面监视雷达、运动视
可见光成像、热成像、运动视
频探测、无人地面传感器
(3) 激地报警或传送至PAWSS

(1) 在10～20km范围用
远程雷达监测
(2) 向PAWSS发送疑似
化学生物事件的早期报警

(1) 在7 km以下用KU波段监测
(2) 其他外部系统的提示由PAWSS
软件处理
(3) 向PAWSS提供化学生物事件
早期报警

(1) 用PAWSS雷达或其他外部系统
的提示由PAWSS软件启动远程
化学生物探测系统
(2) 把证实的化学生物事件发送至
PAWSS软件

PAWSS数字显示系统接收
提示，向操作员发出报警，
向PAWSS组件提示，广播
报警信息。

图 6-14　便携式区域报警监视系统的工作流程

220

便携式区域报警监视系统集成了 CBR 探测系统、雷达系统、监视系统，为作战部队提供全谱防护；采用串接探测方法，根据来自外部系统（如雷达系统和部队防护监视系统）的数据对 CBRN 事件实施早期报警。通过车载雷达与远程化学传感器来监视事件，并把信息提供给决策者。便携式区域报警监视系统还装有车载计算机与通信系统，以此建立中央信息处理站。

便携式区域报警监视系统的主要性能包括：

（1）集成了早期报警雷达系统和化学生物探测算法；
（2）集成了远程化学毒剂探测；
（3）集成了现场化学、生物和放射性探测；
（4）集成了传感器接口与控制；
（5）集成了多种无线与移动电话通信；
（6）与全球网络实现了卫星通信；
（7）车载有线与无线网络；
（8）集成了无衰减地面传感器、昼夜成像与地面监视雷达。

便携式区域报警监视系统的编配对象为联合作战人员、安保人员和应急响应人员。

6.7 固定设施防护计划

固定设施防护计划的作战使命是为军用设施提供有效的 CBRN 防护、探测、识别与报警能力。

固定设施防护计划使国防部固定设施在应对 CBRN 事件时能有效保护人员、遂行关键作战任务，训练有素、装备精良的应急响应人员能对 CBRN 事件实施有效响应，确保固定设施在 CBRN 袭击中和袭击后能继续遂行关键作战任务。

固定设施防护计划采用层级方案来实现，选用政府提供的现成品和商用现货，使固定设施防护能力达到最佳。针对 CBRN 事件，层级 0（也称基层）为固定设施提供防护基础，满足标准化的应急准备等级。该层不采用硬件，主要满足军民互操作性、体系结构、政策、规程、训练和管理等要求，包括联合训练、计划模板、相互支援协议模板、练习模板和练习场景等。通过联合知识在线、陆军知识在线或联合采办 CBRN 知识系统等网站的固定设施防护计划入口可以获得上述方案。图 6-15 所示为固定设施防护计划。

层级 1 瞄准增强固定设施现有应急响应能力，使固定设施针对 CBRN 袭击的应急准备、应急响应和维持作战任务的能力更完善。对于完成国家军事战略或提供作战勤务保障，固定设施的层级 1 是至关重要的。除了包括基层的所有能力，层级 1 还为应急响应人员提供个人防护设备、便携式核辐射探测设备、便携式化学探测设备、便携式生物采样器（样品供实验室分析与识别）、个人剂量计、危害标识与控制设备、应急响应人员与受害者医学处理设备、大规模伤员去污淋浴设备与帐篷、大规模废物处理与保障设备、大型广播通知系统、CBRN 事件管理系统、新装备训练保障设备等。

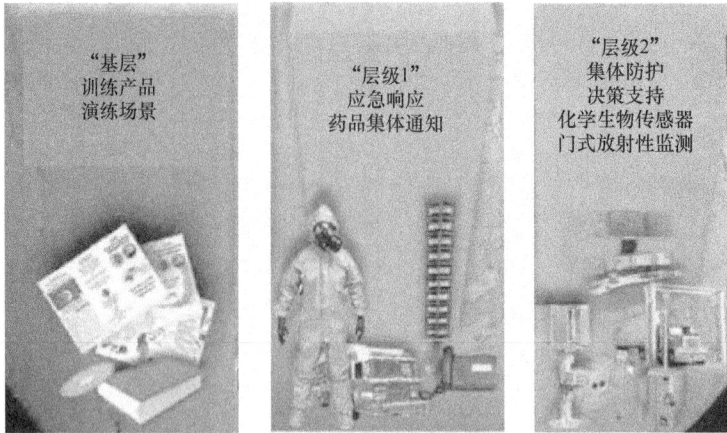

图 6-15 固定设施防护计划

层级 2 的目标是为固定设施提供遂行关键作战任务所需的准备、重启与继续能力，不会由于 CBRN 事件而导致关键作战任务的中断。层级 2 除了包括基层和层级 1 的能力，还增加了固定式化学探测仪（用于探测化学毒剂、有毒工业物质和有毒工业化学品）、固定式生物采样器（用于实验室分析与识别）、出入口放射性监测设备、战略物资集体防护设备（最大达 278.7 m^2）、决策支持系统（软件工具集）与网络传感器。

固定设施防护计划为分布在全球的隶属于国防部的固定设施提供综合的、定制的防护与响应能力。为了满足专门的需求和相关标准，该项目选用成熟产品，包括政府提供的现成品和商用现货。固定设施防护计划的作战需求由联合需求办公室的备忘录（《固定设施 CBRN 防护紧急需求能力》，2003 年 10 月 14 日）限定。《固定设施 CBRN 防护紧急需求能力》的作战概念要求固定设施司令官必须具备以下能力：人员保护、维持关键作战任务、尽快恢复基本作战能力。2007 年 5 月，国防部发布了实施固定设施 CBRN 防护项目的方案，即采取三个层级的方案来实现固定设施的 CBRN 防护能力，能应对所有的危害，改善军民互操作性。

固定设施防护计划编配于美国陆军、海军、空军和海军陆战队。

6.8 CBRNE 联合作战保障

CBRNE 联合作战保障项目为第 20 支援司令部和国防部其他快速响应部队执行装备的快速采办、集成与维护，确保这些部队具有独一无二的 CBRNE 支援保障能力，能在作战与国土防御中遂行相关任务，是专门针对第 20 支援司令部 CBRNE 能力的单独采办集成项目。图 6-16 所示为 CBRNE 联合作战保障项目的工作流程。

2009 年 2 月 27 日，联合计划执行办公室和固定设施部队防护联合项目部设立了 CBRNE 联合作战保障项目管理部门，位于阿伯丁试验场。

2010 财年，CBRNE 联合作战保障项目继续与第 20 支援司令部、固定设施部队防护联合项目部、联合计划执行办公室、联合需求办公室和国防威胁降低局合作，完成了需求报告、技术开发与转化、设备研发与列装。CBRNE 联合作战保障项目满足应急任务需求，提供了优化的信息管理和决策支持。

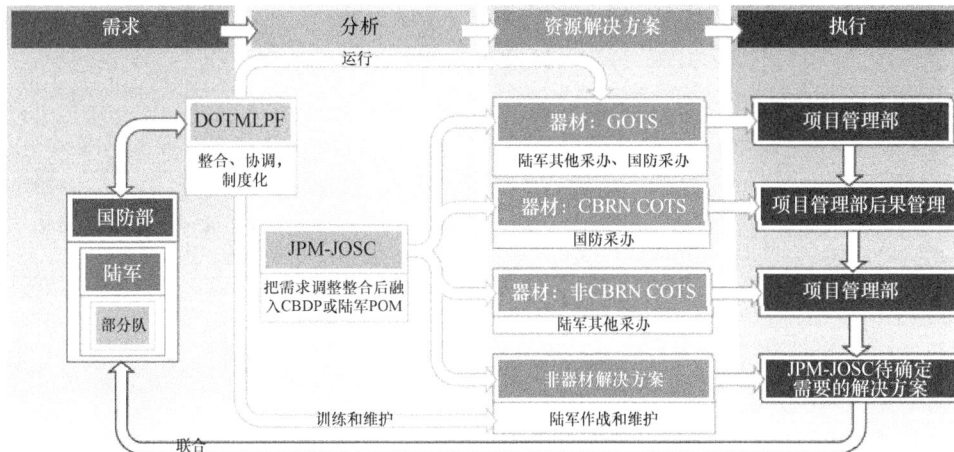

图 6-16　CBRNE 联合作战保障项目的工作流程

结束语

美国十分重视 CBRN 防御，把 CBRN 防御纳入国家安全战略。"9·11"事件之后，美国 CBRN 防御策略进行了一次较大的调整，把反 CBRN 恐怖置于优先地位。特朗普总统上台后，回归大国竞争，美国 CBRN 防御策略又进行了一次重大调整，把大国之间大规模杀伤性武器的发展、对抗和防御置于优先地位。总体上来说，美国 CBRN 防御具有以下特点。

一是**顺应形势变化，转变防御策略**。美国 CBRN 防御策略的发展注重国际安全形势的变化。"9·11"事件发生后，为了应对国际恐怖组织对美国本土及海外利益造成的现实威胁，美国出台了一系列战略报告，如《美国国家安全战略》《反恐怖主义策略》《反大规模杀伤性武器国家战略》《国土防御国家战略》等，这些报告从不同的角度强调了美国面临的 CBRN 威胁及其"不确定性"和"非对称性"。美国从维护自身安全利益出发，将反恐怖主义和反大规模杀伤性武器视为国家安全的首要任务，适时调整国家安全战略、国家军事战略乃至 CBRN 防御战略，从而加强维护国家安全的手段。特朗普上台后，冷战思维重现，回归大国竞争。2018 年发布的《核态势评估》报告完全抛弃了 2010 年发布的《核态势评估》报告提出的美国国家核战略，把中国、俄罗斯、朝鲜和伊朗列为重点战略对手，CBRN 防御策略也适时进行了调整。

二是**注重需求牵引，强调技术推动**。美军 CBRN 防御能力发展注重满足作战需求的变化。美军认为，CBRN 防御能力应适应作战对象、作战环境、作战样式的变化，防御能力的发展应以作战需求为牵引，做到有的放矢，确保美军在任何时候、任何地点都拥有全球领先的 CBRN 防御能力。美军 CBRN 防御能力发展注重强调技术推动和技术进步。美军认为，CBRN 防御涉及 6 大类科学技术，包括 CBRN 情报、监视和侦察赋能，化学毒剂和生物战剂检测，个人防护和集体防护，医学对策，危害评估、管理和清除，交叉科学技术。概括起来，美军 CBRN 防御有 29 项核心能力，围绕这 29 项核心能力进行技术攻关，着力解决需优先发展的技术，从而推动 CBRN 防御装备发展。

三是**重视体系构建，强调综合发展**。美军 CBRN 防御技术发展与装备建设注重成体系综合发展。美军认为，CBRN 防御装备技术体系包括 CBRN 侦察、防护、洗消、医疗救治、信息系统和设施防卫 6 大类装备和技术，任何一类技术发展与装备建设的迟缓和缺失，都将导致整个 CBRN 防御装备技术体系建设的失败，从而导致美军 CBRN 防御能力的下降。因此，美国国防部在向国会提交的年度报告中，注重分析 CBRN 防御 6 大类装备与技术的能力现状，以便适时开展短板弱项的建设，弥补能力不足。

四是**重视试验评价，强调渐进发展**。美军十分重视 CBRN 防御装备的试验评价，通过研发试验评价，确保装备技术指标满足作战需求，通过作战试验评价，验证装备在指定作战环境下的适应性和有效性。美军认为，CBRN 防御装备的试验评价，对于确保为作战人员提供全球领先的 CBRN 防御装备至关重要。具体对于某型装备来说，通过试验评价，确保为作战人员提供满足基本作战需要、具有基本战技性能的 CBRN 防御装备。在此基础上，通过渐进式发展，研发出战技性能更好、能适应多种作战需要的装备。